Über die Autorin:

Nicola Waddington ist Heilpraktikerin mit Schwerpunkt Farbtherapie und klassische Homöopathie. Die gebürtige Engländerin gehörte zu den ersten, die in Deutschland mit Aura-Soma gearbeitet haben.

Nicola Waddington

Aura-Soma –
Die Heilkraft der Quintessenzen und Pomander

Wichtiger Hinweis:

Die Vorschläge zur Anwendung der Essenzen beziehen
sich auf die allgemeine Farbtherapie und nicht auf spezielle Inhaltsstoffe
der Aura-Soma Essenzen. Aura-Soma ist ein kosmetisches Produkt.

Besuchen Sie uns im Internet: www.droemer-knaur.de
Alle Titel aus dem Bereich MensSana finden Sie im Internet unter
www.knaur-mens-sana.de

Originalausgabe

Copyright © 1999 Droemersche Verlagsanstalt
Th. Knaur Nachf., München
Alle Rechte vorbehalten. Das Werk darf – auch teilweise –
nur mit Genehmigung des Verlages wiedergegeben werden.
Umschlaggestaltung: ZERO Werbeagentur, München
Druck und Bindung: Ebner & Spiegel, Ulm
Printed in Germany
ISBN 3-426-87061-4

In Liebe und Dankbarkeit gewidmet meinen Eltern Heidi und Richard sowie meinem Bruder Mark, der sieben Jahre lang ein Lichtblick in unserem Leben war.

Inhalt

Zur Einführung 11
Was sind Quintessenzen und Pomander? 12
Das morphogenetische Feld 13
Die Farbstrahlen des Lichts 14

Teil I: Die Botschaften und Energien
der Quintessenzen und Pomander 17

Der Farbstrahl Rot 19
Die Quintessenz The Christ 20
Der rote Pomander 31
Der dunkelrote Pomander 38

Der Farbstrahl Rosa 47
Die Quintessenz Lady Nada 48
Die Quintessenz Orion & Angelica 56
Der rosafarbene Pomander 64

Der Farbstrahl Orange 73
Die Quintessenz Lao Tsu & Kwan Yin 74
Die Quintessenz Sanat Kumara 80
Der orangefarbene Pomander 88
Der korallefarbene Pomander 96

Der Farbstrahl Gold 100
Die Quintessenz Lady Portia 101
Der goldene Pomander 109

Der Farbstrahl Gelb 119
Die Quintessenz Kuthumi 120
Der gelbe Pomander................................. 128

Der Farbstrahl Grün 140
Die Quintessenz Hilarion........................... 141
Die Quintessenz Djwal Khul 150
Der olivgrüne Pomander 158
Der smaragdgrüne Pomander 167

Der Farbstrahl Türkis 177
Die Quintessenz Maha Chohan 178
Der türkisfarbene Pomander 190

Der Farbstrahl Blau.................................. 201
Die Quintessenz El Morya......................... 202
Der saphirblaue Pomander........................ 211
Der königsblaue Pomander 221

Der Farbstrahl Violett 234
Die Quintessenz St. Germain..................... 235
Der violette Pomander............................. 245

Der Farbstrahl Magenta 255
Die Quintessenz Pallas Athena 256
Der tiefmagentafarbene Pomander 266

Der Farbstrahl Weiß................................. 277
Die Quintessenz Serapis Bey...................... 278
Der weiße Pomander 287

Teil II: Die Anwendung der Quintessenzen und Pomander ... 297

Die Auswahl der richtigen Essenz ... 299
Quintessenz oder Pomander? ... 299
Eine Wahl treffen ... 301
Anregungen zur Licht- und Schattenarbeit ... 320
Empfehlung durch einen Therapeuten ... 325

Hinweise zur Anwendung der Essenzen ... 326
Dosierung ... 326
Wirkungsdauer ... 328
Was besonders zu beachten ist ... 329
Die spezielle Wirkungsweise der Quintessenzen und Pomander ... 331
Die einzelnen Anwendungsschritte ... 335

Die praktische Arbeit mit den Essenzen ... 347
Aura-Massage ... 347
Meditation ... 348
Lichtarbeit ... 349
Schattenarbeit ... 363

Ausklang ... 387

Anhang ... 389
Bestellbezeichnungen der Essenzen ... 389
Literatur ... 391
Dank ... 395

Zur Einführung

Am Ende eines Tages, einer Woche oder eines Jahres zu spüren, daß alles gut gelaufen ist, schenkt tiefe innere Ruhe und Zufriedenheit. Morgens mit einem lebendigen Gefühl aufzuwachen und sich über die Chancen zu freuen, die dieser Tag bringen wird, macht glücklich. Den Mut zu haben, eigene Wege zu gehen und nicht mehr so abhängig von äußeren Einflüssen zu sein, ist befreiend. An leidvollen Themen zu reifen und dabei an Weisheit und Erkenntnis zu gewinnen wirkt transformierend.
Die Pomander und Quintessenzen von Aura-Soma helfen, das Leben zu meistern. Sie bringen Licht in Bereiche, wo Schattenthemen die Lebensfreude einschränken, wo Kummer und Leid hemmend wirken. Sobald wir erkennen, was uns fehlt und wo wir auf unserem Weg steckengeblieben sind, erweitert sich unser Bewußtsein, und wir entdecken Wege zur Heilung und Erlösung.
Farben vermitteln einen Zugang zu unserem innersten Wesenskern, jenem leuchtenden Teil von uns, der keine Krankheit und keine Schmerzen kennt. Wenn wir ihn entfalten, kann Heilung geschehen, und wir werden unser Leben wieder aus ganzem Herzen bejahen und lieben.
Die Anwendung der Essenzen von Aura-Soma setzt ein Signal. Körper und Geist erhalten Impulse, um Schwachstellen zu heilen. Richtig eingesetzt, können mit Hilfe der Essenzen innere Blockaden gelöst und Türen zur Erkenntnis geöffnet werden. Allerdings sind die Pomander und Quintessenzen keine Allheilmittel. Sie sollten immer nur begleitend verwendet werden. Sie ersetzen keine medizinische Behandlung, sie wirken lediglich unterstützend. Wenn durch sie dennoch Wunder geschehen, dann nur,

weil wir dafür offen waren und der richtige Zeitpunkt getroffen wurde.

Je besser wir die Bedeutung der einzelnen Essenzen kennen, desto gezielter und bewußter können wir sie anwenden. Die Essenzen entfalten dann ihre optimale Wirkung.
Um die einzelnen Pomander und Quintessenzen genau differenzieren und auswählen zu können, habe ich sie im Teil I des Buches nach Farbstrahlen geordnet und beschrieben. Unter dem roten Farbstrahl werden demnach die Quintessenz The Christ sowie der rote und der dunkelrote Pomander vorgestellt. Ich halte mich damit nicht an die von Aura-Soma vorgegebene Reihenfolge der Quintessenzen und Pomander, sondern beginne mit der Beschreibung der Farbe Rot, die uns mit der Erde verbindet, und ende mit dem lichtvollen Weiß, das den Himmel symbolisiert. Mein Anliegen ist es, ein Gefühl dafür zu vermitteln, wieviel Liebe uns auf unserem Lebensweg begegnet und wieviel Unterstützung uns zur Entfaltung unseres Potentials zur Verfügung steht.

Was sind Quintessenzen und Pomander?

Die Pomander und Quintessenzen von Aura-Soma sind farbige, aromatische Essenzen.
Es gibt 14 *Pomander*, die äußerlich um den Körper herum angewendet werden (zur Technik siehe Seite 324 ff.). Die Pomander dienen dem Schutz des Körpers. Je nach Farbe wirken sie auf bestimmte Körpersymptome oder -zustände ein. Der Farbstrahl antwortet dabei jeweils auf die seelische Botschaft oder den zu lösenden inneren Konflikt, den die jeweilige Krankheit in sich trägt.
Die 14 *Quintessenzen* ähneln äußerlich den Pomandern. Sie dienen jedoch zur Unterstützung von Meditation, Gebet und

Reflexion. Sie helfen bei der Lösung von Problemen und stellen eine Verbindung zur Intuition her. Jede Quintessenz trägt den Namen eines sogenannten Meisters. Jeder Meister hat einen besonderen Schwerpunkt, zum Beispiel hilft die Quintessenz Lady Nada, die Erfahrung der bedingungslosen Liebe zu machen. Die Pomander und Quintessenzen enthalten Farb- und Kristallenergien sowie Pflanzenextrakte in einer fein abgestimmten Dosierung. Einem homöopathischen Mittel vergleichbar, sind sie Vermittler feinstofflicher Energien und damit Botenstoffe. Es kommt also nicht so sehr darauf an, was in den Fläschchen an materiellen Substanzen enthalten ist, sondern darauf, was auf der feinstofflichen Ebene vermittelt wird.

Mit der richtigen Einstellung und mit Einfühlung benutzt, sind die Pomander und Quintessenzen eine Hilfe zur Selbsthilfe. Sie ersetzen allerdings keine ärztliche Behandlung. Sie begleiten lediglich den Heilungsprozeß und stellen die Verbindung zu dem Teil her, der in Harmonie und Stille ruht. Es ist der göttliche Kern, der um die individuelle Lebensaufgabe weiß und der jenseits von Raum und Zeit ewig existiert.

Das morphogenetische Feld

Durch Rupert Sheldrake wurde der Begriff des morphogenetischen Feldes weithin bekannt. Der Biochemiker und Zellbiologe vertritt die These, daß sich auf der feinstofflichen Ebene Energiefelder aufbauen, zu denen wir auf der globalen Ebene Zugang haben. Unterstützt wurde diese Theorie durch zahlreiche wissenschaftliche Experimente. Etwa mit einer Affenkolonie, die mit Süßkartoffeln gefüttert wurde. Eine Äffin entwickelte die Gewohnheit, die Kartoffeln im Meer zu waschen, bevor sie sie aß. Bald begannen die anderen Affen der Gruppe, dieses Verhalten nachzuahmen. Das Erstaunliche aber war, daß Wissenschaftler bei einer zweiten Affenkolonie, die in einem völlig anderen Gebiet lag, plötzlich identische Verhaltensweisen beobachteten. Ein anderes Beispiel: Mäuse wurden gezüchtet und dann je zur Hälfte in einem Labor in New York und in einem Labor in London gehalten. In dem New Yorker Labor mußten die Mäuse komplizierte Tests bestehen. Nur etwas zeitverzögert wurden die Mäuse im Londoner Labor den gleichen Tests unterworfen. Sie bestanden sie wesentlich schneller und mit besseren Ergebnissen.

Offenbar ist ein ganz neuer Pfad, den die Pioniere gefunden haben, für die Nachfolger viel einfacher zu begehen. Hierin sehe ich auch den Vorteil bei der Anwendung der Quintessenzen und Pomander von Aura-Soma. Es gibt inzwischen zwar viele andere Essenzen, sie sind aber nicht so verbreitet wie die Aura-Soma-Produkte. Ob in Australien, Amerika, Europa oder Japan – überall wird von Tausenden von Menschen seit nunmehr über einem Jahrzehnt mit Aura-Soma gearbeitet. Wenn wir heute einen der Pomander oder eine der Quintessenzen anwenden, schwingen wir uns in ein kraftvolles Energiefeld ein.

Der Zugang zu feinstofflichen Energien und überhaupt zur spirituellen Ebene wird durch die Aura-Soma-Essenzen erheblich vereinfacht. Wenn wir eine Quintessenz vor einer Meditation benutzen, wird es uns leichter fallen, uns zu vertiefen, weil schon so viele Menschen diesen Weg vor uns gegangen sind. Damit ist selbstverständlich nicht gemeint, daß wichtige Schritte nur oberflächlich getan oder übersprungen werden können. Sondern der Weg aus der Dunkelheit wird leichter, weil ihn viele auf bestimmte Weise gemeinsam gehen.

Die Farbstrahlen des Lichts

Der Regenbogen übt eine große Faszination auf uns Menschen aus. Er ist eines der häufigsten Malmotive von Kindern, und auch

Zur Einführung

als Erwachsene geraten wir jedesmal wieder ins Staunen, wenn die Sonne nach einem Regenschauer das Licht als Regenbogen sichtbar macht.

Mit Farben zu leben und zu arbeiten ist ein wesentlicher Bestandteil unserer Gesundheit. Es gibt nichts Schlimmeres als ein Leben in Grautönen. Wenig bekannt ist, daß sich die Seele einen Farbstrahl aussucht, um in einer Inkarnation, also in einem bestimmten Leben, hauptsächlich in seiner Frequenz zu schwingen. Diese Farbe trägt das Potential der Entfaltung in sich, und sie verbindet den einzelnen mit seinem lichtvollen Seelenkern. Wenn es Ihnen gelingt, Ihren Farbstrahl ausfindig zu machen, das heißt die Farbe, die für Sie in diesem Leben am wichtigsten und hilfreichsten ist, dann halten Sie einen Schlüssel zu Ihrer Persönlichkeitsentfaltung in der Hand.

Es existiert also ein Farbstrahl, der Sie, ähnlich einem homöopathischen Konstitutionsmittel, in Ihrer Gesamtheit erfaßt und auf Sie einwirkt. Daneben gibt es Farben und Essenzen, die Sie je nach Bedürfnis kurzfristig benötigen, wie bei einer Akutmittelverschreibung beispielsweise im Fall einer Erkältung. Vergleichbar wäre es auch mit dem Vorgehen in der Astrologie, bei dem einerseits ein grundlegendes Geburtshoroskop und ergänzend noch ein Jahres- oder Tageshoroskop gestellt werden kann.

Mit der Wahl einer bestimmten Quintessenz zeigen Sie, welcher Farbstrahl Sie im Augenblick anspricht und für Sie wichtig sein könnte. Es muß sich dabei nicht immer um die Lieblingsfarbe handeln. Lieblingsfarben ändern sich mit der Zeit und wechseln je nach Lebensabschnitt. Außerdem ist eine Lieblingsfarbe durch äußere Faktoren wie Modetrends beeinflußbar.

Die Zuordnung der Pomander und Quintessenzen

FARBSTRAHL	QUINTESSENZ	POMANDER
Rot	The Christ	Dunkelrot, Rot
Rosa	Lady Nada, Orion & Angelica	Rosa
Orange/Koralle	Lao Tsu & Kwan Yin, Sanat Kumara	Orange/Koralle
Gold	Lady Portia	Gold
Gelb	Kuthumi	Gelb
Grün	Hilarion/Djwal Khul	Olivgrün, Smaragdgrün
Türkis	Maha Chohan	Türkis
Blau	El Morya	Saphirblau, Königsblau
Violett	St. Germain	Violett
Magenta	Pallas Athena & Aeolus	Tiefmagenta
Weiß	Serapis Bey	Weiß

Jeder Farbstrahl enthält spezifische Botschaften. Die Beschreibungen der einzelnen Essenzen im ersten Teil des Buches sollen Ihnen ein Gefühl für die Energien der jeweiligen Farben und Meisterschwingungen geben, damit Sie bei der Anwendung ein Gespür dafür bekommen, welche Themen jeweils im Mittelpunkt stehen und welche Probleme gelöst werden können. Die verschiedenen Tabellen im zweiten Teil des Buches helfen Ihnen bei der differenzierten Anwendung der Quintessenzen und Pomander.

TEIL I

Die Botschaften und Energien
der Quintessenzen und Pomander

Der Farbstrahl Rot

Thema: Verwurzelung in der materiellen Welt, um mit Kraft, Klarheit und Hingabe der Lebensaufgabe nachzukommen. Absolutes Vertrauen in die Schöpferkraft des Universums.

Der rote Farbstrahl hat eine immense Kraft. Er lehrt uns die Gesetze von Leben und Tod, von Aufbau und Zerstörung. Er steht für Veränderung und Bewegung. Die Farbe Rot symbolisiert Aktivität und Aufbau, aber auch Zerstörung. Die Christus-Energie schwingt mit der Farbe Rot, gleichzeitig verbinden wir mit Rot auch den Teufel und das Höllenfeuer.
Die große Herausforderung besteht darin, ein ausgewogenes Verhältnis zu den Themen zu bekommen, die mit der Farbe Rot verbunden sind. Häufig schwanken wir zwischen den Extremen hin und her und leben manchmal die erlösten Aspekte, um dann wieder die Schattenbereiche anzuziehen. Das Leben wäre für uns erheblich leichter, wenn es uns einigermaßen gelingen würde, mit der Farbe Rot in einer ausbalancierten Weise umzugehen. Wenn wir über innere und äußere Stabilität verfügen, sind wir in der Lage, unser Leben zu meistern und uns zu verwirklichen. Wenn wir mit Lust und Liebe bei der Sache sind, können wir tiefe Gefühle der Befriedigung und Freude empfinden.
Mit dem roten Farbstrahl sind drei Aura-Soma-Essenzen verbunden:

- Die Quintessenz *The Christ* hilft, sein Leben so einzurichten, daß Raum für Hingabe, Liebe und Leidenschaft geschaffen wird.

- Der *rote Pomander* verhilft zu Stabilität und Vitalität, damit die verschiedenen Aufgaben mit der notwendigen Dynamik erfüllt werden können.
- Der *dunkelrote Pomander* verbindet mit jenem Lustgefühl, das nötig ist, um eine Aufgabe mit Freude und Kraft anzupacken. Außerdem gibt er den größtmöglichen Schutz in Situationen, die als bedrohlich erlebt werden.

Die Quintessenz The Christ

Innere Einstimmung

Ich verbinde mich mit Christus.
Ich öffne mich für die Kraft der ewigen Liebe, die mich durchdringt und jederzeit erfüllt.
Diese Liebe gibt mir die Energie, mein Leben zu meistern.
Sie läßt mich Schwierigkeiten überwinden.
Sie bringt mir Segen und führt mich sicher an mein Ziel.
Ich öffne mich für die Kraft der ewigen Liebe.

Wann brauche ich die Quintessenz The Christ?

- in Trennungssituationen
- wenn eine intensive Liebesbeziehung zerbrochen ist und das Gefühl vorherrscht, nicht mehr geliebt zu werden
- bei einem Feststecken in selbstzerstörerischen Gewohnheiten, bei autoaggressivem Denken und Verhalten
- bei Neigung zu Haßgefühlen und Schuldzuweisungen selbst nach kleinsten Fehlern, sowohl eigenen als auch fremden
- bei dem Unvermögen, aus dem Zustand von Trägheit und

Langeweile sowie aus schlechten Gewohnheiten herauszukommen
- bei der inneren Einstellung, ein ewiger Pechvogel zu sein
- wenn die Kraft fehlt, großartige Ideen in die Tat umzusetzen
- wenn die Gedanken zuviel um die Vergangenheit oder Zukunft kreisen und nicht in der Gegenwart gelebt wird (Formulierungen wie »Hätte ich doch«, »Ich sollte« »Könnte ich nur« weisen auf diesen Zustand hin)
- um sich mit der Christus-Liebe, dem Christus-Bewußtsein zu verbinden

Die Quintessenz The Christ läßt uns in die Liebe Gottes eintauchen. Sie umhüllt uns und trägt uns aus unserem Alltag heraus auf eine Ebene des ewigen Friedens, der hoffnungsvollen Stille und der unendlichen Güte. Mit dieser Quintessenz verbinden wir uns mit der göttlichen Gnade, die uns von unseren Ängsten, Nöten und Krankheiten erlöst.
Die Schwingung der tiefen Liebe, die wir durch die Quintessenz The Christ erfahren können, läßt sich nur unzureichend in Worte kleiden. Sie gleicht einem permanenten Kraftstrom, der uns Vitalität und Reichtum schenkt. Diese Liebe ist allumfassend und erkennt nur das Licht in uns. So, wie wir sind, sind wir vollkommen und rein.

Das Prinzip von Fülle und Reichtum

In unserer Welt herrscht generell ein Armutsdenken, und nur wenige Menschen lösen das Potential an Reichtum ein. Dieser Reichtum bemißt sich nicht unbedingt an dem Guthaben auf dem Bankkonto, sondern er drückt sich vor allem in dem Gefühl der Liebe aus. Der finanziell reichste Mann der Welt ist gleichzeitig auch der ärmste Mann der Welt, wenn er keinen Zugang zur Liebe findet, wenn er nicht liebt oder wenn er das Gefühl hat, nicht geliebt zu werden.

»Ich liebe dich«, erklären wir aus tiefstem Herzen am Anfang einer romantischen Beziehung unserem neuen Partner und schweben in Glücksgefühlen. Wir entziehen aber auch oft unsere Liebe, wenn jemand unseren Vorstellungen nicht mehr entspricht. Unsere Art zu lieben folgt meist einem inneren Wertesystem, und so sind wir ständig am Prüfen und Beurteilen, ob wir und wem wir unsere Liebe schenken. Dies gilt genauso für die Liebe zu uns selbst. Fühlen wir uns zu dick, zu schwach, zu inkompetent oder zu arm, dann schränken wir unsere Selbstliebe ein. Unsere Liebe umfaßt dann nicht mehr unsere ganze Persönlichkeit mitsamt allen Stärken und Schwächen, sondern sie bezieht sich nur noch auf die vermeintlich guten Seiten und knüpft sich an Bedingungen und Idealvorstellungen. Dadurch verlieren wir aber an Schöpferkraft. Wenn wir uns selbst und andere Menschen einer Beurteilung unterwerfen, wirkt sich das auf Leistungskraft, Lebensmut und Lebensqualität mindernd aus.

Wissenschaftler der Harvard-Universität täuschten den Lehrern einer Grundschule vor, daß einige der Schüler aufgrund bestimmter Tests besonders intelligent seien. Die Lehrer veränderten daraufhin ihr Verhalten gegenüber diesen Schülern. Sie gaben ihnen mehr Zuspruch und trauten ihnen plötzlich mehr zu. Nach einigen Monaten konnte nachgewiesen werden, daß diese Schüler bei Intelligenztests tatsächlich überdurchschnittlich gut abschnitten. Auch dieses Beispiel beweist, daß alles Lebende unter dem Einfluß von Liebe und Ermutigung besonders gut gedeiht. Selbst Pflanzen wachsen schneller, wenn sie liebevoll behandelt werden, und verkümmern bei Vernachlässigung. Tiere, die unter Laborbedingungen bestimmte Aufgaben lösen sollen und ständig mit Bestrafung rechnen müssen, trauen sich schließlich überhaupt nichts mehr zu, während die Tiere, die Zuspruch und Belohnung erhalten, auch bei schwierigen Aufgaben nicht verzagen.

Die Kraft der Liebe

Unser Leben auf dieser Welt würde ganz anders aussehen, wenn wir von Geburt an mit einer Fülle von Liebe aufwachsen könnten. Durch viel liebevolle Zuwendung bekämen wir das Gefühl, von großem Wert zu sein.

Das tiefe Wissen, der Liebe wert zu sein, bringt Inspiration und Kreativität hervor und läßt die Überzeugung wachsen, daß auch wir fähig sind, etwas Besonderes zu erschaffen. Wir glauben an uns selbst und an andere. Wir stellen uns und unseren Mitmenschen keine Hindernisse in den Weg, sondern lenken unsere Aufmerksamkeit auf Dinge, die konstruktiv sind und dem Wohl der Gemeinschaft dienen. Wir geben nicht gleich auf, sondern trauen uns zu, auch schwierige Situationen zu bewältigen. Wir haben das Gefühl, daß wir unser Leben meistern können.

Die Christus-Energie will sich zeigen, sie will strahlen und in diese Welt leuchten. Jede noch so kurze Verbindung mit diesem Strahl der Liebe hat Auswirkungen auf das eigene Leben und das der anderen. Sich dem Christus-Strahl zu öffnen signalisiert unser Vertrauen und unsere Hingabe an die Liebe Gottes. Damit öffnen wir uns auch für die Gaben, die in uns selbst vorhanden sind. Wir sind bereit, uns von dieser Liebe erfüllen zu lassen und damit ein reiches Leben zu führen. Wenn wir innerlich reich sind, dann haben wir die tiefe Überzeugung, in diesem Moment an der richtigen Stelle zu sein und das Richtige zu tun. Wir sind zufrieden, wir sind in einem Zustand des inneren Friedens.

Sich selbst lieben

Die Liebe hat das Potential, alle Wunden zu heilen, weil sie eine transformierende Kraft ist. Wenn jemand ganz fest an uns glaubt, werden wir von diesem Glauben getragen. Das gilt natürlich auch für den eigenen Glauben an uns selbst. Sich selbst zu lieben verlangt, sich von einschränkenden und destruktiven Verhaltens- und Denkmustern zu befreien und Dinge, die andere schädigen und uns auf unserem eigenen Weg nicht weiterbringen oder uns gar in eine falsche Richtung lenken, loszulassen.

Doch wir sollten vorsichtig und vor allem liebevoll vorgehen, wenn wir uns zu einer Kurskorrektur entschließen. Alte Gewohnheiten und falsche Denkmuster umzupolen ist eine anstrengende Aufgabe. Um ein Musikinstrument spielen zu können, bedarf es viel Übung. Wir müssen zunächst Noten lernen, damit wir die Musikstücke auch nachspielen können. Wir müssen Unterricht nehmen, um das jeweilige Instrument zu beherrschen. Am Anfang gibt es beim Üben viele Mißtöne. Aber deswegen geben wir nicht gleich auf, sondern üben weiter. Und je mehr wir üben, desto besser klingt es.

Wenn Sie also in der Vergangenheit wenig liebevoll mit sich selbst umgegangen sind, wird es eine Weile dauern, bis Sie es schaffen, mit Liebe zu reagieren. Wenn Sie sich dabei ertappen, daß Sie glauben, einer Situation oder einer Person nicht gewachsen zu sein, dann verbinden Sie sich mit der Christus-Energie. Machen Sie sich bewußt, daß die Kraft dieser Liebe Sie trägt. Sie ist in Ihnen, sie ist in allem Lebendigem. Sie umgibt Sie zu jeder Zeit. Benutzen Sie die Quintessenz The Christ, um dieses Gefühl zu verstärken. Gehen Sie für einige Momente in dieses Gefühl hinein. Stellen Sie sich vor, daß Sie in dieser Liebe buchstäblich baden – auch wenn die äußere Lage scheinbar hoffnungslos ist. Diese Liebe trägt und nährt Sie auf der seelischen Ebene, und Sie ist genauso auf der körperlichen und geistigen Ebene für Sie vorhanden.

Mit Leidenschaft leben

Die Quintessenz The Christ besitzt auch eine leidenschaftliche Schwingung. Sie erinnert daran, wie wir unser Leben eigentlich leben sollten.
Sehr viele von uns führen ihr Leben nicht mit Leidenschaft, sondern stecken in Routine oder Langeweile fest. Sie haben das Gefühl, irgend etwas im Leben zu verpassen. Leidenschaft zeigt sich zudem meist in negativen Gefühlen; es schiebt sich also das »Leiden« in den Vordergrund. Wir ärgern uns, wir streiten uns oder wir vergießen Tränen und zeigen dabei mit Leidenschaft unsere düsteren Emotionen. Wenn wir aber unsere Leidenschaft nur im Schattenbereich zeigen, schneiden wir uns von der Leidenschaft der wahrhaftigen Liebe ab.
Es ist wichtig, von dieser negativen Qualität der Leidenschaft wegzukommen und statt dessen das eigene Leben mit einer positiven Leidenschaft und Begeisterung zu füllen. Es gibt großartige Beispiele von schöpferischer Leistung in der Welt. Bildende Künstler, Schriftsteller, Musiker, Komponisten oder Forscher sind meistens mit Leidenschaft bei ihrer Aufgabe, und unsere Welt ist reich an einer Vielfalt von wunderbaren Kunstwerken, Erfindungen und großen Taten. Die Energie der Leidenschaft ist sehr kraftvoll und setzt viel in Bewegung. Deshalb müssen wir darauf achten, in welche Bahn wir sie lenken. Ein Übermaß an Leidenschaft in den negativen Aspekten des Lebens kann uns in tiefe Lebenskrisen stürzen und uns in Schwierigkeiten bringen. Viel Leidenschaft in inspirierte Ideen fließen zu lassen kann dagegen Wunder bewirken.
Vicky Wall, die Schöpferin von Aura-Soma, hat ihre Aufgabe voller Leidenschaft erfüllt und dabei das scheinbar Unmögliche erreicht. Krank, erblindet und um ihre Ersparnisse gebracht, ist Vicky nicht in ihrem Leidensmuster steckengeblieben, sondern hat es transformiert. Sie hat als ältere Frau den Sprung geschafft

und ihren Weg aus sehr leidvollen, schweren Umständen in einen Lebensabend voller Liebe und Wunder gefunden. Dabei hat sie etwas sehr Wertvolles für uns in die Welt gebracht. Vicky Wall war eine sehr kraftvolle Erscheinung und lebte meiner Meinung nach sehr diese Christus-Energie. Ihre Liebe war handfest, und sie nahm auch kein Blatt vor dem Mund, wenn sie das Gefühl hatte, etwas korrigieren zu müssen. Aber sie handelte dabei stets aus der Grundhaltung einer Hingabe an den göttlichen Willen und tiefen Liebe für »ihr Kind« Aura-Soma und alle Menschen, die sich dazu hingezogen fühlten.

Dazugewinnen

Die Christus-Energie ruft Sie dazu auf, Ihr Leben mit Liebe und Hingabe zu leben. Das bedeutet, liebevoll und mit Bewußtsein zu handeln, also ganz und gar bei der Sache zu sein. Sie sind dazu aufgerufen, Engagement zu zeigen und Ihr Bestes zu geben. Wie groß oder wie klein Ihre Möglichkeiten und Taten sind, ist hierbei irrelevant. Am leichtesten ist es jedoch, bei den kleinen, alltäglichen Dingen des Lebens anzufangen.

Handeln Sie mit leidenschaftlicher Liebe. Das klingt auf manche Situationen bezogen vielleicht übertrieben und sogar albern. Gemeint ist dieser Rat im Sinne der buddhistischen Einstellung: »Wenn ich gehe, dann gehe ich. Wenn ich stehe, dann stehe ich. Wenn ich sitze, dann sitze ich.« Ganz in dem Moment zu verweilen, in dem Sie sich jetzt befinden, mit Ihrem Bewußtsein in der Gegenwart zu bleiben, das ist hier die Herausforderung.

Wenn Sie in Gedanken woanders sind als im Hier und Jetzt, ist es sehr schwierig für die schöpferische Kraft des roten Christus-Strahls, sich tatsächlich in Ihrem Leben zu manifestieren. Sie geben sich weder den Raum noch die Zeit, um die vorhandene Christus-Liebe hervorzubringen. Oder Sie setzen viel zu viele

Begrenzungen und verhindern so das Wachstum. Es ist ein großer Unterschied, ob wir eine Mahlzeit zu uns nehmen, die von einem Koch zubereitet wurde, der mit Liebe bei seiner Aufgabe ist, oder ob wir eine Tiefkühlpizza verspeisen, die am Fabrikfließband hergestellt wurde. Wir kommen so mit einer ganz anderen Energie in Berührung.

Wir alle kennen Dinge, die wir leidenschaftlich gern tun. Rufen Sie sich einmal in Erinnerung, was Sie mit Lust und Liebe tun. Vielleicht kochen Sie zum Beispiel gern. Stellen Sie sich vor, wieviel Freude es Ihnen macht, ein Menü auszusuchen, die Zutaten zu besorgen, das Essen zu kochen, den Tisch liebevoll zu decken ... Der Aufwand lohnt sich, weil Sie sich der Aufgabe hingeben und dabei glücklich und erfüllt fühlen.

Idealerweise erstreckt sich dieses Lebensgefühl nicht nur auf Freizeitaktivitäten, sondern auch auf das Arbeitsfeld. Es ist ein ganz anderes Gefühl, von einer Kellnerin bedient zu werden, die spürbar Freude an ihrem Job hat, als von jemanden, der seiner Arbeit mürrisch und unzufrieden nachgeht. Hier kann sich auch kaum Erfolg einstellen. Im Gegenteil, es werden sich Situationen ergeben, die dazu beitragen, daß sich der Grad an Unzufriedenheit noch erhöht.

Wenn Sie in Ihrem Leben Unzufriedenheit verspüren, dann versuchen Sie, dennoch Aspekte zu finden, die Sie gutheißen können. Trotz der vielleicht schwierigen Gesamtlage gibt es sicherlich auch etwas Positives, woraus Sie Kraft und Lebensfreude schöpfen können. Selbst wenn Ihr Leben einem Scherbenhaufen gleicht, wird doch noch irgendwo am Wegesrand eine kleine Blume wachsen, die Ihnen Freude schenkt. Rufen Sie sich so viele solcher kleinen positiven Momente in Ihr Bewußtsein, wie Sie können. Achten Sie darauf, daß es sich dabei nicht um eine alte schöne Erinnerung, sondern um etwas ganz Konkretes und Aktuelles handelt. Sie öffnen sich dadurch auch für einen inneren Reichtum und signalisieren, daß Sie bereit sind, sich Liebe schenken zu lassen, wie auch immer sie sich in der äußeren Form manifestiert. Sie öffnen sich für das Potential eines erfüllten Lebens und dafür, daß Sie Chancen erhalten, um sich selbst in Ihrem jetzigen Leben zu verwirklichen. Sie wachsen in die Haltung hinein, zu Hause oder am Arbeitsplatz mit Begeisterung und Liebe Ihre Aufgaben zu erfüllen. Diese Lebenseinstellung bringt die Fülle hervor, von der anfangs die Rede war. Das bedeutet nicht, daß es unbedingt ganz leicht und ohne Aufwand gelingt, an innerem Reichtum zu gewinnen. Auch hier gilt das bekannte Motto »Übung macht den Meister«. Aber wenn Sie ehrlich von Ihrem Tun überzeugt sind und aus der Kraft der Christus-Energie handeln, dann können Sie voller Vertrauen auch manche Fehlschläge verkraften.

Die Gegenwart zählt

Vor allem kleine Kinder leben uns die Christus-Energie vor. Sie spiegeln uns sowohl die erlösten als auch die unerlösten Aspekte wider. In ihrer erlösten Form leben Kinder diese Liebeskraft in ihrer Fähigkeit, sich vollständig auf das Hier und Jetzt zu konzentrieren. Stundenlang können sie Steine betrachten, in die Hand nehmen und ins Wasser werfen oder einen Turm aus Legosteinen bauen. Sie sind mit viel Liebe und Ausdauer bei der Sache und durch nichts abzulenken. Genauso können sie ihren Eltern ein großes Maß an Liebe und Zuneigung zeigen und sie tief beglücken. Andererseits sind kleine Kinder in der Lage, sich genauso konsequent in die Leidensform zu vertiefen und wegen eines verweigerten Bonbons in scheinbar nie versiegende Tränen und herzzerreißendes Schluchzen auszubrechen. Kippen ihre Gefühle plötzlich, dann kann der so liebevoll errichtete Legoturm in Sekundenschnelle zertrampelt werden. Als Erwachsene benehmen wir uns häufig ähnlich. Wir fangen etwas an, erschaffen etwas, und dann zerstören wir das mühsam Aufgebaute – manchmal aus einem nichtigen Anlaß heraus.

Wenn Sie merken, daß Sie an einem solchen Punkt angelangt sind, dann benutzen Sie die Quintessenz The Christ. Verbinden Sie sich mit der Liebe, und zwar möglichst bevor Sie in die Zerstörungsphase gegangen sind. Verbinden Sie sich mit dem Gefühl, daß Liebe für Sie da ist, und dem Vorsatz, liebevoll mit sich selbst umzugehen. Wechseln Sie aus dem dunklen Pol der Leidenschaft in den lichterfüllten Pol der Leidenschaft. Von dort aus können Sie dann neu beginnen, von dort erhalten Sie Kraft und Unterstützung, um weiterzugehen, um einen Fehler zu korrigieren, ohne gleich das Ganze in Frage zu stellen.

Fazit: Die Quintessenz The Christ erlöst Sie von den Sorgen um Vergangenheit und Zukunft und schenkt Ihnen Energie und Liebe, um in die kraftvolle Gegenwart zu kommen. Nur im Hier und Jetzt können Sie sich verwirklichen und den Segen empfangen, der für Sie bereitsteht. So haben Sie in jedem Moment die Möglichkeit, sich wie ein Phönix aus der Asche zu erheben und sich in Ihrem Leben für eine neue Form von Reichtum und Fülle zu entscheiden. Alle vergangenen Fehler sind jetzt unwichtig. Haben Sie Mut, und beginnen Sie mit einem ersten kleinen Schritt. Vergessen Sie nie: Auch der schnellste Marathonläufer der Welt mußte als Kind das Laufen erlernen!

Zusammenfassung der Quintessenz The Christ

- Selbstakzeptanz und die Bereitschaft, trotz mancher Fehlschläge nicht aufzugeben
- mit Leidenschaft, Begeisterung und Liebe bei der Sache sein
- konstruktives Verhalten aufbauen, statt an destruktiven Gewohnheiten klebenzubleiben

- sich für die Fülle, die das Universum bereitstellt, öffnen
- die transformierende Erfahrung der tiefen Liebe annehmen
- in der Gegenwart leben, um die heilende Energie der Liebe zu spüren
- das Leben mit seinen Herausforderungen aus ganzem Herzen und voller Vertrauen bejahen
- die Gewißheit, daß Gott uns in Ewigkeit liebt

Es gibt einen roten und einen dunkelroten Pomander. Prinzipiell geht es bei beiden Pomandern um dieselben Themen von Leben und Überleben. Um uns zu entfalten, brauchen wir zunächst eine einigermaßen sichere Existenzgrundlage, und unsere Grundbedürfnisse müssen gedeckt sein.

Der dunkelrote Pomander behandelt vor allem die Bereiche, bei denen es um das nackte Überleben und um extreme Lebenssituationen geht, die wir als bedrohlich empfinden. Der rote Pomander hat eine mildere Wirkung. Er hilft, festen Boden unter die Füße zu bekommen und sich innere Stabilität anzueignen. Der dunkelrote Pomander wäre beispielsweise hilfreich, wenn ich mir Sorgen mache, wie ich mich und meine Familie überhaupt durchbringen soll. Beim roten Pomander würde es demgegenüber darum gehen, für mich die bekömmlichste und gesündeste Nahrung auszuwählen. Es dreht sich nicht mehr um die Frage nach dem »Wie«, sondern um das »Was«.

Der dunkelrote Pomander ist für Ausnahmezustände gedacht und wird seltener benutzt als der rote Pomander. Man könnte den dunkelroten Pomander als eine Form von Schutzengel betrachten, der nur dann direkt eingreift, wenn wirklich Gefahr droht, und uns ansonsten unseren Weg gehen läßt.

Der rote Pomander

Positiver Zustand

- fest im Leben stehen, verankert sein
- innere Stabilität, aus der heraus Entwicklung und Bewegung erfolgen kann
- Lebenskraft, Tatkraft

Negativer Zustand

- Lethargie, körperliche Erschöpfungszustände
- zu sehr in der Phantasiewelt verweilen
- Fluchttendenzen (zum Beispiel in eine Sucht)
- Vernachlässigung des Körpers
- Gereiztheit, Wut

Einstimmung auf den roten Pomander

Ich verbinde mich mit dem roten Farbstrahl.
Ich liebe meinen Körper als Heimat meiner Seele und nutze ihn,
um mit Kraft und Ausdauer meine Lebensaufgabe zu meistern.
Ich fühle mich mit allem Lebendigen verbunden.

Wann brauche ich den roten Pomander?

- bei chronischen oder akuten Erschöpfungs- und Ermüdungszuständen
- bei Mangel an Liebe für den eigenen Körper
- bei einem tiefsitzenden Gefühl von Unsicherheit

- bei Zorn und Wut, die auf einer Enttäuschung basieren
- bei Lethargie und Bewegungsmangel
- zur inneren und äußeren Stabilität
- bei Vermeidungstaktiken, um den Tatsachen nicht ins Auge zu sehen
- um sich zu erden (zum Beispiel nach einer Meditation)

Mit beiden Beinen fest auf der Erde stehen

Der rote Pomander hilft vor allem dabei, ja zum Leben zu sagen. Diese bejahende Einstellung läßt uns aus eigenem Antrieb heraus die Dinge tun, die uns den notwendige Halt geben. Sich wie eine Feder im Wind von den äußeren Geschehnissen ziellos durch die Gegend treiben zu lassen bringt uns aus unserer Mitte und läßt uns unser Lebensziel immer wieder aus den Augen verlieren.

Ein Baum, der mit tiefen, festen Wurzeln in der Erde verankert ist, kann sich einem Sturm beugen und verliert nicht den Halt. Bäume, die flache Wurzeln haben oder zu schnell gewachsen sind und deren Wurzeln sich noch nicht ausbreiten konnten, laufen dagegen Gefahr, durch ein Unwetter entwurzelt zu werden.

Wenn wir in einen Prozeß der Bewußtwerdung treten und nicht nur oberflächlich durch unser Leben laufen wollen, müssen wir zunächst dafür sorgen, daß wir fest im Leben stehen. Das bedeutet nicht, in Rigidität zu verfallen oder an einem Platz oder Zustand in unserem Leben festhalten zu wollen. Die Wurzeln, die es zu entwickeln gilt, liegen in uns. Wenn wir innere Stabilität und ein Gefühl von Sicherheit besitzen, dann können uns die Stürme des Lebens nicht so leicht etwas anhaben. Auf einem Fundament innerer Stabilität können wir unser weiteres Leben aufbauen. Wer auf einem wackeligen Fundament steht, dem droht jederzeit Einsturzgefahr. Vielen von uns fehlt jedoch dieses Fundament, gerade weil wir in unserer schnellebigen Zeit dazu verführt werden, Abkürzungen zu nehmen.

Sich dem Leben stellen

Die äußere Welt ist ein wunderbares Spiegelbild für die Struktur, die wir derzeit individuell, aber auch kollektiv in uns tragen. Wir leben in einem Zeitalter der Veränderung, des Fortschritts und der Weiterentwicklung. Die Geschwindigkeit, mit der dies passiert, ist atemberaubend. Was heute gilt, kann morgen schon überholt sein. Wer heute sein Vermögen an der Börse verdient hat, kann morgen schon alles verloren haben. In dieser sich rasch wandelnden Zeit läßt sich nicht mehr mit Sicherheit vorhersagen, was morgen sein wird. Ohne ein inneres Gefühl von Stabilität können uns diese Veränderungen extrem verunsichern. Da Zukunftsprognosen schwer möglich sind, geraten wir leicht in Panik. Jede Unruhe stellt dann eine Bedrohung dar.
Es besteht die Tendenz in unserer Gesellschaft, dieses Unsicherheitsgefühl zu kompensieren. Anstatt die innere Sicherheit und Lebensbejahung zu verstärken, flüchten wir uns in Scheinwelten. Wir schlucken unsere Angst mit Alkohol herunter, nebeln uns in Tabakrauch ein, betäuben uns mit Psychopharmaka oder anderen Drogen, schauen stundenlang Fernsehen, vertiefen uns in Liebesromane, treiben Extremsport, leben nur für den nächsten Urlaub usw. Die Liste ist endlos. Diese kollektive Ignoranz bringt uns wenig. Im Gegenteil: Sie lähmt. Denn in der Zwischenzeit verändert sich die Welt weiter, und wir fühlen uns auf einer unbewußten Ebene noch unsicherer.

Ordnung und Chaos

Es ist nur menschlich, sich eine solide Basis in der materiellen Welt zu erschaffen. Generationen haben dafür gelebt und gearbeitet, sich eine Existenz aufzubauen. Wir legen Ersparnisse an und schließen Versicherungen ab, die uns vor allen möglichen Unglücksfällen schützen sollen. Ein solches Vorgehen hat selbstverständlich seine Berechtigung. Wir können aber in jedem Moment durch äußere Einwirkungen diese materiellen Sicherheiten auch wieder verlieren. Eine Flut kann unser Haus mitreißen, die Versicherung verweigert die Leistungszahlung, die Bank veruntreut unser Geld und meldet Bankrott an. Damit wird das Gefühl von Armut in uns wachgerufen. Wir denken aus unserem Ego heraus und sind verletzbar und verstört.

Wir sollten demgegenüber versuchen, ein inneres Vertrauen in die ordnenden Kräfte des Lebens aufzubauen. Nach dem Chaos folgt der Wiederaufbau und umgekehrt. Das Urprinzip des Lebens ist eine aufbauende, erhaltende Energie, sie lebt jedoch vom Wechsel. Feuer zerstört, aber die Asche dient wiederum als Dünger für den Boden. Die Gezeiten haben ihren Sinn und sorgen dafür, daß während Ebbe und Flut verschiedene Lebewesen und Mikroorganismen miteinander existieren können.

Manchmal muß auch etwas zerstört werden, damit sich etwas Neues den Weg bahnen kann. Aus einer höheren Ordnung betrachtet, kann das sinnvoll sein, auch wenn es aus der Sicht des einzelnen die Katastrophe bedeutet. Wir geraten aus dem Gleichgewicht, wenn wir in diese Ordnung eingreifen und aus eigenem Willen heraus zu erhalten versuchen, was sich eigentlich wandeln will, oder aber etwas zerstören, was eigentlich aufgebaut werden soll.

Verbindung mit der Schöpferkraft der Erde

Wie schaffen wir es, an Vertrauen in eine höhere ordnende Kraft zu gewinnen? Und wie können wir es so verinnerlichen, daß wir daraus unsere eigenen inneren Wurzeln bilden, um nicht so leicht durch äußere Umstände erschüttert zu werden? Am besten geschieht dies, wenn wir uns ganz konkret auf der körperlichen Ebene mit den Naturelementen verbinden und wieder Kontakt zur Erde bekommen. Das ist möglich über 1. Bewegung und 2. Nahrung, aber auch durch 3. Rituale.

Unser Körper ist selbst ein eigenes Universum. Milliarden von Zellen arbeiten so harmonisch miteinander, daß es an ein Wunder grenzt. Auch hier befindet sich alles in einem stetigen Auf- und Abbau. Im selben Augenblick werden Zellen geboren und vernichtet. Das ist ein Teil der Polarität der Welt, in der wir in Raum und Zeit existieren. Auf der materiellen Ebene lebt und stirbt alles einmal, selbst wenn dieser Prozeß Millionen von Jahre dauert. Nur so ist die Evolution möglich. Wenn unser Körper im Gleichgewicht bleibt, ist er gesund. Wir bekommen über unseren Körper ein Gefühl von Vitalität, und er dient uns als Werkzeug zur Verwirklichung unserer Lebensziele.

Wir haben heutzutage zuwenig Beziehung zu unserem Körper und lehnen ihn häufig sogar ab. Die Fixierung auf genormte Figuren, die durch Modedesigner und Modezeitschriften als Maßstab vorgegeben werden, läßt unseren Blick in die falsche Richtung abschweifen. Statt unseren Körper zu nähren und zu achten, weil wir über ihn unsere höheren Lebensaufgaben erreichen können, mißachten wir ihn oder lassen ihn hungern. Angesichts der Vielfalt von Lebensformen ist es absurd, den menschlichen Körper in eine bestimmte Schablone pressen zu wollen. Wir wollen ja auch nicht alle in einem identischen Haus mit uniformen Möbeln wohnen. Hier stehen wir im Schattenbereich der Farbe Rot. In seiner lichtvollen Form steht Rot für die pulsierende und lebendige Fülle und Vielfalt aller Lebensformen.

1. Bewegung: Für Frauen ist der Beckenboden mit Sexualität und vor allem Fruchtbarkeit verbunden. Die Kraft einer Frau, neues Leben zu erschaffen, hat hier ihre Quelle. In diesem Raum finden Zeugung, Schwangerschaft und Geburt statt. Aber auch die Rückverbindung zu urweiblichen Energien geschieht hier. Ein Beckenboden, in dem die Energie frei fließt, eröffnet das Potential einer dynamischen Kreativität, nicht nur auf der biologischen Ebene.

Ein breites Becken symbolisierte früher die Gebärfähigkeit, die Stärke und das Durchhaltevermögen einer Frau. Das heutige Schönheitsideal der schmalen Hüften zeigt, wie sehr die urweibliche Kraft, die im Becken steckt, vernachlässigt wird. Viele Frauen üben heute sitzende Berufe aus, was den Beckenboden schwächt und den Energiefluß drosselt. Jede Frau, aber auch jeder Mann, profitiert davon, den Beckenboden, dem die Farbe Rot zugeordnet wird, zu stärken und sich dadurch mit der eigenen Lebensenergie und schöpferischen Kraft zu verbinden.

Auch die Wirbelsäule und die Knochen sowie die Beine werden der Farbe Rot zugeordnet. Chronische degenerative Erkrankungen dieser Körperteile zeugen von einem deutlichen Mangel an Bewegung und Aktivität auf der körperlichen Ebene. Rückenbeschwerden, Bandscheibenprobleme, Osteoporose und Krampfadern und Venenleiden sind weit verbreitet, oft auch schon in jungen Jahren. Das ist ein Zeichen, daß die Energie der Farbe Rot nicht gelebt wird, sondern daß sie stagniert und sich staut.

Wenn Sie also Ihr Potential an roter Energie einlösen wollen, dann empfehle ich Ihnen dringend, sich zu bewegen. Spaziergänge in der Natur sind hervorragend geeignet, um über die Füße Bodenkontakt herzustellen. Versuchen Sie, auf Wald- und Feldwegen zu gehen und Asphalt zu meiden. Machen Sie sich bewußt, daß Sie sich bei jedem Schritt mit der Erde und ihrer Kraft verbinden.

2. Ernährung: Nahrungsmittel, die erdverbunden sind, erhöhen den Vorrat an roter Energie. Dazu zählen Wurzelgemüse, Kartoffeln, Zwiebeln, rote Bete, Knoblauch, Pastinaken usw. Proteine in jeglicher Form erden den Körper ebenfalls recht gut, allerdings kann bei zuviel Fleischkonsum die negative Energie von Rot zutage treten. Wir sind dann in unserer Lebenseinstellung generell aggressiver und gieriger.

Dem Körper bekommen naturbelassene, frische Nahrungsmittel besser; er erhält dadurch mehr Energie als durch lange Gekochtes, Konserviertes oder Eingefrorenes. Auch wird die rote Energie durch den Konsum von roten Gemüse- und Obstsorten aufgenommen (zum Beispiel rote Paprika, Tomaten, Erdbeeren).

3. Rituale und Übungen: Im christlichen Glauben ist das Erntedankfest ein typisches Fest im Sinne der roten Farbschwingung. Wir bedanken uns dabei für die Fülle der Gaben, die die Erde uns geschenkt hat. Darüber hinaus sollten wir uns immer wieder einmal darauf besinnen, uns für die Gaben, die das Leben uns schenkt, zu bedanken. Wir bestärken damit auch unseren Glauben an die im Universum vorhandene Fülle.

Gartenarbeit hilft uns ebenfalls, mit der Erde in Kontakt zu kommen. Bereits das Berühren der Erde mit den Händen ist stärkend. Auch durch das Barfußlaufen fließt uns rote Energie zu.

Symptome auf der Körperebene

Chakra-Zuordnung: erstes Chakra (Basis-Chakra).
Organzuordnung: Wirbelsäule, Knochen, Blut, Darm.

Wenn zuwenig innere Stabilität und Vitalität vorhanden sind, kann sich dies auch auf den Kreislauf auswirken. Ein niedriger Blutdruck erschwert das morgendliche Aufstehen. Der Körper braucht Zeit, um in Gang zu kommen; erst nach einer Weile stellt sich ein waches und vitales Gefühl ein. Zuwenig Bewegung wegen einer überwiegend sitzenden Tätigkeit läßt den Körper an Spannkraft verlieren, und man fühlt sich generell schlapp und erschöpft. Diese fehlende Spannkraft mag sich auch im Bereich der Venen zeigen. Krampfadern entstehen aufgrund der mangelnden Elastizität der Venenwände. Hämorrhoiden sind die Folge eines Staus der Lebensenergie.

Auch der Stoffwechsel mag verlangsamt sein, so daß es leicht zu Übergewicht kommt. Das Übergewicht kann dazu dienen, auf der körperlichen Ebene mehr Stabilität und Standfestigkeit zu erlangen. Damit beginnt oft ein Teufelskreis, denn wer korpulent ist, bewegt sich in der Regel weniger, und so verliert er dann auch häufig an Vitalität und Energie.

Chronische Müdigkeit deutet ebenfalls auf eine Stagnation der Lebensenergie hin. Man flieht in die Erschöpfung, um den Herausforderungen des Lebens aus dem Weg zu gehen. Manchmal verursacht ein Eisenmangel große Mattigkeit. Dem Körper wird entweder nicht genug Eisen zugeführt, oder aber er nimmt das Eisen nicht ausreichend auf.

Der dunkelrote Pomander

Positiver Zustand

- Lust am Leben und der damit verbundene Wunsch, einen produktiven Beitrag zu leisten
- hohe Energiereserven, um etwas Besonderes zu leisten
- sich mit Begeisterung einer Aufgabe widmen

Der Farbstrahl Rot

Negativer Zustand

- körperlicher Zusammenbruch aufgrund von Erschöpfung
- das Gefühl, in ständiger Kampfbereitschaft leben zu müssen
- übermäßige, fehlgeleitete Lustgefühle auf der materiellen Ebene
- gegen sich selbst und andere gerichtete Haßgefühle und Zerstörungstendenzen

Einstimmung auf den dunkelroten Pomander

Ich verbinde mich mit dem dunkelroten Farbstrahl.
Ich habe Lust am Leben und die notwendige Energie, um etwas Gutes zu erschaffen.
Ich bin geschützt, nichts kann mich von außen her verletzen.

Wann brauche ich den dunkelroten Pomander?

- wenn mein Leben nur noch ein einziger Überlebenskampf ist
- bei Gefahr und bedrohlichen äußeren Umständen
- zur Abgrenzung gegenüber anderen, vor allem wenn mir Aggressionen entgegenschlagen
- bei starker und zerstörerischer Abhängigkeit von Substanzen, von materiellem Besitz oder von Menschen
- bei dunklen, negativen Energien in einem Raum
- bei Abnutzungserscheinungen der Wirbelsäule, Knochen und Gelenke aufgrund von Überbeanspruchung
- wenn ich wegen großer Erschöpfung zu nichts mehr fähig bin

Während der rote Pomander mit der eigenen Kraft und Vitalität verbindet, setzt der dunkelrote Pomander dort an, wo eine Entgleisung dieser Energie stattgefunden hat. Dabei kann es sich um ein Übermaß an den negativen Eigenschaften der Farbe Rot oder um einen beträchtlichen Mangel an roter Energie handeln. Der dunkelrote Pomander hilft, Grenzen zu setzen oder notwendige Energie aufzufüllen.

Unbewußte Aufnahme von zerstörerischen Energien

Fast jeder von uns hat im Fernsehen oder Kino schon einmal einen blutigen Krimi gesehen oder einen Horrorthriller gelesen, in dessen Bann er gezogen wurde. Herzschlag und Pulsfrequenz nehmen dann zu, Adrenalin wird in den Blutkreislauf ausgeschüttet. Wir stehen unter Strom, und die Spannung ist kaum zu ertragen. Mit all unseren Sinnen nehmen wir das Geschehen wahr, und es ist, als ob wir selbst mit dabei sind. Wir sind übererregt. Wenn es gar zu spannend wird, müssen wir eine Zeitlang wegschauen. Obwohl wir nicht direkt beteiligt sind, reagieren wir auf das Geschehen sowohl körperlich als auch emotional. Der dunkelrote Pomander gleicht dann einem Schutzschild: Wir nehmen den Inhalt des Krimis zwar wahr, wir lassen uns aber nicht energetisch »hineinziehen«.

Wer sehr offen und empfindsam ist und häufig darunter leidet, von der rauhen Wirklichkeit verschlungen zu werden, tut gut daran, diese dunkelrote Energie anzuwenden. Es wird dadurch verhindert, daß niedere Schwingungen aufgesogen werden und haften bleiben.

Ein Beispiel dafür wäre ein junger Mann, der morgens gutgelaunt aufsteht und sich zur Arbeit aufmacht. Auf dem Weg zur U-Bahn kommt er an einem gerade stattgefundenen Auffahrunfall vorbei. Die beiden Autofahrer schreien sich wegen der Schuldfrage wütend an. Als er die U-Bahn verläßt, wird er von einem Bettler wüst beschimpft, weil er sich geweigert hat, ihm Geld zu geben. Die gute Laune und die Ausgeglichenheit sind dahin, und es kommt in ihm das Gefühl von Ausgeliefertsein, Bedrohung und Gereiztheit hoch. Auf dem weiteren Weg zur Arbeit hat er unbewußt die von anderen ausgehenden Schwingungen von Zorn, Wut, Ärger und Aggressivität in das eigene Energiefeld aufgenommen. Sie überlagern den anfänglich so optimistischen Gemütszustand und erschweren die Entfaltung der an diesem Tag geplanten positiven Lebensaufgaben. Es entsteht eine Blockade.

Abgrenzung nach außen

Situationen, in denen ein bedrohliches Gefühl aufgrund äußerer Einflüsse aufkeimt, sind ein Anlaß für die Anwendung des dunkelroten Pomanders. Wenn zum Beispiel ein Kind in der Schule von den anderen Kindern drangsaliert wird und dabei eindeutig unterlegen ist, wird der dunkelrote Pomander hilfreich sein. Ebenso wenn eine Frau weiß, daß eine Auseinandersetzung mit ihrem aggressiven Partner bevorsteht. Es handelt sich also um Situationen, in denen die Urinstinkte des Kämpfens oder Fliehens den Körper in höchste Alarmbereitschaft versetzen. Doch Vorsicht: Dieser Pomander macht nicht unverwundbar. Es ist kein Wundermittel, bei dem im übertragenen Sinne der Gegner auf mich schießen kann, und die Kugel prallt an einem unsichtbaren Schutzschild ab. Es geht hier um eine Abgrenzung von Energien auf der feinstofflichen, nicht auf der materiellen Ebene. Die Faust kann mich immer noch ins Gesicht treffen, aber die Aggression und der Haß dringen nicht in meine Aura ein und können keine Spuren in meinem Energiefeld hinterlassen.
Umgekehrt kann jedoch die eigene Energie nicht nach außen strahlen. Es dringt nichts nach innen, aber auch nichts von innen nach außen. Es ist wie bei einem Popstar, der in der Limousine mit verdunkelten Fensterscheiben sitzt und vor dem Ansturm der

Fans geschützt ist. Weder dringt die Energie des Popstars zu den Fans durch, noch umgekehrt die der Fans zum Popstar. Erst wenn der Popstar aus dem Auto aussteigt, kommt es zu einem direkten Energieaustausch. Überlegen Sie es sich also gut, ob Sie wirklich eine derart drastische Abgrenzung von der Außenwelt benötigen.

Der Kampf ums Überleben

Der Stierkampf eignet sich hervorragend, um die Schattenseiten der Farbe Dunkelrot zu veranschaulichen. Der Stier ist dem Element Erde zugeordnet, und als Tier ist er für seine große Kraft, seine Ausdauer und Potenz bekannt. Außerdem ist er ein Symbol der Männlichkeit. Beim Stierkampf wird dieses Tier zunächst körperlich so stark gereizt, daß es wutschnaubend in die Arena stampft. Die Zuschauer nehmen mit Begeisterung an dem Spektakel teil und peitschen die Erregung durch ihren Wunsch, daß der Torero den Stier tötet, hoch. Die Stierkampfarena ist rund, und die Energie der Zuschauermenge überträgt sich auf den Stier. Der Torero reizt den Stier durch das Schwenken eines Tuchs, das traditionellerweise rot gefärbt ist, und der Stier rennt blind vor Wut drauflos. Er ist außer Sinnen und in Panik. Es entsteht ein furchtbares Gemetzel, bei dem auch ab und zu der Torero verletzt wird. Der Stierkampf wird von einer Energie der niederen Leidenschaft und der Zerstörungswut getragen. Liebevolle, lichte Gedanken dringen hier nicht durch.

Wenn Sie in einen Überlebenskampf geraten und rasend vor Panik, Schmerz und Wut sind, dann sollte zunächst der dunkelrote Pomander zum Einsatz kommen. Wichtig ist dabei, daß das Einwirken von aktuellen äußeren Umständen der auslösende Faktor ist, wenn also etwas soeben im Außen Geschehenes Sie umgeworfen hat. Wenn Sie jedoch bereits eine tiefe Wut in sich tragen, weil man Sie in der Vergangenheit ungerecht behandelt hat, dann kann der dunkelrote Pomander diese Emotion eher verstärken, als Sie davor schützen.

Erschöpfungszustand nach permanenter Überlastung

Der dunkelrote Pomander hilft, Anspannungen, die aufgrund ständiger seelischer oder körperlicher Überlastung auftreten, loszulassen, und er führt neue Energie zu. Wer dauernd an den Grenzen seiner Belastbarkeit lebt und dabei die letzten Kraftreserven aufbraucht, fühlt sich schließlich extrem ausgelaugt. Es ist, als ob man auf Automatik geschaltet hätte und es irgendwie weitergeht, obwohl man am liebsten aussteigen würde und sich eine Weile nur tragen lassen möchte. Ein Gefühl von »So kann das nicht mehr lange weitergehen!« stellt sich ein.
Wer von einer Katastrophe in die nächste schlittert, wer nicht weiß, wie die nächste Wohnungsmiete oder der Ratenkredit bei der Bank bezahlt werden soll oder wo die nächste Mahlzeit herkommen soll und deswegen aus dem Sorgenkarussell nicht mehr herauskommt, braucht die dunkelrote Energie zur Wiederbelebung. Wenn die eigene Existenz oder die Existenz der Familie in Frage steht, bewegt man sich energetisch am Rand des Abgrunds. Es ist dann keine Kraft mehr für den Aufbau von etwas Neuem vorhanden. Der dunkelrote Pomander hilft, sich aus diesem Zustand der inneren Leere zu retten. Er öffnet uns wieder für Möglichkeiten, um aus dem tiefen Loch, in das wir hineingefallen sind, herauszuklettern und neue Wege zu gehen.

Ein Leben voller Lust

Themen der Leidenschaft, Begierde und Triebhaftigkeit werden durch die Farbe Dunkelrot angesprochen. Hier geht es um eine Lust, die sich auf der körperlichen Ebene zeigt.
Lust ist ein wichtiger Teil des Lebens und ermöglicht den Ausdruck von Freude über den Körper. Lust und Schöpfung stehen in einem engen Verhältnis zueinander. Ohne Empfindungen von Lust ebbt beispielsweise die Sexualität ab. Es wird schwierig, die vorhandene Fruchtbarkeit in einem Zeugungsakt zu manifestieren.
Lustlos zu sein heißt schlappmachen. Es fehlt an Spannung und Schwung. Man kann sich zu nichts aufraffen, und wertvolle Entwicklungsprozesse kommen so nicht in Gang. Wer Lust auf etwas hat, setzt seine Vorhaben leichter in die Tat um und ist zielgerichteter. Doch es gilt, Balance zu halten. Zuwenig Lust, und wir verwirklichen uns nicht. Zuviel Lust, und die Lust hat uns unter Kontrolle.

Exzessive Lustgefühle

Wir haben es in der heutigen Zeit größtenteils mit fehlgeleiteten Lustgefühlen zu tun. Die Fixierung auf Konsum und ein Überfluten unserer sinnlichen Wahrnehmung durch Werbung in allen Medien und eine immer breiter werdende Produktpalette sind wie Mastfutter. Dabei werden wir von der Befriedigung unserer Gelüste abhängig und brauchen immer stärkere Reize oder immer wieder vollkommen neuartige Impulse.
Die Lust wirklich zu genießen und etwas daraus zu machen ist heutzutage außerordentlich schwer. Wir befriedigen nicht wirklich unsere innersten Bedürfnisse und benutzen das Lustgefühl nicht mehr, um im positiven Sinne kreativ zu sein. Der innere

Hunger bleibt daher bestehen. Er kann niemals gestillt werden, wenn wir nur unsere Lust auf der rein körperlichen Ebene erleben. Die Suche geht dann weiter nach neuen Sensationen, und so leben wir in unserer Ex-und-hopp-Gesellschaft in zunehmenden Maße sinnentleert.

Aber über Exzesse (mit Drogen, Sexualität, Arbeit, Essen, Kaufen) kommen wir nicht zu einem wirklich lustvollen Leben. Die Lust muß sich als positive schöpferische Kraft äußern, zum Beispiel die Lust, einen Brief zu schreiben, ein besonderes Geschenk für eine Freundin auszusuchen, jemandem mit Rat und Tat zur Seite zu stehen oder Sexualität mit dem Partner zu haben, aus dem Wunsch heraus, Liebe und Zärtlichkeit zum Ausdruck zu bringen. Dann sind nicht ständig neue Reize von außen notwendig, um diese sinnliche dunkelrote Energie zu erleben.

Symptome auf der Körperebene

Chakra-Zuordnung: erstes Chakra (Basis-Chakra).
Organzuordnung: Wirbelsäule, Knochen, Blut, Darm.

Wenn der Körper sich aufgrund extremer Lebensumstände in ständiger Alarmbereitschaft befindet, kann sich auf der physischen Ebene eine Streßsymptomatik einstellen. Ursprünglich war der erhöhte Adrenalinspiegel dazu gedacht, den Körper mit überdurchschnittlich viel Energie zu versorgen, um entweder dem Feind im Kampf zu begegnen oder aber vor ihm zu fliehen. Das Adrenalin wird also nur über körperliche Aktivität abgebaut, denn es dient ja dazu, in Ausnahmezuständen körperlich Außerordentliches leisten zu können. Doch die Gefahr geht heutzutage in der Regel nicht von einem angreifenden Raubtier aus, sondern von Existenzängsten, die sich unter anderem an Geld- oder Partnerschaftsproblemen festmachen.

Die Folgen sind innere Unruhe, Schlafstörungen und Nervosität. Die Nerven sind überspannt; es kommt zu Erschöpfungszuständen. Es ist dann kaum noch Energie vorhanden, um kleinste Anforderungen zu bewältigen. Chronische Ermüdung dient dazu, den bestehenden Problemen auszuweichen. Auch die Flucht in eine Sucht ist möglich, um die harten Seiten des Lebens nicht ganz so schlimm aussehen zu lassen.

Wer zu viele existentielle Probleme mit sich herumträgt, braucht sich nicht zu wundern, wenn Wirbelsäule, Knochen und Gelenke sich bemerkbar machen. Man schleppt buchstäblich ein zu großes Bündel von Sorgen mit sich herum. Auch aufgrund harter körperlicher Arbeit können sich schon früh Abnutzungserscheinungen zeigen.

Der Farbstrahl Rosa

Thema: Erleben einer fürsorglichen, sanften Liebe, die reinen Herzens ist und keine Bedingungen stellt. Verbindung mit der göttlichen Liebe und der Engelwelt.

Die Farbe Rosa ist eine verfeinerte Form von Rot. Es ist das Rot in seiner lichtdurchfluteten Form. Sinnbild der Farbe Rosa ist die Seerose oder der Lotos. Fest verankert in dem schlammigen Boden, wächst die Knospe hoch hinaus und strebt nach dem Licht, wo sich dann die Blüte in ihrer ganzen Pracht entfaltet.
Die Farbschwingung von Rosa ist also den irdischen Qualitäten des Rot entwachsen und hat sich weiterentwickelt. Das erste Chakra, das Basis-Chakra, verbindet sich dabei direkt mit dem vierten Chakra, dem Herz-Chakra. Wenn diese energetische Verbindung stark ist, sind wir in der Lage, auf unser Herz zu hören und diese Stimme dann ganz praktisch im Alltag umzusetzen. In asiatischen Ländern ist es eher üblich, auf sein »Bauchgefühl«, in das Hara, zu hören, aber in den westlichen Ländern ist es eher das Herz, das den Weg weist.
Mit unserem Herzen verbinden wir vor allem die Liebe. Wenn wir aus dem Herzen liebevoll handeln, sind wir großzügig. Wie ein Kelch fließt unser Herz über. Wir sind erfüllt, wir erleben einen inneren Reichtum, der sich auch zeigen und ausdrücken will. Der rosafarbene Farbstrahl bringt uns mit diesem Reichtum an Liebe in Verbindung, die in uns und um uns herum existiert.

Der Farbe Rosa sind zwei Quintessenzen zugeordnet:
- Die Quintessenz *Lady Nada* hilft uns, Verbindung zu der Quelle der bedingungslose Liebe in uns aufzunehmen.
- Die Quintessenz *Orion & Angelica* wirkt wie ein Führer. Sie hilft, auf seinem Weg zu bleiben und gut am Ziel anzukommen.

Die Quintessenz Lady Nada

Innere Einstimmung

Ich verbinde mich mit Lady Nada.
Ich öffne mein Herz für die Liebe, die mich erfüllt und beglückt, die mir Vergebung schenkt und mich heilt. Die Schwingung dieser Liebe durchdringt mein ganzes Sein.
Ich liebe und ich werde geliebt – in Ewigkeit.
Ich öffne mein Herz für die Liebe, jetzt.

Wann brauche ich die Quintessenz Lady Nada?

- bei innerem Groll, der den Ausdruck der Liebe verhindert
- bei mangelnder Selbstliebe
- bei einer Neigung zu lieblosem Verhalten gegenüber anderen
- bei Schwierigkeiten, mir selbst und anderen Fehlern zu verzeihen
- bei Problemen, Liebe zu zeigen oder anzunehmen
- um mich innerhalb einer Beziehung von Herz zu Herz zu verbinden
- wenn ich mir in meinem Leben keine Zeit oder keinen Raum für die Liebe gebe
- nach einer Trennung, wenn ich dem Partner nicht vergeben kann

Der Farbstrahl Rosa

- um in die Schwingung »Gott ist die Liebe, und die Liebe ist Gott« einzutauchen

Die Quintessenz Lady Nada ermöglicht uns den Zugang zu einem tiefen Gefühl des Geliebtseins. Wir spüren eine Energie, die uns sanft einhüllt und uns durch unser Leben mit all seinen Schwierigkeiten trägt – ähnlich einer Mutter, die ihr Baby in den Armen wiegt und ihm dadurch Liebe und Geborgenheit vermittelt. Es ist eine sehr beglückende Erfahrung, wenn wir vorbehaltlos geliebt werden. Die Sehnsucht danach lebt in fast allen von uns. Sie wird aber nur in den seltensten Fällen auch wirklich erfüllt. Wir leben in einer Welt der Bewertungen, und sehr schnell geschieht es, daß andere uns ihre Liebe verwehren, weil wir etwas getan haben, das nicht für gut befunden wurde.

Während die Quintessenz The Christ uns an einer Energie der Liebe teilhaben läßt, die in uns Leidenschaft und Aktivität hervorruft, taucht uns die Quintessenz Lady Nada in die Schwingung der sanften Liebe ein. Es ist ein Zustand, aus dem nicht unbedingt Taten hervorgehen. Die Dinge scheinen sich von selbst zu ergeben. Wir öffnen uns für den Strom der Liebe und lassen dann geschehen. Thema ist, sich selbst und andere bedingungslos anzunehmen. Diese Liebe verbindet von Herz zu Herz und gibt den Weg frei für Wunder, für Heilung, für Reichtum und Fülle.

Eine liebevolle Kindheit

Bis zu einem gewissen Alter gehen Kinder mit offenem Herzen und ohne Vorbehalte auf ihre Umwelt zu. Sie urteilen nicht unbedingt nach äußeren Kriterien, sondern haben ein intuitives Gespür für die Ausstrahlung von Menschen und Lebewesen. Kinder fühlen sich zu liebevollen und warmherzigen Menschen hingezogen und haben die Fähigkeit, viel Liebe zu verströmen.

Die Qualität dieser Liebe ist sehr rein und dringt tief in die Herzensenergie der anderen ein. Damit diese Kraft sich ausdehnen und mit den Lebensjahren wachsen kann, muß einem Kind immer wieder das Gefühl gegeben werden, daß es bedingungslos geliebt wird und eine Bereicherung für das Leben der Eltern und der anderen Menschen seiner Umgebung ist. Kinder müssen sich als Geschenk erleben. Die Energie fließt dabei von Herz zu Herz und läßt sich nicht durch materielle Gaben kompensieren.

Leider erleben die wenigsten von uns die uneingeschränkte Akzeptanz unseres Selbst in der Kindheit und schon gar nicht im Erwachsenenalter. Im Gegenteil, wir leben in einer leistungsorientierten Gesellschaft, die uns eher in Richtung eines Mangels an Selbstwertgefühl treibt. So setzen der Druck und die hohe Erwartungshaltung an Kinder schon früh ein. Häufig wird der Fehler gemacht, durch Strenge, Tadel und Strafe zu besserer Leistung motivieren zu wollen. Bei einem Kind stellt sich das Gefühl von Angst ein, nicht gut genug und der Liebe der Eltern nicht wert zu sein, es sei denn, es kann außergewöhnliche Leistungen vorweisen. Diese Kinder verbringen dann oft ihr Erwachsenenleben mit dem Versuch, sich Liebe und Zuwendung zu erarbeiten. Für diese Anstrengungen erhalten sie vielleicht Bewunderung, Anerkennung und eine oberflächliche Form der Zuwendung, die jedoch nicht wirklich in das Herzzentrum fließt. Das energetische Herzzentrum konnte sich nicht richtig entfalten.

Wie unsere Muskulatur, die verkümmert, wenn wir uns nicht bewegen, müssen wir uns darin üben, uneingeschränkt und bedingungslos zu lieben. Am Anfang mag es schwerfallen, und wir verfallen wieder in das Werten. Aber wie beim Sport gilt auch hier: Übung macht den Meister. Je mehr wir uns in der Herzensliebe üben, desto stärker wird sie, und desto mehr dehnt sie sich in unserem Leben aus.

Neben der Liebe für unsere Familie, Freunde, Mitmenschen und für die anderen Lebewesen auf diesem Planeten dürfen wir nicht

Der Farbstrahl Rosa

vergessen, daß wir uns selbst lieben müssen. Wer also gelernt hat, sich Liebe erarbeiten zu müssen, hat umzulernen. Am Anfang steht die bedingungslose Liebe zu sich selbst. Diese Haltung ist gar nicht so einfach umzusetzen, aber sie ist für das spirituelle Wachstum unentbehrlich.

Selbstliebe

Nur sehr wenige Menschen gehen mit einem echten und vor allem dauerhaften Gefühl der Selbstliebe durch ihr Leben. Die Menschen voller Selbstliebe sind selten, und wenn wir eine solche Person erleben dürfen, ist das wie ein Segen. Wer sich selbst bis in die tiefen Schichten des Seins anerkennt, hat sich für den Strahl der göttlichen Liebe geöffnet. Diese Seinsebene ist letztendlich ein Zustand der Erleuchtung. Jesus von Nazareth ist ein Beispiel für vollkommene Liebe. Da er mit der ewigen und bedingungslosen Liebe Gottes verbunden war, blieb er unverletzbar, egal welche Wunden ihm zugefügt wurden. Jesus wußte, daß er Liebe ist, und so konnte seine Liebe auch in die Herzen der Menschen hineinströmen.

Wir erleben im Laufe unseres Lebens oft kurze Momente der reinen Selbstliebe, in denen wir vollkommen in uns ruhen und uns über unser Dasein freuen. Wir fühlen uns lebendig, leicht und im Einklang mit allem. Vergleichbar ist dieser Zustand mit dem Hochgefühl von frisch Verliebten. Diese Energie hebt uns in die Höhe und läßt alte Wunden heilen. Mit der Zeit verblassen solche Momente, und die Tür zu unserem Herzen schließt sich Stück für Stück, bis vielleicht wieder einmal von außen angeklopft wird. Es ist ein unvergleichlich beglückendes und befreiendes Gefühl, wenn wir einfach nur geliebt werden, ohne Forderungen, Erwartungen oder kritische Bewertung. Die Quintessenz Lady Nada verbindet uns mit dieser Liebesschwingung und hilft, die Beschränkungen, die wir uns selbst auferlegen, aufzulösen. Unser Herzzentrum kann sich von innen heraus entfalten, sobald wir die Verbindung zu dem ewigen göttlichen Funken in uns suchen.

Liebe schenken

Liebe ist des Menschen höchstes Gut, und auch in den himmlischen Sphären ist die Liebe das wichtigste Element. Liebe hat die Fähigkeit, jegliche Wunde zu heilen und alle Grenzen zu überwinden, weil sie in ihrer reinsten Form aus unserer Seele heraus Licht aussendet und Schattenbereiche aufzulösen vermag.

Wenn wir uns für die Liebe öffnen, erschließen wir uns eine ungeahnte Dimension der Fülle. Liebe will sich ausdehnen und wachsen, und so erleben auch wir in unserem Leben Wachstum und Fülle, wenn wir uns darin üben, uns und andere aus dem Herzen heraus zu lieben. In jedem Moment können wir uns dafür entscheiden, jemanden für seine Fehler und Irrtümer zu bestrafen, oder wir können weiter bis zu seinem reinen Seelenkern vordringen, um ihm unsere Liebe und unser Mitgefühl zu schenken. Wir können eine Arbeit mechanisch und lieblos erledigen oder unsere Liebe hineingeben. Wir können unseren Körper für seine Mängel hassen oder ihn in Liebe so annehmen, wie er ist.

In dem Umfang, in dem wir beschließen, ein Leben in Liebe zu führen, verändert sich auch die Welt mit uns. Wenn wir die Quintessenz Lady Nada benutzen, verbinden wir uns mit dem Strahl der Liebe. Indem wir ihn annehmen und unser Herz öffnen, sind wir im gleichen Moment bereit, diese Liebe weiterzugeben, weil es uns und anderen guttut.

Der Farbstrahl Rosa

Vergebung

Um uns selbst und andere zu lieben, müssen wir Vergebung lernen. Jemandem zu vergeben fällt häufig sehr schwer, und das ist der Grund, warum oft Auseinandersetzungen innerhalb der Familie, zwischen Freunden oder im beruflichen Umfeld nicht beigelegt werden. Kriege werden aus diesem Grund geführt, und den Menschen fällt es wegen ihrer Unversöhnlichkeit unendlich schwer, in Frieden miteinander zu leben.

Wenn wir Fehler begangen oder unfair gehandelt haben, dann müssen wir uns dies zunächst eingestehen. Ebenso sollten wir anderen Menschen Fehltritte zugestehen. Wir sind nicht perfekt. Wir machen Fehler, und wir können daraus lernen und in Zukunft die Dinge besser gestalten. Nachtragend zu sein blockiert uns und verhindert die Ausdruckskraft der Liebe. Meistens verbirgt sich dahinter ein Schamgefühl. Wir schämen uns für unser Verhalten und haben ein Problem, uns diesem Schamgefühl zu stellen. Statt dessen fällt es leichter, den Groll aufrechtzuerhalten.

Erlösender ist es dagegen, sich diese Schattenbereiche anzuschauen und sie dann als Teil der Vergangenheit zu entlassen. Wir haben in der Gegenwart die Chance, unser Leben neu zu gestalten. Aber ohne Vergebung mischt sich diese Vergangenheit immer wieder in unser Leben ein, und es bleibt ein Restgefühl des Unbehagens. Dieses Gefühl setzt jedoch der Herzensliebe Grenzen.

Wir versuchen alle, unser Leben zu meistern, und werden dabei wahrscheinlich öfter einmal stolpern oder sogar stürzen. Das gilt auch für andere. Wenn wir dies als Teil des Lernprozesses begreifen und nicht hartnäckig an der Unglücksstelle verweilen, dann fließt das Leben wieder in der richtigen Bahn weiter.

Gerade wenn Liebesbeziehungen zu Ende gehen, besteht die Gefahr, daß einer der Partner oder beide an dieser Stelle stehenbleiben und nicht vergeben können. Auch Erwachsene, die die

Fehler ihrer Eltern nicht verzeihen können, bleiben in ihrer Weiterentwicklung stehen. Zu sagen »Ja, ich sehe deine/meine Fehler, aber ich liebe dich/mich dennoch genauso und aus ganzem Herzen« ist etwas, worin wir uns üben sollten. Es stellt sich ein Gefühl der Lebensfreude ein, und durch das bedingungslose Annehmen können wir wachsen.

Zeit für die Liebe

Wir verbringen viel zuwenig Zeit damit, uns der Liebe zu widmen. Wir eilen streßgeplagt durch unseren mit Terminen vollgepackten Alltag und verpassen dadurch sehr viele Momente und Gelegenheiten, Liebe zu zeigen oder sie wahrzunehmen. Uns entgeht dadurch sehr viel.

Liebe kann man auch nicht über den Fernseher oder durch den Computer erhalten. Es bedarf zweier lebendiger Wesen, um Liebe auszutauschen. Der Austausch muß natürlich nicht immer von Mensch zu Mensch geschehen, sondern Liebe manifestiert sich in verschiedenster Weise. Wir können Tiere, Pflanzen und Kristalle oder unseren Schutzengel lieben, um nur einige Beispiele zu nennen. Mit der Liebesschwingung kann sich unser energetisches Herzzentrum immer mehr öffnen. Dadurch können wir auch noch mehr Liebe aufnehmen, und so geschieht das Geben und Nehmen der Liebe im gleichen Augenblick.

Es muß uns wichtig werden, Liebe zu schenken. Und wir sollten darauf achten, daß die Qualität der Liebe, die wir geben, so rein wie möglich ist. Eine innige, liebevolle Umarmung kann niemals durch noch so viele flüchtige Umarmungen ersetzt werden, bei denen das Herz nicht beteiligt ist.

Wenn Sie die Quintessenz Lady Nada benutzen, denken Sie daran, es mit einem Gefühl der Liebe und Zuwendung zu tun. Es ermöglicht ein intensives Einströmen der Schwingung der Liebe.

Der Klang der Liebe

»Ich liebe dich« sind drei kleine Wörter, die in unserer Kultur eine große Bedeutung haben. Meistens sagen wir sie unserem Liebespartner, aber auch unseren Kindern. Kinder sagen diese Worte ganz besonders gern und lieben dabei sehr intensiv. Sie können ihre Eltern, Geschwister, Haustiere, aber auch Spielzeug lieben. Für sie gibt es dabei keine Grenzen. Man hört heraus, wenn Kinder diese Worte aus vollem Herzen sagen. Bei Erwachsenen ist es schwieriger zu spüren, obwohl wir intuitiv die Schwingung doch wahrnehmen können. Ein automatisches »Ich liebe dich« bewirkt so gut wie gar nichts und kann sogar schaden. Der Mensch, der diese Worte dann aufnimmt, empfängt gleichzeitig auch eine Schwingung der Leere. Er öffnet sein Herz, aber es strömt keine Energie der Liebe hinein, und das schmerzt.

Probieren Sie, sich selbst vor dem Spiegel »Ich liebe mich« zu sagen, und spüren Sie, ob Sie mit Ihrem Herzen dabei sind oder nicht. Sie werden es sofort merken. Üben Sie die Worte, bis Sie es schaffen, in die Kraft der wirklichen Liebe einzutreten.

Öffnen Sie Ihr Herz für die Liebe zu Ihrem Partner, bevor Sie zu ihm »Ich liebe dich« sagen. Und wenn Sie merken, daß Sie Hemmungen haben oder nicht ganz ehrlich sein können, dann schauen Sie nach innen, um herauszufinden, was im Weg steht.

Der Klang der Liebe ist harmonisch. Auch die Harmonie eines Musikstücks kann unser Herz berühren und uns den Klang der Liebe vermitteln. Lady Nada hilft Ihnen bei dem Zugang zu solchen Klängen.

Fazit: Die Quintessenz Lady Nada verbindet Sie mit der bedingungslosen Liebe, aus der Freude und ein Gefühl der Fülle hervorgehen. Sie ist eine vereinigende Kraft, die viel Licht in sich birgt. Durch Lady Nada verbinden Sie sich mit der ewigen göttlichen Liebe, die uns jenseits von Raum und Zeit als vollkommen erkennt. Sie vergeben sich und anderen und haben die Möglichkeit, in eine Dimension der Liebe zu gelangen, die Heilung und Ganzheit bringt.

Zusammenfassung der Quintessenz Lady Nada

- sich selbst und andere Lebewesen so lieben und annehmen, wie sie sind
- Fehler von Herzen vergeben
- der Liebe einen wichtigen Platz im Leben einräumen
- die Erinnerung an die göttliche Liebe stärken
- sich für Mitgefühl, Zuneigung und Zärtlichkeit öffnen
- den Zugang zu den harmonischen und heilenden Klängen von Worten und Musik finden
- gibt Schutz und füllt den Raum mit einer liebevollen Schwingung

Die Quintessenz Orion & Angelica

Innere Einstimmung

Ich verbinde mich mit Orion & Angelica.
Ich ruhe in vollkommener Harmonie in mir.
Ich öffne mich für die geistige Führung, die mich durch Raum und Zeit begleitet, mich auf all meinen Wegen beschützt und mich sicher ans Ziel führt.
Ich liebe mich so, wie ich bin.
Körper, Geist und Seele sind in Harmonie.

Wann brauche ich die Quintessenz Orion & Angelica?

- bei Reisen über mehrere Zeitzonen hinweg (Langstreckenflüge)
- wenn ich zu selbstkritisch bin
- wenn ich zu sehr auf andere und nicht genug auf meine eigene innere Stimme höre
- bei einem Gefühl der Verlassenheit und Einsamkeit
- um Zugang zur eigenen Traumwelt zu bekommen und die Träume auch im Bewußtsein zu behalten
- wenn große Veränderungen auf mich zukommen
- um mit meinem Schutzengel in Verbindung zu treten
- für Durchhaltevermögen, um Vorhaben auch zum Abschluß zu bringen
- wenn in einer Beziehung die männlichen und weiblichen Energien unausgeglichen sind
- um ein Gefühl von »Himmel auf Erden« zu bekommen und mich mit der Fülle des Lebens zu verbinden

Die Quintessenz Orion & Angelica hilft uns, den richtigen Weg in unserem Leben einzuschlagen und dann auch sicher ans Ziel zu gelangen.

Am nächtlichen Himmel leuchtet das Sternbild des Orion klar erkennbar und bietet selbst Laien eine Orientierung am Firmament. Die Pyramiden von Gizeh in Ägypten, so lautet die These des Ingenieurs Robert Bauval, sind genau auf den Orion ausgerichtet worden, um die verstorbenen Pharaonen bei der Reise in das jenseitige Reich zu unterstützen. Zusammen mit dem Stern Sirius verkörperte der Orion für die alten Ägypter die Seelenwanderung und Wiederauferstehung.

Der Name Angelica hat seine Wurzel in dem lateinischen Wort *angelus*, das Engel bedeutet. Nach einer Umfrage glauben fast 75 Prozent der Amerikaner an Engel. Es gibt viele Menschen, die eine persönliche Begegnung mit der Engelwelt hatten oder sogar von Engeln aus einer Notsituation gerettet wurden.

Orion & Angelica sind demnach himmlische Begleiter für uns hier auf Erden. Sie bieten uns Führung und Schutz in Zeiten der inneren wie äußeren Veränderung und Wandlung. Die Unterstützung von Orion & Angelica ist jederzeit für uns verfügbar. Das Bedürfnis, uns zu helfen, den richtigen Weg einzuschlagen, und uns dabei Schutz, Geborgenheit und Liebe zu schenken, ist unermeßlich groß. Wer die Quintessenz benutzt, zeigt die Bereitschaft, dieses Geschenk der bedingungslosen Liebe und Fürsorge anzunehmen.

Selbstwahrnehmung

Wie sollen Sie wissen, welcher nächste Schritt für Sie der richtige ist? Woher erhalten Sie Gewißheit, daß Sie Ihrer Bestimmung und nicht Irrwegen folgen? Die einzige Person, die Ihnen diese Fragen beantworten kann, sind Sie selbst.

Indem wir Verbindung zu unserer inneren Führung aufnehmen und ihre Stimme auch ernst nehmen, spüren wir, ob wir die richtige Wahl getroffen haben oder nicht. Vielen von uns ist diese Gabe verlorengegangen. Wir haben uns davon abgeschnitten, oder wir verdrängen ihre Botschaften. Statt dessen orientieren wir uns häufig an äußeren Impulsen. Wahrsager, Astrologen, Tarotexperten und Gurus haben derzeit Hochkonjunktur.

Auch kann es passieren, daß wir in einer Beziehung stecken, in der wir die andere Stimme als wertvoller erachten als die eigene und damit den Weg des Partners beschreiten. Dann werten wir uns selbst herab und lassen uns fremdbestimmen.

Das innere Kind wiederentdecken

Die Verbindung zu unserer inneren Stimme und Führung können wir unter anderem durch unser inneres Kind aufnehmen. Das innere Kind ist in seiner unverletzten Form eine Verkörperung der absoluten Selbstliebe. Wir lieben uns, so wie wir sind, und wissen um unsere Bedürfnisse.
Kleine Kinder spüren in der Regel, wann es für sie an der richtigen Zeit ist, zu schlafen, zu spielen oder zu essen. Sie folgen ganz natürlich ihrem inneren Rhythmus und sorgen für eine Ausgewogenheit der aktiven und passiven Phasen, um ein optimales Wachstum zu ermöglichen. Das kann manchmal für Außenstehende frustrierend sein, da es den zeitlichen Abläufen der Welt der Erwachsenen entgegensteht. Ein Kleinkind atmet tief in seinen kleinen Buddha-Bauch hinein und käme nie auf den Gedanken, sich als zu dick zu empfinden. Es vergleicht sich nicht mit der Außenwelt und ruht daher in sich. Kleine Kinder sind auch noch offen für den Kontakt zur geistigen Welt und haben meist keine Schwierigkeiten damit, unsichtbare Freunde oder Engelgestalten wahrzunehmen. Diese Qualität von in sich ruhen ist wichtig, wenn wir uns in der rechten Art und Weise weiterentwickeln wollen. Orion & Angelica helfen uns dabei, mit uns selbst in Kontakt zu kommen, und zwar mit dem liebenden und nicht urteilenden Teil in uns.

Innere und äußere Wegweiser

Es ist ein Akt der Selbstliebe, wenn wir unsere inneren Bedürfnisse wahrnehmen und ihnen folgen. Wir bestätigen dadurch unseren eigenen Wert und erfahren, wie unser Leben in die richtige Bahn gelenkt wird und ins Fließen kommt. Wenn wir ständig Ideen, die uns erreichen, ignorieren oder warnende Impulse unterdrücken, geraten wir ins Stocken und über kurz oder lang in eine Krisensituation. Erst wenn wir anfangen, unser inneres Kind nach außen zu kehren, kommen wir zur Ruhe und gelangen in einen Zustand heiterer Gelassenheit.

Träume sind wichtige innere Wegweiser. Die Quintessenz Orion & Angelica hilft Ihnen, auch nach dem Erwachen mit dieser Traumwelt, in der Sie während des Schlafes eintauchen, in Verbindung zu bleiben. Träume nutzen Ihnen wenig, wenn Sie sich nicht an ihre Botschaften erinnern können. Wenn Sie das Gefühl haben, nie oder nur selten zu träumen, dann wenden Sie eine Zeitlang nachts vor dem Schlafengehen diese Quintessenz an, und bitten Sie darum, durch Ihre Träume Unterstützung zu bekommen. Bitten Sie dann dafür, daß Ihnen der Inhalt der Träume auch nach dem Erwachen noch im Gedächtnis bleibt, und danken Sie für diese Hilfe. Sie werden mit der Zeit erleben, wie Sie auf dieser Ebene begleitet werden und Eindrücke oder Bilder erhalten, die für Sie relevant sind. Wenn Sie mit den inneren Bildern nichts anfangen können, bitten Sie um Klärung. Meist ist der erste Gedanke, der Ihnen dann zur Erläuterung in den Kopf schießt, der Schlüssel.

Erst nachdem Sie ein gutes Gefühl für Ihre eigene innere Stimme haben und von ihr Impulse erhalten, sollten Sie auf äußere Wegweiser achten. Nur dann sind sie wirklich eine Hilfe. Wenn Sie nur im Außen schauen, wie es weitergeht, laufen Sie Gefahr, verführbar zu sein und in die falsche Richtung abgelenkt zu werden. Es gibt so viele Lockrufe, und um zu wissen, woher der wahre Ruf ertönt, müssen Sie aus dem Zustand der inneren Ruhe heraus nach außen horchen und sehen.

Wenn ich zum Beispiel weiß, daß ich die Natur liebe und gern auf dem Land wohnen würde, dann lasse ich mich nicht auf das Angebot einer großen, aber sehr günstigen Wohnung inmitten der Großstadt ein. Wenn ich in etwa weiß, was ich will, kann ich auf die äußeren Signale hören. Dann komme ich vielleicht zufällig mit jemandem ins Gespräch, der mir erzählt, wie schön die Natur an einem bestimmten Platz ist oder wo ich günstig eine Wohnung mieten kann, die mir die gewünschten Möglichkeiten bietet. So etwas fühlt sich intuitiv anders an, als wenn ich einer Fremdbeeinflussung unterliege. Wenn sich anstelle von einem warmen Gefühl ein vages Unbehagen ausbreitet, dann wollen Orion & Angelica vor einer eventuellen Fehlentscheidung warnen. Ich muß jedoch genau in mich hineinhören, denn diese innere Stimme kann sehr leise sein und leicht von lauteren äußeren Stimmen übertönt werden.

Veränderungen im Leben

Die Quintessenz Orion & Angelica hilft vor allem bei Übergängen. Das kann sich auf die zeitliche und/oder räumliche Ebene beziehen. Bei langen Reisen über große Entfernungen und in andere Zeit- und Klimazonen sowie Kulturen hilft diese Quintessenz, sich der neuen Umgebung anzupassen und sich in der fremden Welt gut einzuleben. Auch neue Phasen im Leben, die große Änderungen mit sich bringen, werden sanft eingeleitet. Bei Umzügen in eine andere Stadt oder in ein fremdes Land oder beim Zusammenziehen mit einem Partner, wenn ein neues Leben zu zweit beginnt und sich zwei Menschen in ihrem individuellen Lebensstil miteinander abstimmen und harmonisieren wollen, gibt die Energie von Orion & Angelica Unterstützung und beschleunigt das »Ankommen«. Wir haben dann das Gefühl, zur richtigen Zeit an der richtigen Stelle zu sein, und sind im positiven Sinn offen für das, was als nächstes auf uns zukommt.

Schutz und Geborgenheit

Viele Menschen haben das Gefühl, einsam zu sein und niemanden zu haben, der sich für ihr Schicksal interessiert oder sie auf ihrem Weg begleitet. Das Gefühl der Verlassenheit ist ein Hinweis darauf, daß wir uns von unserem inneren Kind abgeschnitten haben und auch die Verbindung zu unserem spirituellen Selbst so geschwächt ist, daß wir sie kaum mehr wahrnehmen. Manchmal sind die Umwälzungen, die uns in unserem Leben treffen, so überwältigend, daß wir einfach den Faden verlieren und uns abgeschnitten oder sogar ausgestoßen fühlen. In der Folge davon geraten wir oft in einen Teufelskreis, denn wir sind in dieser Situation tatsächlich nicht offen für die etwaige Hilfe, die uns aus der geistigen Welt in der einen oder anderen Form angeboten wird.

Unterstützung kann aus ganz unerwarteter Richtung kommen. Unsere Schutzengel begleiten uns durch unser Leben, und so sind wir eigentlich nie wirklich allein. Wir bekommen oft indirekt Kontakt zu den Schutzengeln, denn sie vermitteln uns durch andere Personen häufig ihre Botschaften und Impulse. Mit Hilfe von Orion & Angelica können wir uns wieder verbunden fühlen und die Begleitung erleben, die für uns da ist. Gerade wenn wir meinen, am Ende unserer Möglichkeiten angekommen zu sein, taucht oft ganz plötzlich und aus einer unerwarteten Richtung ein Lösungsvorschlag auf. Wir müssen nur achtsam sein und daran glauben, daß wir sicher geführt werden.

Es kann große Freude machen, wenn wir versuchen, in der Meditation Kontakt zu unserem persönlichen Schutzengel aufzunehmen. Wenn wir in einen inneren Dialog treten, können wir über Gedanken und Bilder, die aufblitzen, wertvolle Wegweiser für die nächsten Schritte im Leben erhalten. Wichtig ist aber immer, mit dem Herzen dabei zu sein, also diese Verbindung aus ganzem Herzen herstellen zu wollen. Anfangs erhalten wir vielleicht nur flüchtige Eindrücke, aber mit der Zeit erweitert sich unser Blickfeld, und wir vertrauen mehr und mehr unserer inneren göttlichen Führung. Daraus resultiert ein tiefes Gefühl der Geborgenheit und Sicherheit.

Harmonie zwischen Mann und Frau

Orion & Angelica sind die Namen zweier Meister. Sie schenken uns Zugang zu den männlichen und weiblichen Aspekten sowohl innerhalb unseres Selbst als auch innerhalb von äußeren Beziehungen. Ein ausgeglichenes Verhältnis von Geben und Nehmen, Aktivität und Passivität sowie Intuition und Verstand sind wichtig, wenn wir ein fruchtbares Leben führen wollen.
Ein Übermaß an weiblichen Anteilen bringt die Gefahr mit sich, daß wir uns in Sanftmut und Hingabe auflösen und nicht oder nur sehr langsam oder schwerfällig von der Stelle kommen. Ein Zuviel an männlicher Aktivität kann bewirken, daß wir mit hoher Geschwindigkeit blindlings in die falsche Richtung laufen. Wenn Sie also das Gefühl haben, daß sich beide Aspekte innerhalb einer Beziehung nicht im Gleichgewicht befinden, dann kann diese Quintessenz helfen, einen Weg aufzuzeigen, die männlichen und weiblichen Energien in Balance zu bringen. Das gilt natürlich auch für die eigene Persönlichkeit. Meist wissen Sie intuitiv, in welchen Bereichen Sie mehr Ausgeglichenheit von männlichen und weiblichen Anteilen brauchen.

Fazit: Orion & Angelica unterstützen Sie auf Ihrer Reise durch das Leben. Sie ruhen in sich selbst und spüren, daß Sie in Ihrem Leben den richtigen Weg gehen und jederzeit Führung und Schutz erhalten. Ihre Schutzengel begleiten Sie dabei in Liebe und Verbundenheit. Sie erhalten Hilfe bei etwaigen Veränderungen, so daß Neuanfänge, Abschlüsse oder Übergangsphasen in Ihrem

Leben sanft vonstatten gehen. Diese Quintessenz hilft Ihnen dabei, Ihre Ziele auch wirklich zu erreichen.

Zusammenfassung der Quintessenz Orion & Angelica

- Verbindung mit dem inneren Kind aufnehmen
- sich so lieben, wie man ist
- sich für die innere Führung öffnen
- Zugang zur Traumwelt
- Wahrnehmung von äußeren Wegweisern
- große Veränderungen oder Wandlungsphasen gut bewältigen
- die Strapazen einer langen Reise besser verkraften und sicher ans Ziel gelangen
- sich mit der geistigen Welt verbinden, vor allem mit den Engeln, um Schutz und Geborgenheit zu finden
- zum richtigen Zeitpunkt am richtigen Ort sein

Der rosafarbene Pomander

Positiver Zustand

- sich selbst lieben und aus dieser Fülle heraus Liebe geben
- empfangsbereit sein für die Gaben, die uns in Liebe geschenkt werden
- mangelnde Fürsorge für sich selbst und andere

Negativer Zustand

- ein aus Selbstschutz verschlossenes Herz
- Schwierigkeiten, echte Liebe zu zeigen oder anzunehmen

Der Farbstrahl Rosa

Einstimmung auf den rosafarbenen Pomander

Ich verbinde mich mit dem rosafarbenen Strahl.
Ich liebe mich, so wie ich bin, und höre auf die Stimme meines Herzens.
Ich zeige meine Liebe und Fürsorge, wo sie gebraucht werden, und bin bereit, Liebe anzunehmen.

Wann brauche ich den rosafarbenen Pomander?

- wenn ich in einer lieblosen Situation feststecke
- bei Mangel an Fürsorge für den eigenen Körper
- bei Unausgewogenheit im Geben und Nehmen von Liebe
- bei Gefühlen von Selbsthaß
- um sich mit der Stimme des Herzens zu verbinden
- wenn nach Enttäuschungen in der Liebe sich das Herz verschlossen hat
- zur energetischen Reinigung und um eine harmonische Schwingung in einen Raum zu bringen
- um bei Seminaren und Gruppen eine liebevolle Atmosphäre der Gemeinsamkeit zu schaffen
- bei Fruchtbarkeitsstörungen und Problemen im Bereich des Urogenitaltrakts
- bei Hormonstörungen

Wie bei den Quintessenzen Lady Nada und Orion & Angelica sind die zentralen Themen des rosafarbenen Pomanders der Ausdruck von Liebe sowie Schutz und Geborgenheit. Der Pomander kann überall dort angewandt werden, wo es an einer liebevollen Atmosphäre mangelt. Liebe ist eine Energie, die zusammenführt und vereint. Die Herzen öffnen sich, und die Schwingung der Liebe kann ungehindert in uns ein- und ausfließen. Sie ist die

Hauptnahrung für unsere Seele, und sie verleiht uns die Gabe, über unsere vermeintlichen Grenzen hinauszuwachsen. Wenn wir wirklich in einem Gefühl der Liebe sind, dann hüllt uns diese Schwingung ein und gibt uns Schutz.

Das verletzte Herz

Viele von uns haben Enttäuschungen, Kränkungen oder Verletzungen in der Liebe erfahren und sich daraufhin vor der Liebe verschlossen, manchmal nur teilweise, manchmal ganz. Insgeheim mißtrauen wir dann der Liebe und geben ihr keine Chance, sich wirklich in unserem Leben zu entfalten. Liebe, so haben wir erfahren, tut weh. Es verbindet uns kein positives Gefühl mit der Liebe. Meistens geschieht dies, wenn wir in der Kindheit negative Erlebnisse mit verweigerter Liebe machen mußten. Vielleicht hatten wir sehr strenge Eltern, die häufig straften oder Liebe nur gegen Leistung gezeigt haben. Da ein Kind energetisch noch ganz offen ist, bohren sich dann viele verletzende Pfeile in das Herzzentrum des Kindes. Um sich weiterhin zu schützen, verschließt es sich im Laufe der Zeit energetisch. Das Kind muß so reagieren, wenn es emotional überleben will.

Bei Erwachsenen wiederholt sich häufig dieses Kindheitsmuster, und wir fühlen uns zu Menschen hingezogen, die uns weiterhin bestätigen, daß die Liebe schmerzhaft ist. Oder wir treten die Liebe, die sich uns bietet, mit Füßen und tun alles, um sie systematisch zu zerstören. Das Herzzentrum bleibt weiterhin verschlossen oder öffnet sich nur bedingt. Wir bleiben an der Oberfläche unseres Seins hängen. Dort versuchen wir, den Mangel an Liebe dadurch zu kompensieren, daß wir sie uns durch Leistung verdienen. Auch sind Beziehungen, in denen der eine seine ganze Liebe hineingibt und der andere sie mißachtet, keine Seltenheit. Beide Personen haben die gleiche Verletzung ihrer

Herzensenergie erfahren und drücken dies lediglich unterschiedlich aus.
Wie heilt man solche Verletzungen, und wie können wir uns ganz tief in unserem Herzen für die Liebe öffnen?

Das verletzte Herz heilen

Wenn wir nicht an den universellen Strom der Liebe angeschlossen sind, fühlen wir uns isoliert. Vor diesem Gefühl können wir weglaufen, indem wir uns in Aktivitäten stürzen und eine narzißtische Haltung kultivieren, bei der wir immer danach trachten, unsere oberflächlichen Bedürfnisse zu befriedigen. Auch können wir uns lahmlegen. Wir sind dann lethargisch, müde und können uns zu nichts aufraffen. Wir vernachlässigen unseren Körper, versäumen wichtige Gelegenheiten, die uns vielleicht beweisen könnten, daß wir doch liebenswert sind.
Im Grunde stecken wir noch in den Kindheitsverletzungen fest. Das verschlossene Herz ist in seiner Entwicklung nicht gereift und gewachsen. Wir befinden uns weiterhin in dem Zustand des siebenjährigen Kindes, das beispielsweise immer nur Tadel und Prügel bei jedem kleinsten vermeintlichen Ausrutscher erfährt und selten gelobt und anerkannt wird.
Es gibt hierfür nur einen Heilungsweg, und das ist Liebe – Liebe, Liebe und nochmals Liebe. Eine Liebe, die Mängel und Fehler übersieht und fest und unbeirrbar daran arbeitet, das Vertrauen in die Liebe wiederzuerwecken. Liebe, die sich zunächst auf die kleinsten Dingen richtet und dann Stück für Stück auf größere Bereiche ausgedehnt wird.
Die Liebe kann sich als Fürsorglichkeit zeigen. Das bedeutet, achtsam und gefühlvoll zu sein, sich Gedanken um den Inhalt des Geschehens zu machen und sich um etwas zu kümmern. Die Betonung liegt hier nicht auf der Energie des angstvollen Sorgens,

sondern auf der liebevollen Zuwendung. Es ist eine Kraft, die aufbaut und zum Wachstum anregt. So wird der rosafarbene Pomander gern benutzt, um vor Beginn eines Seminars einen Raum energetisch zu reinigen. Es entsteht eine Schwingung im Raum, die genau dieses Gefühl der Fürsorge und des liebevollen Umgangs vermittelt. Durch die Anwendung des Pomanders signalisiert der Veranstalter den Teilnehmern auf der unbewußten, energetischen Ebene, daß sie ihm wertvoll und wichtig sind. Sie sollen sich geborgen und gut aufgehoben fühlen. Er wird sich um ihre Bedürfnisse kümmern.

Ein ähnliches Signal können wir uns selbst mit diesem Pomander setzen. Wenn wir uns nicht ausreichend um unsere Herzensbedürfnisse kümmern, dann hilft die Farbe Rosa, sich daran zu erinnern. Um unsere Lebensaufgabe zu erfüllen, müssen wir fürsorglich mit unserem Körper umgehen. Vernachlässigen wir den Körper, wird er irgendwann geschwächt und verliert an Vitalität. Wenn wir unser Zuhause nicht pflegen und uns in Unordnung und Unsauberkeit verlieren, handeln wir lieblos und ohne Fürsorge gegenüber uns selbst.

Es mangelt an Fürsorge, wenn wir den Geburtstag des Partners nicht wertschätzen, wir unseren Hochzeitstag vergessen oder nicht anwesend sein können, wenn unser Kind in der Schule an einer Aufführung teilnimmt. Fürsorge bedeutet, sich die Zeit zu nehmen, mit den Kindern zu spielen, und nicht den Fernseher einzuschalten und ein Video einzulegen. Es sind häufig die kleinen, vermeintlich unbedeutenden Gesten, die Fürsorge signalisieren und unsere Herzensenergie erwärmen.

Es ist außerdem gut, wenn wir lernen, in unser Herz hineinzuspüren. Was sind seine wirklichen Bedürfnisse? Was braucht unser Herz, um sich zu entfalten? Unser Herz weiß genau, was wir auf unserem Weg brauchen, aber wir haben fast alle verlernt, zu fragen und dann auf die Antwort zu warten. Unser Herz hungert und ist meistens energetisch unterversorgt, und so versuchen wir auf einer anderen Ebene, diesen Hunger zu stillen. Wir rennen dann hinter dem äußeren Glück und äußeren Befriedigungen her. Für kurze Zeit haben wir das Gefühl, satt zu sein, aber dann meldet sich das an Mangel leidende Herz wieder und erinnert uns daran, daß da noch etwas fehlt. Wir können ein ganzes Leben damit verbringen, umherzurennen und zu konsumieren. Die Stimme des Herzens wird jedoch nicht verstummen und immer wieder Leere signalisieren.

Um wirklich ein Gefühl von Fülle zu erlangen – ein Zustand bei dem das Herz weit und offen ist –, müssen wir nach innen gehen und nach innen horchen. Bei jeder Tat, bei jedem Schritt können wir ganz einfach fragen: »Willst du das, Herz?« Wir werden sofort spüren, ob es die richtige Entscheidung ist oder nicht. Wenn in uns der Gedanke kommt: »Nein, eigentlich will oder brauche ich das nicht«, dann fragen wir weiter: »Was brauchst du jetzt, Herz, um glücklich zu sein?«

Wer diese inneren Dialoge übt und dann auch danach handelt, wird staunen, wie das Leben eine ganz andere Qualität annimmt. Der rosafarbene Pomander hilft uns, mit unserem Herzen in Verbindung zu treten. Wir folgen dann unserer tieferen Bestimmung und verharren nicht nur an der Oberfläche des Lebens.

Die Kraft der Empfängnis

Rosa ist eine Farbschwingung, die auf sanfte Weise kräftigt und aufbaut. Wenn wir an negativen Mustern hängenbleiben, ist es sehr schwer, voranzukommen und etwas Neues in unserem Leben zu schaffen. Rosa ist *die* Farbe, die symbolisch für das Feminine steht.

Der Körper einer Frau vollbringt das Wunder, Zelle für Zelle ein neues Lebewesen zu formen und auf die Welt zu bringen. Voraussetzung dafür ist die Bereitschaft, etwas zu empfangen und anzunehmen. Auf der körperlichen Ebene öffnet die Frau sich, um den Samen des Mannes tief in ihr Inneres einzulassen. Dieser Schöpfungsakt zwischen Mann und Frau läßt sich natürlich sinngemäß in viele Bereiche übertragen. Die Erde muß erst den Samen einer Pflanze aufnehmen, bevor diese anfangen kann zu wachsen. Auch in unserem Geist muß sich erst ein Gedanke einnisten, bevor daraus etwas Konkretes werden kann.

Die Grundhaltung bei einer solchen Früchte tragenden Einnistung ist durch Selbstliebe geprägt. Ich muß bereit sein, etwas zu empfangen. Wenn ich das Gefühl habe, nichts verdient zu haben, bleibt der Boden karg und unfruchtbar. Nimmt man die Erde als Beispiel, so kann ich auf einem Feld tonnenweise Korn aussäen. Wenn der Boden ausgelaugt oder zu trocken ist, wird kaum etwas von der Saat aufgehen. Ist der Boden dagegen voller Nährstoffe und sind Licht und Wasser im richtigen Maß vorhanden, reichen nur wenige Körner, um eine reiche Ernte zu bescheren. Der rosafarbene Pomander hilft uns, eine liebevolle Einstellung zu uns selbst und zum Leben zu bekommen, uns also für die Gaben zu öffnen, die das Universum sowohl auf der körperlichen als auch auf der geistigen Ebene für uns bereithält.

Mangel an Liebe

Wenn Sie in einer Situation gefangen sind, die von Lieblosigkeit geprägt ist und Ihnen wenig Freude bereitet, wird es Ihnen guttun, den rosafarbenen Pomander anzuwenden. Sie verbinden sich dadurch energetisch mit der Schwingung der Liebe und zeigen die innere Bereitschaft, eine Änderung der Umstände herbeizurufen.

Meist ist die Stimmung in solchen Situationen gereizt, und man fährt bei jeder kleinen Provokation aus der Haut. Oder die Situation an sich hat einen aggressiven Unterton. Das kann beispielsweise bei Partnerschaften der Fall sein, in denen die Liebe spürbar keinen Platz mehr hat, egal aus welchen Gründen. Es entsteht dann ein Gefühl der inneren Not. Man weiß, daß etwas nicht stimmt, aber mag es sich noch nicht eingestehen. Der Partner entzieht vielleicht systematisch seine Liebe und reagiert immer oberflächlicher auf uns, und wir sind über diese Herzlosigkeit dann verzweifelt. Wir versuchen, durch inszenierte Dramen eine Gefühlsregung zu provozieren, und es entsteht eine geladene Stimmung.

Möglicherweise hängen wir auch in Lebensumständen fest, die wenig Raum für eine liebevolle Atmosphäre bieten. Wir sind mit Existenzproblemen beschäftigt, oder wir fühlen uns so gejagt, daß wir unser Herzzentrum verschließen, um uns zu schützen.

Der rosafarbene Pomander bewirkt in solchen Situationen nicht unbedingt eine Kehrtwende. Sie erleben nicht, daß Ihr Partner plötzlich wieder liebevoll mit Ihnen umgeht, nur weil Sie diesen Pomander anwenden. Aber Sie geben sich selbst die Botschaft, daß Sie der Liebe wert sind, woher sie auch immer kommen mag. Sie öffnen sich für die Möglichkeit, wieder Liebe in Ihr Leben einzulassen, wie auch immer sie sich manifestieren wird.

Symptome auf der Körperebene

Chakra-Zuordnung: erstes Chakra (Basis-Chakra) und viertes Chakra (Herz-Chakra).
Organzuordnung: Hormonsystem, Geschlechtsorgane.

Wenn der Körper über längere Zeit hinweg lieblos behandelt und vernachlässigt wird, können Mangelerscheinungen auftreten. Das kann bei Menschen, die an Magersucht leiden, extreme Formen annehmen. Der Körper wird stark ausgehungert, und es besteht eine unbewußte Tendenz zur Selbstvernichtung. Auch an

Bulimie Leidende, die die Nahrung nicht aufnehmen, also nicht empfangen wollen, sondern wieder erbrechen, sind hier angesprochen. Probleme im Urogenitalbereich können auftreten. Fruchtbarkeitsstörungen ergeben sich aus verschiedenen Gründen. Beim Mann kann die Samenqualität betroffen sein. Bei der Frau kann starkes Unter- oder Übergewicht die Ursache sein, oder ein gestörter Hormonhaushalt verhindert den Eisprung. Negativer Streß und Depressionen sind ebenfalls mögliche Ursachen für Unfruchtbarkeit. Letztere sind fast immer ein Indikator dafür, daß wir der Stimme unseres Herzens nicht folgen. Erkrankungen im Bereich der Gebärmutter (zum Beispiel Myome) können auftreten. Wer im Alltag ständig gereizt und leicht aggressiv ist, produziert übermäßig viel Adrenalin. Der Körper gerät in einen Dauerzustand von Streß.

Der rosafarbene Pomander ist eigentlich bei allen Erkrankungen einsetzbar, vor allem wenn sie aus einer Situation entstanden sind, in der es an Liebe fehlte. Liebesentzug macht schnell auf der körperlichen Ebene krank. Wenn Sie sich in die Schwingung der Farbe Rosa einhüllen, verbinden Sie sich wieder mit der Energie der Liebe, die bekanntlich alle Wunden heilt.

Der Farbstrahl Orange

Thema: Heilung von Verletzungen und Wunden, Wandlung von schmerzhaften Erfahrungen in Erkenntnis. Erfahrung einer Freude, die tief beglückt.

Die Farbe Orange ist ein Lebensretter. Sie kann uns aus Situationen führen, in denen wir nach einer gewissen Zeit unterzugehen drohen. Vergangene negative Erlebnisse, die sich in uns aufgestaut haben und uns an unserer weiteren Entwicklung hindern, können sich auflösen. Wir kommen in die Lage, überflüssigen seelischen Müll abzuladen und Wunden endlich auszuheilen. Dadurch gewinnen wir an innerer Stabilität und können auch wieder die positiven Seiten des Lebens annehmen. Wir gehen mit Gelassenheit durch unser Leben, haben mehr Selbstsicherheit, und der Kontakt mit anderen Menschen fällt uns leichter. Wir bekommen Zugang zu großer Lebensfreude, die sich bis zur Glückseligkeit steigern kann.

Die beiden hier beschriebenen Quintessenzen Lao Tsu & Kwan Yin und Sanat Kumara werden nicht nur dem orangefarbenen, sondern auch dem korallefarbenen Strahl zugeordnet. Es gibt jetzt auch einen Pomander in dieser Farbe.

Koralle ist eine lichtere Form des Orange, aber es verkörpert zusätzlich Aspekte der Farbe Rosa. Daher spricht es verstärkt die Themen an, bei denen es um die Liebe in ihrer höchsten Form geht. Im Mittelpunkt stehen die göttliche Qualität der bedingungslosen, ewigen und reinen Liebe und das Gefühl der Einheit.

Die Quintessenz Lao Tsu & Kwan Yin

Innere Einstimmung

Ich verbinde mich mit Lao Tsu & Kwan Yin.
Ich lasse geschehen.
Die Vergangenheit liegt hinter mir, ich lebe jetzt in diesem Moment.
Ich vertraue auf die Führung, Hilfe und Heilung, die Gott mir schenkt, und bin bereit, seine Gaben zu empfangen.
Mir wird gegeben, was ich brauche.
Ich fühle mich leicht und habe Frieden im Herzen.
Ich lasse los und lasse Gott wirken.

Wann brauche ich die Quintessenz Lao Tsu & Kwan Yin?

- wenn mich ein tiefer Kummer nicht losläßt und ich das Gefühl habe, mich darin zu verlieren
- wenn ich in einem destruktiven Leidensmuster feststecke
- um Probleme zu klären und zu lösen
- wenn ich Schwierigkeiten habe, mir meine Probleme einzugestehen und um Hilfe zu bitten
- wenn ich ständig in der Vergangenheit lebe
- wenn ich das Leben zu ernst nehme und schwermütig bin
- bei Ängsten vor einer notwendigen Veränderung
- wenn ich verkrampft an etwas festhalte, das ich eigentlich loslassen müßte, um mich der Führung Gottes anzuvertrauen

Die Quintessenz Lao Tsu & Kwan Yin gewährt uns einen Blick auf unser Schicksal und hilft uns, die Vergangenheit loszulassen. Lange zurückliegende Verletzungen können von innen heraus heilen, und es wird uns möglich, unsere Wahrnehmung wieder

auf die Gegenwart zu richten. Dadurch öffnen wir uns für Unterstützung und Hilfe aus der geistigen Welt und können die Geschenke annehmen, die für uns auf dieser Ebene bereitstehen.
Der Prozeß des Loslassens verlangt Vertrauen und einen festen Glaube daran, daß wir dabei aufgefangen und gehalten werden. Erst das Loslassen alter Strukturen und Verhaltensmuster gibt den Raum frei, damit etwas Neues entstehen kann. Lao Tsu & Kwan Yin tragen uns auf der energetischen Ebene durch diese Phase des Umbruchs und sorgen dafür, daß wir alles bekommen, was wir dafür benötigen. Das eigene Leben in die Hände Gottes zu legen und sich Tag für Tag führen zu lassen befreit von Sorgen und Ängsten. Diese Quintessenz unterstützt bei diesem Prozeß und fördert Verständnis und Mitgefühl in allen Lebenslagen.

Bühne des Lebens

Als Menschen haben wir einen freien Willen, und so können wir uns aussuchen, welches Stück wir auf die Bühne unseres Lebens bringen wollen. Zwar hat es zuweilen den Anschein, daß wir unfreiwillig Opfer von Tragödien sind, aber das entspricht nicht der Wahrheit. Wir selbst sind für das »Drama« unseres Lebens verantwortlich. Wir sind Drehbuchautor und Regisseur und schlüpfen dann als Schauspieler in eine selbstgewählte Rolle. Doch sehr oft vergessen wir, daß wir unser Leben inszenieren, und dann identifizieren wir uns vollständig mit unserer Schauspielerrolle sowie mit dem Inhalt des Stücks. Befinden wir uns in einer Komödie, einer Tragödie, einem Krimi oder vielleicht in einer Liebesgeschichte? Spielen wir eine Rolle in einer Krankengeschichte? Hat unser Stück ein Happy-End, oder endet es tragisch?
Wenn wir es schaffen, unser Leben aus einer höheren Perspektive zu betrachten, dann wird klar, daß wir prinzipiell jederzeit aus-

steigen und eine neue Rolle wählen können. Manche Menschen tun dies innerhalb desselben Lebens, aber die meisten von uns inkarnieren sich in ein neues Leben und eine neue Rolle hinein. Letztendlich geht dieses Spiel so lange, bis wir genug davon haben und die Unwirklichkeit des Ganzen erkennen. Diejenigen, die das Spiel des Lebens durchschaut haben, sind erwacht. Es sind die Erleuchteten unter uns.

Für Menschen wie du und ich ist es hilfreich, sich einmal das eigene Leben als Bühnenstück vorzustellen. Wenn wir wollen, können wir jetzt schon Rollen tauschen oder Inhalt und Dialoge neu gestalten. Wir müssen nicht immer in einer leidvollen, schmerzhaften Rolle verweilen. Es liegt wirklich in unserer Macht, eine Änderung vorzunehmen. Es ist heute nicht ungewöhnlich, während eines Lebens verschiedene Berufe auszuüben. Durch verschiedene Ehen und Partnerschaften erleben immer mehr Menschen verschiedene neue Beziehungs- und Familienkonstellationen. Es ist uns eine natürliche Neugierde zu eigen, und je verspielter wir trotz allen Lebensernstes sind, desto leichter wird unser Weg. Lao Tsu & Kwan Yin bewirken das Wunder der Wandlung und helfen uns, alte Hüllen abzustreifen und neue Gewänder anzulegen.

Sei wie ein Kind

Von Kindern können wir Erwachsenen unglaublich viel lernen. Da Kinder in den ersten Jahren noch kein richtiges Zeitgefühl haben, leben sie ausnahmslos in der Gegenwart. Erst ab etwa vier Jahren fängt das Langzeitgedächtnis an (es gibt aber auch Ausnahmen). Bis dahin beginnt für ein Kind das Leben mit jedem Aufwachen am Morgen ganz neu. Die Zukunft ist wie die Vergangenheit eine unfaßbare Dimension und kann weder in Stunden noch in Tagen begriffen werden. Selbst die Aussage »Noch dreimal schlafen, und dann hast du Geburtstag« ist für ein Kleinkind schwer nachvollziehbar. Dafür lebt es mit großer Intensität den jeweiligen Augenblick.

Kleine Kinder wechseln innerhalb eines Tages ständig ihre Rollen. In ihrer Ausdrucksweise sind sie sehr direkt und spontan. Sie können mühelos herzzerreißend weinen und im nächsten Moment voll Glückseligkeit lachen. Sie haben sich noch nicht auf eine bestimmte Rolle im Leben festgelegt und sind darum für alles offen. Sie können Abenteurer, Forscher, Pilot, Busfahrer oder Arzt werden. Es gibt für sie keine Begrenzungen in der Entfaltung der eigenen Fähigkeiten. Im Spiel kommt die Vielfalt der Rollen zum Ausdruck. Da wird mit Puppen die Elternrolle gespielt, mit dem Arztkoffer wird operiert und geheilt. Mit der Plastikpistole spielen Kinder Räuber und Gendarm oder fühlen sich beim Fußballspielen wie der Weltmeister. Kinder verkleiden sich und spielen Theater.

Kinder können sich ganz in ihr Spiel vertiefen und das äußere Geschehen völlig vergessen. Sie leben uns eigentlich vor, was wir als Erwachsene tun sollten, wenn wir Gott näherkommen wollen. Wir müssen wieder anfangen zu spielen und lernen, die Rollen zu wechseln und ein neues Spiel zu spielen. Vor allem wird dies wichtig, wenn wir unglücklich sind oder Heilung brauchen.

Sich von Ballast befreien

Wenn wir uns und unser Leben ändern wollen, müssen wir uns von unnötigen Lasten befreien. Wer ständig zu viele Bürden mit sich herumträgt, wird mit der Zeit langsamer und müder. Hier geht es vor allem um emotionale Belastungen, um Sorgen und Grübeleien über vergangene oder zukünftige Ereignisse. Wenn wir uns innerlich zermartern und nicht von bestimmten Themen loskommen, kann sich kein Freiraum für die Änderung der Situation öffnen. Es ist dann, als ob wir in Treibsand geraten sind und langsam, aber sicher untergehen.

Wenn Sie sich mit Lao Tsu & Kwan Yin verbinden, werden vor Ihrem inneren Auge Bilder oder Momentaufnahmen auftauchen, die Ihnen zeigen, wo Sie überlastet sind und wovon Sie sich befreien sollten. Vielleicht ist es eine alte Liebesbeziehung, die Sie noch nicht losgelassen haben, oder Sie haben das Gefühl, ungerecht behandelt worden zu sein, und sind enttäuscht und wütend. Es kann sich um Geschehnisse handeln, die zu einem anderen Leben gehören und die Sie so sehr erschüttert haben, daß das Trauma auch in diesem Leben fortbesteht. Erst wenn die alten Wunden geheilt sind und Sie deren Energien aufgelöst haben, können Sie wieder ein Gefühl von innerem Frieden erlangen.

Unterstützung und Hilfe

Um Klarheit in unsere Schwierigkeiten und Probleme zu bringen, müssen wir auf der geistigen Ebene ein Signal setzen. Vielen Menschen fällt es schwer, um Hilfe zu bitten. Wir leben in einer Gesellschaft, in der viele versuchen, mit ihren Problemen allein fertig zu werden. Der Zwang, immer perfekt zu sein, verleitet dazu, sich Schwächen oder Fehler nicht einzugestehen und sie zu verleugnen.

Sobald wir ehrlich sagen, daß wir mit etwas nicht klarkommen, bewegen wir uns im Licht der Wahrheit. Die größte Hürde haben wir übersprungen, wenn wir dann den nächsten Schritt tun und um Unterstützung bei der Heilung bitten. Die spirituelle Welt, die immer für uns da ist, kann uns nur unterstützen, wenn wir die Bereitschaft zeigen, Hilfe anzunehmen. Die Kraft Gottes kann in ihrer unermeßlichen Güte und Gnade alle Probleme für uns lösen, wenn wir es nur zulassen. Wir sollten unseren Kummer und unsere Nöte in die Hand Gottes geben und darauf vertrauen, daß er sie für uns löst – auf die für uns beste Art und Weise. Bei diesem Prozeß hilft die Quintessenz Lao Tsu & Kwan Yin. Wir vertrauen uns einer höheren Ordnung an, übergeben unsere Lasten und gewinnen ein Gefühl innerer Sicherheit.

Zeit zur Veränderung

Wir sind erst in der Lage, uns von innen heraus dauerhaft zu verändern, wenn wir unsere alten Wunden vollständig ausgeheilt haben. Das ist ein Prozeß, der Zeit benötigt sowie die Ehrlichkeit und Bereitschaft voraussetzt, auch wirklich daran zu arbeiten. Manchmal wird dieser Vorgang stark beschleunigt, vor allem bei Menschen, die todkrank sind und nicht mehr lange zu leben haben. Dann können auch Spontanheilungen auftreten, die wie ein Wunder erscheinen.

Situationen, in denen wir Schmerzen erleiden, ob auf der seelischen oder körperlichen Ebene, bahnen häufig den Weg für eine Veränderung im Leben. Wenn es uns gutgeht und wir sorgenfrei leben, besteht wenig Motivation, sich aus dieser bequemen Lage herauszukatapultieren. In der Regel sind es die ungemütlichen Situationen, die uns zu Veränderung und Wachstum drängen. Nachdem wir alte Erfahrungen und Muster losgelassen haben, können wir eine neue Rolle im Leben annehmen. Wir werden dann mehr Leichtigkeit spüren. Das Leben ist nicht mehr so beschwerlich, sondern hat auch seine schönen, hellen Seiten. Wir sind offen, die Gnade Gottes zu empfangen. Für unsere Arbeit an uns selbst werden wir immer belohnt.

Fazit: Die Quintessenz Lao Tsu & Kwan Yin unterstützt Sie dabei, Probleme und Sorgen loszulassen, die aus der Vergangenheit stammen. Alte Wunden können heilen, und Sie erkennen die Gegenwart mit mehr Klarheit. Sie erhalten bei diesem Heilungsprozeß Unterstützung aus der geistigen Welt und gehen mit verändertem, höherem Bewußtsein in ein neues Leben.

Zusammenfassung der Quintessenz Lao Tsu & Kwan Yin

- Einsicht in die Wurzeln gegenwärtiger Probleme und Verletzungen
- Unterstützung bei der Heilung alter Wunden
- hilft, wichtige und notwendige Veränderungen im Leben zu meistern
- ermöglicht den Zugang zu mehr Leichtigkeit des Seins sowie zu mehr Vertrauen in die göttliche Führung
- bereitet den inneren Raum vor, die bereitliegenden Gaben Gottes anzunehmen
- vermittelt die Energie des Getragenseins in allen Lebenslagen

Die Quintessenz Sanat Kumara

Innere Einstimmung

Ich verbinde mich mit Sanat Kumara und Lady Venus.
Ich verbinde mich mit dem göttlichen Licht, das in mir und durch mich erstrahlt.
Ich bin eins mit allem Lebendigen.
In mir ist Liebe und Freude, was sich in meinen Worten und Taten offenbart.
Ich bin befreit von den dunklen Schatten der Vergangenheit.
In mir ist die Kraft und die Herrlichkeit, wie im Himmel so auf Erden.

Wann brauche ich die Quintessenz Sanat Kumara?

- bei Selbsthaß
- wenn auf den Körper durch Suchtverhalten zerstörerisch eingewirkt wird
- bei Abhängigkeit von Menschen, die die eigene Kraft beschneiden
- bei Mißbrauch und traumatischen Erlebnissen, die auf der emotionalen und seelischen Ebene tiefe Wunden hinterlassen haben
- bei einem Gefühl der Isolation und fehlenden Dazugehörigkeit
- wenn ich lieber im Himmel sein würde, statt auf der Erde zu leben
- um aus leidvollen Erfahrungen Erkenntnisse zu gewinnen
- um den Strahl der göttlichen Liebe in den Alltag zu lenken
- bei einer Unsicherheit, welche Quintessenz benutzt werden soll

Die Quintessenz Sanat Kumara baut in vielerlei Hinsicht energetische Brücken. Dort, wo die Verbindung abgebrochen ist, setzt Sanat Kumara das fehlende Teil ein und ermöglicht die Wiedervereinigung. Wenn wir vergessen haben, wer wir sind, dann erinnert uns Sanat Kumara an unsere wahre Identität als Kinder Gottes.

Vor allem hilft uns diese Quintessenz in Situationen, in denen wir längere Zeit auf der inneren Ebene vor einem emotionalen Abgrund stehen und uns weder vorwärts noch rückwärts bewegen können. Wir stehen wie gelähmt da und sind entsetzt über das, was wir erblicken. Der Schreck des Erlebten sitzt tief in uns und verhindert eine bejahende Lebenseinstellung. Sanat Kumara ermöglicht es uns, unsere tiefen, unbewußten Ängste zu heilen und damit Platz für die wirkliche Erfahrung der Liebe zu machen. Schritt für Schritt werden die verletzten Fragmente in uns liebevoll geheilt und zu einem Ganzen zusammengefügt. Wie ein zusammengesetztes Puzzlespiel erblicken wir uns in unserem wahren Licht, und sollten noch Teile fehlen, dann werden diese durch Sanat Kumara hinzugefügt. So ist es auch einleuchtend, daß wir durch die Anwendung dieser Quintessenz gleichzeitig Zugang zu allen anderen Meisterschwingungen der übrigen Quintessenzen bekommen. Wie auf einer Himmelsleiter steigen die machtvollen geistigen Helfer herab, um uns in Liebe und Achtsamkeit zu dienen.

Mangel an Eigenliebe

Wie kommt es, daß manche Menschen in sich unbändige Lebensfreude fühlen und mit Vitalität, Tatendrang und Begeisterung ihre Aufgaben meistern, während für andere Menschen das Leben eine große Anstrengung und Qual bedeutet? Wie das Leben empfunden wird, ist jedoch eine sehr subjektive Angelegenheit. Für den einen ist das Glas halb voll und für den anderen halb leer. Manche können die härtesten Stürme und Prüfungen mit Gelassenheit und Vertrauen überstehen, und bei anderen löst bereits ein falsches Wort eine schwere Krise aus.

Wenn es an Selbstvertrauen und innerer Stabilität mangelt, stehen wir auf recht unsicheren Beinen im Leben und können leicht aus dem Gleichgewicht geraten. Selbstvertrauen lernen wir in den ersten Lebensjahren. Erleben wir mit Beginn unserer Zeugung ein Gefühl des Geliebt- und Angenommenseins, festigt sich unsere Vorstellung, ein wertvoller Mensch zu sein. Ist dies nicht der Fall und haben wir den Eindruck, ungeliebt oder nur geduldet zu sein oder nur unter bestimmten Voraussetzungen angenommen und geliebt zu werden, erleben wir tiefe Verunsicherung. Wenn wir vielleicht noch traumatischen Situationen ausgesetzt waren, ist es möglich, daß wir in unserem Reifeprozeß stehenbleiben und uns dem weiteren inneren Wachstum auf irgendeiner Ebene verweigern. Als Erwachsene geraten wir dann immer wieder in Lebenssituationen, die uns unseren Mangel an Eigenliebe und Selbstwertgefühl widerspiegeln. Wir werden einen Partner suchen und finden, der uns nicht wertschätzt oder der uns demütigt und verletzt. Wir geraten an einen Arbeitsplatz, bei dem der Vorgesetzte unsere Fähigkeiten nicht anerkennt oder wir schikaniert werden. Wir neigen vielleicht zu Unfällen oder sind generell krankheitsanfällig. Erst wenn wir die ursprüngliche Verletzung geheilt haben, wird die Energie der Liebe kontinuierlich in unser Leben einfließen und sich dort ausbreiten.

Ein geringes Maß an Selbstliebe muß nicht immer von einer lieblosen Kindheit stammen. Manche von uns kommen einfach mit einem solchen Gefühl auf die Welt und begeben sich automatisch auf die Verliererseite des Lebens. Dann gehört dies vielleicht zu einem speziellen Lernprozeß, und man will diese Erfahrung machen, um dann den Weg zurück zur Liebe zu gehen.

Abhängigkeit und Mißbrauch

Wer Zweifel an seinem Selbstwert hat, wird dazu tendieren, entsprechende Erfahrungen zu machen. Man ist in diesem Zustand abhängig von der Bestätigung durch andere und sucht sich gleichzeitig Situationen aus, in denen es zu Ablehnung oder emotionaler Verletzung kommt.

Abhängigkeit ist ein Zustand, bei dem wir nicht mehr frei sind und einem fremden Einfluß, welcher Art auch immer, unterliegen. Manchmal läßt sich ein solches Abhängigkeitsverhältnis nicht vermeiden. Kinder sind beispielsweise von ihren Eltern abhängig, da sie noch nicht in der Lage sind, selbständig für sich zu sorgen. Pflegebedürftige Menschen sind von der Fürsorge anderer abhängig. Wir können auch von dem Zuspruch unseres

Partners abhängig werden, ebenso von bestimmten Verhaltensmustern und Suchtmitteln. Immer liegt dabei die Gefahr eines Mißbrauchs nahe, denn wer abhängig ist, gibt die eigene Macht in fremde Hände. Wenn dieses Verhalten destruktive Tendenzen aufweist, verlieren wir Stück für Stück unsere eigene Kraft und können dabei in unserem persönlichen Ausdruck sehr entmutigt werden. Wir fühlen uns dann einer Situation hilflos ausgeliefert und haben das Gefühl, daß wir nicht mehr selbständig handeln oder entscheiden können. Die Herzensenergie schließt sich wie eine Blüte bei Einbruch der Dunkelheit, und wir fühlen uns abgekapselt und einsam. Sanat Kumara hilft in dieser Situation, sich wieder zu öffnen und zu entfalten. Er unterstützt uns dabei, negative Abhängigkeitsmuster zu heilen.

Verbundenheit und Einssein

Es ist ein Unterschied, von jemandem abhängig zu sein oder sich mit ihm energetisch verbunden zu fühlen. Verbundenheit ist ein Grundbedürfnis alles Lebendigen, denn auf diese Weise entsteht das Gefühl der Dazugehörigkeit. Wir sind Teil von etwas und schweben nicht isoliert im Universum. Wir investieren viel Zeit, Energie und Geld in Aktivitäten, die uns das Gefühl der Dazugehörigkeit schenken. Es gibt sowohl im privaten als auch im beruflichen Umfeld Tausende von Möglichkeiten, sich mit einem einzelnen Menschen oder eine Gruppe zu verbinden.
Sport ist eine hervorragende Möglichkeit, Verbundenheit herzustellen und zu bekunden. Die Fußballarena vereint große Menschenmengen in ihrer Begeisterung für eine bestimmte Mannschaft. Wir können uns auch politisch mit einer Partei verbinden oder uns irgendeiner Gruppierung anschließen. Es besteht jedoch unterschwellig immer die Gefahr des Machtmißbrauchs durch diejenigen an der Spitze solcher Gruppen, Parteien oder Verbän-

de. Ein Machtmißbrauch der schlimmsten Form wurde uns durch das Naziregime vor Augen geführt. Alle Kriege beruhen zudem letztendlich auf der Energie des Zugehörigkeitsgefühls zu einer Gruppe und der gleichzeitigen Ablehnung oder Ausgrenzung der anderen.

Wir suchen Verbundenheit, Schutz und Geborgenheit jedoch in diesen Fällen auf der falschen Ebene. Wir erhalten innerhalb einer Gruppe oder eines Verbands zwar ein Zugehörigkeitsgefühl und fühlen uns angenommen und akzeptiert. Aber unsere Sehnsucht nach der wirklichen kosmischen Einheit ist unermeßlich groß. Ein kleiner Gedächtnisfunke in uns erinnert sich stets vage an die Verschmelzung und das Einssein mit Gott.

Die Brücke zwischen Himmel und Erde

Sanat Kumara wirkt zusammen mit Lady Venus Kumara. Beide verstärken durch ihren Einfluß die Erfahrung des wahrhaftigen Einsseins. Alles ist mit allem verbunden. Mit ihrem Strahl der Liebe und himmlischen Freude lenken sie unser Bewußtsein wieder zu Gott. Sie helfen uns, den Himmel auf Erden zu spüren, wenn auch oft nur für kurze Momente. Vergleichbar ist diese Energie mit intensiven Liebesgefühlen, die wir empfinden, wenn wir frisch verliebt sind.

Dieses intensive Erleben der göttlichen Liebe und des Getragenseins durch die göttliche Kraft kann uns kein Verband und keine Gruppe ersetzen. Zwar gibt es bestimmte Gemeinschaften, die uns auf der Suche nach dem Einssein unterstützen können – das sind beispielsweise Glaubensorden oder spirituelle Gruppen –, aber letztendlich ist es nur möglich, die Erfahrung des Einsseins in unserem Inneren zu machen. Wir können ein Leben lang Gott in einem Kloster dienen und haben doch nicht diese intensive Erfahrung der Liebe gemacht. Dagegen können wir spätabends auf dem Weg nach Hause in den mit Sternen übersäten Himmel schauen und einen Moment lang diese durchdringende Kraft in uns fühlen. Momente des Einsseins sind eine sehr beglückende Erfahrung. Es offenbart sich eine wundervolle Dimension, lebendig und voller Freude und Liebe. Bitten Sie Sanat Kumara und Lady Venus Kumara um diese Offenbarung.

Das Leben mit Freude annehmen

Die Energie des Einsseins und das Gefühl, daß ein göttlicher Funke in uns leuchtet und wir eigentlich jederzeit Zugang zu ihm haben, gibt uns Sicherheit in unserem Leben. So kann die Selbstliebe erwachen und zum Ausdruck kommen.
Wirkliche Lebensfreude entspringt einem inneren Gefühl und wird nicht durch oberflächliche Aktivitäten oder Konsum erzeugt. Wirkliche Lebensfreude kann sich genausowenig durch Weltflucht entwickeln. Es besteht bei spirituellen Erfahrungen oder Übungen zur Bewußtseinserweiterung immer die Gefahr, den Boden unter den Füßen zu verlieren. Wir kultivieren dann die Sehnsucht nach der himmlischen Einheit und können uns nur schwer damit abfinden, in einem Körper hier auf der Erde zu leben. Ob wir uns dann durch Suchtverhalten von der Verantwortung unseres Daseins davonstehlen oder uns in unrealistischen Tagträumereien und Phantasien verlieren, ist letztendlich irrelevant. Auch wenn diese materielle Welt eine Illusion ist, so haben wir uns doch dazu entschlossen, ein Teil davon zu sein. Wir sollten daher lernen, unsere körperliche Existenz anzunehmen, und das Allerbeste daraus machen. Unser Leben macht dann Sinn, wenn wir unsere Aufgaben mit Liebe und Freude erfüllen. Jede noch so kleinste Handlung kann mit unserem göttlichen Funken beseelt werden und somit zur spirituellen Weiterentwicklung unseres Planeten und seiner Lebewesen dienen.

Das Beste aus seinem Leben zu machen bedeutet nicht immer, den leichtesten Weg einzuschlagen. Es sind gerade die Menschen, die Schicksalsschläge und Schwierigkeiten überwunden haben, die uns in der heutigen Zeit als Vorbilder dienen. Sanat Kumara hilft bei der Aufgabe, das eigene Licht in das tägliche Leben einzubringen und dabei ein Gefühl von tiefer Befriedigung zu empfinden. Es ist dann eine Freude, morgens aufzuwachen und sich lebendig zu fühlen.

Fazit: Die Quintessenz Sanat Kumara hilft Ihnen, vergangene tiefe seelische Verletzungen zu heilen, sich aus destruktiven Abhängigkeiten zu Menschen oder Dingen zu befreien und den Mangel an Eigenliebe zu überwinden. Diese Energie verbindet Sie mit dem göttlichen Funken in Ihnen und gibt Ihnen ein Gefühl des Einsseins. Sie ermöglicht Ihnen den Zugang zu den Lichtstrahlen aller Meister und schlägt eine Brücke von den himmlischen Sphären zum irdischen Dasein.

Zusammenfassung der Quintessenz Sanat Kumara

- Selbstverleugnung in Selbstliebe wandeln
- sich aus negativen Abhängigkeitsmustern befreien
- Heilung tiefer emotionaler Verletzungen und traumatischer Erlebnisse
- mit einem Gefühl der inneren Freude im Leben stehen
- löst Einsamkeitsgefühle und vermittelt die Kraft des Einsseins mit allem
- offenbart den Himmel auf Erden
- der eigene göttliche Funke kann nach außen strahlen
- schafft eine Verbindung zu allen Meisterenergien

Der orangefarbene Pomander

Positiver Zustand

- stabil und sicher in seiner Mitte ruhen
- Offenheit für Veränderungen und Transformation, ohne dabei die schönen Momente des Lebens aus den Augen zu verlieren

Negativer Zustand

- das Gefühl, komplett neben sich zu stehen und isoliert zu sein
- Angst vor Entwicklungsschritten
- Flucht in oberflächlichen Lebensgenuß
- verkrampft sein und nicht loslassen können

Einstimmung auf den orangefarbenen Pomander

Ich verbinde mich mit dem orangefarbenen Strahl.
Alte Verletzungen lasse ich jetzt los.
Ich genieße mein Leben in einer inspirierten Weise.
Ich bin entspannt und ausgeglichen in allen meinen Handlungen.

Wann brauche ich den orangefarbenen Pomander?

- nach Schockerlebnissen, Traumata, Unfällen oder Operationen
- wenn ich das Gefühl habe, aus dem Gleichgewicht geraten zu sein und nicht mehr in meiner Mitte zu ruhen
- bei Problemen, Arbeit und Pflicht loszulassen und mich zu entspannen

Der Farbstrahl Orange

- wenn ich nur noch die schönen Seiten des Lebens genießen will und dabei inneren Entwicklungsprozessen davonlaufe
- um mich wieder mit meiner Intuition, meinem Bauchgefühl, zu verbinden
- bei der Tendenz, Extreme zu leben
- bei Schwierigkeiten im Bereich der Sexualität
- bei Problemen im Urogenital- oder Verdauungsbereich
- bei Veränderungen im Hormonhaushalt, zum Beispiel in der Pubertät oder im Klimakterium
- um Veränderung und Fortschritte im Leben einzuleiten
- um ein Gefühl der Glückseligkeit zu empfinden

Der Pomander hilft, tiefe Ängste zu überwinden und Schockerlebnisse loszulassen. Wir haben die Möglichkeit, uns wieder heil zu fühlen, Verkrampfungen auf der körperlichen und emotionalen Ebene loszulassen und in ein entspannteres Dasein zu gelangen. Wir können dann wieder die schönen Seiten des Lebens in einer Weise genießen, die über eine oberflächliche Befriedigung hinausgeht und uns statt dessen an einem Gefühl der Glückseligkeit teilhaben läßt. Begeisterung über die Fülle unserer Entfaltungsmöglichkeiten stellt sich ein, und der Wille zur Selbstverwirklichung wird gestärkt.

Der orangefarbene Pomander unterstützt uns, Disziplin und Durchhaltevermögen zu zeigen. Wer zu sehr im Genußprinzip lebt und nur noch dem Topf voll Gold am Ende des Regenbogens hinterherjagt, kann durch die Anwendung von Orange zu einem tieferen Lebenssinn finden, ohne daß ein leidvolles, vielleicht traumatisches Erlebnis den Anstoß zu der Wandlung geben muß.

Schockerlebnisse

Der orangefarbene Pomander unterstützt vor allem die Befreiung und Heilung von Erschütterungen, die auf der körperlichen oder auf der seelischen Ebene erlebt wurden. Wenn uns etwas Traumatisches zugestoßen ist und wir das Geschehen nicht richtig verarbeiten konnten, sondern es verdrängt haben, bleiben wir in unserer Entwicklung stecken. Tief in uns sitzt der Schock dann fest und raubt uns unsere Kraft.

Auslöser eines Schocks können sehr unterschiedlicher Natur sein. Häufig sind es jedoch Situationen, in denen wir die Trennung von uns nahestehenden Menschen erfahren haben. Das kann beispielsweise durch Krankheit, Scheidung, Unfall, Streit, Krieg, Naturkatastrophen oder Tod geschehen. Wir können Zeuge eines grausamen Verbrechens oder Unfalls sein. Oder wir erleben starke Verletzungen und Erniedrigungen auf der seelischen Ebene durch Mißachtung und brutales Verhalten. Schlimmstenfalls handelt es sich um eine Kombination von körperlichen und emotionalen Verletzungen wie zum Beispiel bei Vergewaltigung, Inzest oder Kindesmißbrauch.

Spuren von Schockerlebnissen in der Aura

Unser körperlicher Ausdruck erstreckt sich über den physischen Bereich in einen energetischen Bereich hinein, der Aura genannt wird. Um unseren Körper herum dehnt sich unser ätherischer Körper etwa bis zu 50 Zentimeter weit aus. Dieses Energiefeld ist allgemein für das bloße Auge unsichtbar; aurasichtige Menschen nehmen es allerdings wahr. Für alle übrigen Menschen läßt es sich erspüren. Intuitiv registrieren wir diese Energien bei näherem Körperkontakt und fühlen uns unter anderem auch durch ihren Einfluß zu einem Menschen hingezogen oder aber von ihm abgestoßen. Wie die Festplatte im Computer speichert der ätherische Körper wesentliche Ereignisse, vor allem diejenigen, die uns erschüttert und einen Schock ausgelöst haben. Machtmißbrauch und damit zusammenhängende Abhängigkeitsmuster schwächen den ätherischen Körper ebenso wie operative Eingriffe. Es entstehen Schwachstellen oder Löcher in diesem Energiefeld, und wir geraten aus unserer Mitte. Wie bei einem Leck im Rumpf eines Schiffs verlieren wir je nach Schweregrad der Verletzung an Energie. Wir wundern uns dann, warum wir ständig erschöpft und desorientiert sind.

Der orangefarbene Pomander führt dem ätherischen Körper die feinstofflichen Energien zu, die er zur Heilung von Verletzungen der Aura braucht. Unser Energiefeld kann sich mit seiner Hilfe wieder schließen, und wir gewinnen unsere Ausgeglichenheit zurück. Wir fühlen uns dann nicht mehr so angreifbar oder verletzlich.

Das Leben genießen

Der Mensch strebt fast ausnahmslos nach den Dingen, von denen er glaubt, daß sie ihm guttun und Freude bereiten. Es besteht eine natürliche Tendenz, allem Schmerzlichen und Leidvollen aus dem Weg zu gehen. Das sichert letztendlich auch unser Überleben, denn was bitter schmeckt, kann auch giftig sein.

Wenn wir uns in unserer Haut wohl fühlen und mit uns und unserem Leben rundum zufrieden sind, sind wir entspannt und sicher in unserer Ausstrahlung. Wir trauen uns mehr zu und sind offener für neue Herausforderungen. Es ist jedoch gar nicht so einfach, das richtige Maß an Lebensgenuß zu finden, und viele von uns haben ein gestörtes Verhältnis zum Genießen. Wer nur den genußreichen Momenten des Lebens hinterherläuft, kann unbewußt Erfahrungen aus dem Weg gehen, die eigentlich zur spirituellen Weiterentwicklung nötig wären. Das gilt in ähnlicher Weise für jemanden, der meint, sein Leben müßte nur aus Arbeit und Pflicht bestehen, und der eine generell ablehnende Haltung gegenüber dem Genießen und Spielen hegt.

Innerhalb von Partnerschaften sieht es häufig so aus, daß der eine sich das Leben auf Kosten des anderen leichtmacht. Für beide bedeutet das auf Dauer Stagnation und Frustration. Der orangefarbene Pomander hilft dabei, individuell ein ausgeglichenes Verhältnis zu Pflicht und Vergnügen, Ernsthaftigkeit und Spaß zu bekommen, damit beide Personen auf ihre Kosten kommen und sich innerhalb der Beziehung weiterentwickeln können.

Vergnügungssucht

In den Vereinigten Staaten gibt es eine Stadt, die sich ausschließlich dem Vergnügen widmet: Las Vegas. Hier wird die Illusion des großen Glücks verkauft, und es besteht die Möglichkeit, rund um die Uhr seinem Spieltrieb nachzugehen. Die Spielhallen, Casinos und Hotels locken mit verführerischen Angeboten, und so manch einer hat sich darin verloren, sowohl finanziell als auch seelisch. Disneyland hat mit seinen verschiedenen Vergnügungsparks weltweit ein großes Wirtschaftsimperium aufgebaut. Hier dürfen sich die Kinder nach Lust und Laune austoben.

Es kann allerdings schnell passieren, daß wir regelrecht vergnügungssüchtig werden, und riesige Wirtschaftszweige entstanden nur zur Befriedigung unserer Gelüste. Dann wirkt Genuß jedoch nicht mehr aufbauend und entwicklungsfördernd, sondern er hemmt uns oder bereitet uns sogar Schmerzen. Ein Glas Wein auf der Party hilft noch bei der Kommunikation und lockert die Atmosphäre, aber die Flasche Whisky, die abends vor dem Fernseher getrunken wird, zerstört den Willen und schwächt die

Lebensenergie ganz erheblich. Nicht wir beherrschen dann unser Leben, sondern etwas beherrscht uns von außen.
Benutzen Sie die Farbe Orange zur Unterstützung, wieder die Kontrolle über Ihr eigenes Leben zu bekommen. Sie gewinnen dadurch wieder an persönlicher Macht, die Sie zur Bewältigung Ihrer Lebensaufgabe benötigen.

Sexualität genießen

Der orangefarbene Pomander hilft, einen gesunden Ausdruck von Sexualität zu finden. Lustlosigkeit in der Sexualität ist heutzutage weit verbreitet. Zuviel Ablenkung in anderen Bereichen, Streß oder ein hohes Arbeitspensum lassen die körperliche Lust schwinden. Aber über den sinnlichen Austausch von Zärtlichkeit kann während des sexuellen Akts viel Energie abgegeben und aufgenommen werden. Die Anspannung, die sich aufbaut und dann im Orgasmus entlädt, wirkt befreiend. Zusätzlich löst sich meistens das Zeitgefühl auf, und wenn wir beim Liebesakt authentisch sind, bleiben wir mit unserer Aufmerksamkeit ganz im Augenblick. Deshalb kann auch sehr viel in kurzer Zeit passieren oder sich eine Stunde unendlich lange ausdehnen.
Wem also das Fernsehprogramm spannender erscheint als das Erlebnis der Sexualität mit dem Partner, der tut gut daran, etwas mehr orangefarbene Energie zu tanken. Das gilt auch für Menschen, die Schwierigkeiten haben, die aufgebaute Energie und Erregung in einem Orgasmus loszulassen.
Der Pomander sollte nicht verwendet werden von Menschen, die sexuelles Suchtverhalten zeigen, also bei denen ein exzessives Verlangen nach Sexualität in der Partnerschaft oder mit ständig wechselnden Partnern besteht oder bei denen die Gedankengänge permanent um dieses Thema kreisen.

Intuition

Mit dem orangefarbenen Pomander fördern wir den Zugang zu unserer Intuition. Es ist dieses Bauchgefühl, das uns instinktiv und ganz deutlich sagt, was richtig und was falsch ist. Wir lesen beispielsweise eine Stellenanzeige und wissen genau, daß das der richtige Job für uns ist und wir ihn auch bekommen werden. Wir gehen in eine Buchhandlung und spüren, daß ein bestimmtes Buch uns weiterhelfen wird. Manchmal kann die Intuition über Leben und Tod entscheiden. Ein Beispiel wäre der Mann, der kurzfristig seinen Flug umbucht, weil er ein ungutes Gefühl hat, das er aber nicht erklären kann, und der dann erfährt, daß das zuerst gebuchte Flugzeug abgestürzt ist.

Wir alle könnten unser Leben erheblich erleichtern, wenn wir mehr auf unsere Intuition hören würden. Sie macht sich wie eine Emotion bemerkbar, wie eine kurz aufflackernde Reaktion auf eine konkrete Begegnung oder ein geplantes Vorhaben. Etwas fühlt sich gut an, oder wir haben irgendwie ein mulmiges Gefühl, und eine innere Stimme sagt uns, daß etwas nicht stimmt. Diese Emotion dauert in der Regel nur Bruchteile von einer Sekunde und ist schnell durch andere Gedanken beiseite geschoben.

Die Intuition hilft uns zu erspüren, ob wir gerade die richtigen Schritte in unserem Leben tun. Wir sollten uns viel öfter mit unserem Bauchgefühl verbinden.

Den Mittelweg gehen

Eigentlich geht es laut Volksmund darum, den *goldenen* Mittelweg zu finden. Aber dieser hat viel mehr mit der Farbe Orange zu tun. Die Farbschwingung von Orange fordert dazu auf, nach Ausgewogenheit zu streben und das Geben und Nehmen in Balance zu bringen.

Wenn wir dazu neigen, nur in den Kategorien von Schwarz oder Weiß zu denken, und von einem Extrem ins andere fallen, können wir versuchen, mit Hilfe des orangefarbenen Pomanders diese Verhaltensmuster aufzulösen. Es ist beispielsweise genußvoller und gesünder, wenn wir uns ausgewogen ernähren und uns von allem etwas gönnen, statt zwischen Fastenkuren und Völlerei hin und her zu pendeln. Es ist besser für uns, einen täglichen Spaziergang zu machen, als überhaupt keinen Sport zu treiben oder aber sporadisch an einem 20-Kilometer-Lauf teilzunehmen. Extreme Ausbrüche von Emotionen, die in kürzester Zeit von himmelhoch jauchzend bis zu Tode betrübt gehen, weisen ebenfalls darauf hin, daß wir aus unserer Mitte geraten sind.

Symptome auf der Körperebene

Chakra-Zuordnung: zweites Chakra (Sakral-Chakra).
Organzuordnung: Urogenitalbereich, Ausscheidungsorgane, Milz.

Der orangefarbene Pomander kann generell bei Schocksymptomen sowie nach Unfällen und Operationen benutzt werden.
Eine chronische Verstopfung des Darms kann ein Hinweis darauf sein, daß wir an etwas festhalten, das wir loslassen sollten (zum Beispiel ein Erlebnis aus der Vergangenheit). Auch kann es aufzeigen, daß wir kein ausgewogenes Verhältnis von Geben und Nehmen leben. Nierensteine sind ebenfalls ein Zeichen dafür, daß sich in uns etwas verhärtet und verfestigt hat, das eigentlich losgelassen werden sollte. Bei der Blasenentzündung entsteht ein ständiger Drang zum Harnlassen, und wieder ist es dasselbe Thema des Loslassens und der Schmerzen, die dabei empfunden werden. Kinder, die tagsüber unter Druck stehen oder sich einer negativen Situation hilflos ausgesetzt fühlen und nachts ver-

suchen, über das Bettnässen den Druck loszulassen, profitieren ebenfalls von diesem Pomander.

Probleme im Bereich der Sexualität wie Frigidität und Impotenz zeugen von einer Angst vor Kontroll- und Machtverlust. Die Pubertät und das Klimakterium sind Übergangsphasen, die eng mit dem Ausdruck unserer Sexualität gekoppelt sind. Dieser Pomander kann helfen, diese Phasen besser zu durchleben.

Stetiger Energieverlust und damit verbundene Erschöpfung können ein Hinweis auf Löcher im ätherischen Körper sein. Bei tiefsitzenden Ängsten kann der ganze Unterleibsbereich generell verkrampft und druckempfindlich sein. Der orangefarbene Pomander wirkt hier lindernd und schützend.

Der korallefarbene Pomander

Soeben ist der korallefarbene Pomander auf den Markt gekommen. Er wird dem Farbstrahl Orange zugeordnet. Durch seinen intensiven, rötlichen Ton kommt dieser Pomander zudem der Farbe Rosa nahe und berührt damit nicht nur das Sakral- und das Solarplexus-Chakra, sondern auch das Herz-Chakra. Thema der Farbe Koralle sind die Gefühle von Liebe, aber auch von Einsamkeit und Verlassensein.

Dieser neugeschaffene Pomander muß seinen Platz innerhalb des Aura-Soma-Systems erst noch finden und in der praktischen Anwendung seine spezifischen Eigenschaften entfalten. Wer in die Welt schaut und äußere Ereignisse als Spiegel für innere Prozesse wahrnimmt, erkennt jedoch bereits jetzt viele Qualitäten dieses Pomanders.

Der korallefarbene Pomander entstand 1999 kurz nach der Beendigung des Krieges auf dem Balkan. Viele Menschen haben durch diesen Konflikt ihre Heimat verlassen müssen. Sie haben Familienmitglieder und Freunde verloren. Herzensverbindungen sind auseinandergerissen worden. Zwar herrscht nun Frieden, aber diese Menschen stehen zunächst einmal vor einem Scherbenhaufen.

Im Krieg geschehen schreckliche Gewaltakte. Sie hinterlassen Verletzungen, die nur schwer vernarben und vielleicht niemals vollkommen heilen. Doch auch wenn alle Empfindungen scheinbar abgestorben sind, können sich im Innern Hoffnung und neues Leben regen. Der korallefarbene Pomander unterstützt dieses Wachstum. Er hilft, den Lebenswillen, den Glauben und die Liebe nicht zu verlieren. Er macht Mut und stärkt die Durchhaltekraft, bis der Ausweg oder der Neuanfang gefunden ist.

Positiver Zustand

- aus tiefstem Herzen lieben können
- auf den Trümmern wieder etwas Neues erbauen und den Neuanfang schaffen
- trotz Rückschläge den Mut nicht aufgeben

Negativer Zustand

- in Trauer und Schmerz versinken
- körperliche und seelische Verletzungen nicht überwinden können
- das Gefühl verspüren, nie wieder unbeschwert lachen zu können

Wann brauche ich den korallefarbenen Pomander?

- wenn ich tiefe Liebe empfunden habe, aber dabei nur verletzt worden bin
- wenn ich als Frau erlebt habe, daß meine Liebe von meinem

Vater und/oder anderen männlichen Personen nicht erwidert oder zurückgewiesen wurde
- wenn ich als Mann erlebt habe, daß meine Liebe von meiner Mutter und/oder anderen weiblichen Personen nicht erwidert oder zurückgewiesen wurde
- wenn ich alles verloren habe, was mir lieb war
- bei Neigung zu Unfällen

bei Versuchen, dem Leben zu entfliehen

Einstimmung auf den korallefarbenen Strahl

Ich verbinde mich mit dem korallefarbenen Strahl.
Ich habe viele Schmerzen und großes Leid erlebt, aber dennoch liebe ich das Leben.
Trotz der schmerzvollen Vergangenheit öffne ich mich für den Strom der Liebe. Die Liebe fängt mich auf: Sie trägt und umhüllt mich.

Der korallefarbene Pomander verbindet mit folgenden Aspekten

Die Farbe Koralle steht für das Bedürfnis und die Fähigkeit, Liebe, Geborgenheit und Schutz zu empfangen und anderen zu geben. In Zeiten, in denen es für uns um die nackte Existenz geht, in denen wir eine Trennung von etwas Geliebtem erleiden, symbolisiert Koralle die Liebe, die allen Schmerz zu überwinden vermag.

Leboyers Photographien von Ungeborenen im Mutterleib strahlen die Farbschwingung von Koralle aus. Es ist eine Farbe, in die wir eintauchen können, um uns auszuruhen und zu regenerieren. Koralle spendet Kraft. Die Farbe ist gleichzeitig aber von zartem, feinsinnigem Charakter.

Der Farbstrahl Orange

Vor allem hilft uns der korallefarbene Pomander, nach Enttäuschung, Resignation und Rückzug wieder ins Leben zu treten und die Verletzungen der Vergangenheit hinter uns zu lassen. Es ist wichtig, die Wunden zu heilen, um nicht später die eigene Herzensliebe immer nur mißtrauisch zurückzuhalten. Haß und Verbitterung nisten sich ein, wenn wir uns von unserer Lebensfreude und Liebesfähigkeit abschneiden.

Der korallefarbene Pomander ist außerdem ein Helfer, um irrationale Schuld- und Minderwertigkeitsgefühle aufzulösen. Wir können ihn anwenden, wenn wir insgeheim glauben, es verdient zu haben, schlecht behandelt zu werden. Der korallefarbene Pomander hilft, liebevoller mit sich selbst umzugehen und sich nicht immer nur zu verurteilen oder schuldig zu sprechen.

Symptome auf der Körperebene

Chakra-Zuordnung: zweites, drittes und viertes Chakra.
Organzuordnung: Ausscheidungsorgane (Blase, Niere, Darm, Haut), Geschlechtsorgane, Hormonsystem.

Wer als Kind wenig Liebe erfahren hat, war meist auch nicht in der Lage, echte Eigenliebe entwickeln. Als Folge mangelnder Selbstliebe können sich auf der körperlichen Ebene viele diffuse Symptome zeigen. Im allgemeinen kommt es zu einer Vernachlässigung des eigenen Körpers und zu selbstzerstörerischen Neigungen. In diesem Zustand ist es dem Betreffenden beispielsweise gleichgültig, was er an Nahrung – oder Suchtmitteln – zu sich nimmt. Die Körperwahrnehmung ist wie betäubt; der eigene Körper wird mißachtet. Die Lust am Dasein schwindet. Es kann sich daraufhin eine erhöhte Neigung zu Unfällen einstellen, oder der Betreffende unternimmt andere Fluchtversuche, um sich der Verantwortung für sein Leben zu entziehen.

Der Farbstrahl Gold

Thema: Loslassen und geschehen lassen. Nicht urteilen, sondern erkennen. Dadurch wird Wandlung möglich, und aus den dunklen Fäden unseres irdischen Daseins weben wir ein strahlendes Gewebe aus Gold.

Die Farbe Gold hat eine große Anziehungskraft. Gold ist Sinnbild der leuchtenden Sonne. Es steht für Glanz und Glorie, für Edelmut und Weisheit. Gold ist seit Jahrtausenden auch ein begehrtes Schmuckmetall und wird mit Reichtum und Vollendung gleichgesetzt. Das Goldfieber des letzten Jahrhunderts zum Beispiel in Yukon, einem Gebiet im Nordwesten Kanadas, zeigt, welche Magie das Gold auf Menschen ausübt und welch starke Begehrlichkeit es weckt. Um nach Gold zu graben, haben Menschen es auf sich genommen, in entlegenste Gebiete vorzudringen, um ihr Glück zu versuchen. Viele haben es dabei zu einem Vermögen gebracht, aber viele sind dabei gescheitert und haben alles verloren.

Um zu gewinnen, muß man etwas riskieren. Man muß alte Vorstellungen loslassen und neue, vielleicht gefährliche Wege gehen. Wagen wir dieses Abenteuer, dann ist es möglich, den Topf Gold am Ende des Regenbogens zu finden. Dann können wir zu innerem und äußerem Reichtum finden.

Die Farbe Gold will uns von alten Vorstellungen und Werten loslösen und uns den Mut verleihen, zu neuen Ufern aufzubrechen. Sie bestärkt darin, Ängste aufzugeben und sich von der inneren Stimme, der Intuition, leiten zu lassen – auch gegen innere und äußere Widerstände. Nicht urteilen, nicht zweifeln, sondern der Stimme gehorchen, sich von einer höheren Weisheit führen lassen und das eigene Licht erstrahlen lassen, das ist die Aufgabe, die der goldene Farbstrahl vermittelt. Hier auf Erden sollen wir unser Potential entfalten.

Die Quintessenz Lady Portia

Innere Einstimmung

Ich verbinde mich mit Lady Portia.
Ich vertraue mich in meinem Leben der Führung Gottes an. Gott zeigt mir in Weisheit und Güte den richtigen Weg.
Ich höre auf, mich und andere zu verurteilen, und ich vergebe, auf daß mir vergeben wird.
Ich glaube an mich und meine Reinheit als Kind Gottes. Ich vertraue meinen Fähigkeiten.
Ich bin ohne Angst, denn ich glaube an die Liebe.

Wann brauche ich die Quintessenz Lady Portia?

- wenn ich mir und anderen überkritisch gegenüberstehe
- bei Unzufriedenheit
- bei großer Angst, den äußeren Ansprüchen nicht zu genügen
- wenn ich mich zu sehr von anderen Meinungen beeindrucken lasse und nicht genug auf meine innere Stimme höre
- wenn es mir an Mut fehlt, mich durchzusetzen
- bei Entscheidungsschwäche
- wenn ich bei einem Problem viele Ratschläge bekomme, aber mich nicht entscheiden kann, welcher der richtige ist
- bei dem Gefühl, durch äußere Instanzen eingeengt oder kontrolliert zu werden

Die Quintessenz Lady Portia hilft uns bei der Ausbalancierung unseres Urteilsvermögens. Im Mittelpunkt steht der Leitsatz »Richte nicht, auf daß du nicht gerichtet wirst«. Die Quintessenz hilft, nicht so kritisch und verurteilend mit sich selbst und anderen umzugehen. Sie schenkt Toleranz gegenüber ungewohnten, fremden Dingen oder Verhaltensweisen. Sie lehrt, sich dem Urteil und dem Willen einer höheren göttlichen Instanz zu fügen und dabei selbstverantwortlich eigene Entscheidungen im Leben zu treffen. Was ist richtig im Leben, und was ist falsch? Wo mache ich Fehler, wo irren andere Menschen? Was bin ich wert? Im täglichen Miteinander sind dies ganz zentrale Fragen, und sie bestimmen hauptsächlich unser Verhalten in der Gesellschaft. Wir leben in einer Welt der Dualität, in der es gut und böse, richtig und falsch gibt. Unser gesamtes Rechtssystem ist darauf aufgebaut. Wir setzen Maßstäbe und Richtlinien und erlassen Gesetze.

Um zu überleben, müssen wir Situationen, Menschen und Dinge einschätzen können. Aber wir müssen auch die Möglichkeiten und Grenzen unserer eigenen Fähigkeiten klar erkennen. Nur weil ich auf einem See eine Jolle segeln kann, bin ich noch lange nicht in der Lage, mit einer großen Yacht allein um die Welt zu reisen. Würde ich es dennoch tun, wäre es ziemlich wahrscheinlich, daß ich dieses Abenteuer nicht überlebe. Wir müssen also zwangsläufig permanent die Lage einschätzen und dann unsere Entscheidungen treffen. Sind wir aber zu kritisch und streng, dann setzen wir uns zu enge Grenzen und verpassen Erfahrungen, die uns eine Fülle von Entwicklungsmöglichkeiten bieten könnten.

Lady Portia will uns helfen, wohlabgewogen zu urteilen und zu handeln und so zu einem Gefühl von innerer Sicherheit zu gelangen. Die Essenz kann dazu eingesetzt werden, die verschiedenen Glaubensmuster zu überdenken und zu hinterfragen, um dann dem Leben mit einer großzügigeren Einstellung gegenüberzutreten.

Auf den Blickwinkel kommt es an

Unser Urteilsvermögen wird meist durch unsere Umgebung geprägt. Wenn ich als katholisches Kind in den Straßen von Belfast in Nordirland aufgewachsen bin, ist es sehr wahrscheinlich, daß ich gelernt habe, daß alle Kinder protestantischen Glaubens meine Feinde sind. Lebe ich als Frau in Amerika oder Europa, dann ist Kleidergröße 38 das zu erstrebende Ideal. Lebe ich als Frau in Togo, dann ist alles ab Kleidergröße 50 in Ordnung. Wir unterliegen also je nach Kultur, Staat, Religion, Geschlecht, Alter usw. verschiedenen Maßstäben. Wer diese Maßstäbe nicht einhält, gilt als Außenseiter.

Ein gutes Beispiel dafür ist die Geschichte von Robin Hood. Der Legende nach überfiel er die Reichen und verteilte die Beute unter den Armen. Aus der Sicht der Reichen war er ein Schwerverbrecher, der die Wege unsicher machte und hilflose Reisende beraubte. Aus der Sicht der armen Bevölkerung war er jedoch ein Held, ein Retter in der Not. Welche Meinung ist nun die richtige? Aus einer übergeordneten Sicht mögen die Taten von Robin Hood vielleicht lobenswert sein, denn er hat versucht, den Reichtum gerechter zu verteilen. Er selbst hat sich dabei nicht eigennützig bedient. Doch aus der Perspektive eines Adeligen jener Zeit, der seinen Wohlstand und sozialen Rang als gottgegeben betrachtete, war Robin Hood ein gefährlicher Aufrührer.

Soziale Spielregeln

Ohne ein Gefühl für Moral und für die Richtlinien unseres sozialen Umfelds würden wir wahrscheinlich schnell in einen Zustand von Chaos und Gewalt fallen. Dann hätten die Schwächeren in der Gesellschaft keine Überlebenschance, und die Skrupellosesten und Härtesten unter uns würden als Sieger hervorgehen. Ohne die regulierenden Verkehrsampeln würde der Autoverkehr jeder größeren Stadt zum Erliegen kommen. Es reicht schon ein Ampelausfall an einer großen Kreuzung, um größere Staus zu verursachen.

Glücklicherweise haben wir eine Reihe von Verhaltensregeln aufgestellt, bei deren Einhaltung wir einigermaßen friedlich miteinander leben können. Als Kinder bekommen wir die verschiedensten Maßregeln mit auf den Weg. Wir lernen, daß es nicht gut ist, zu stehlen oder zu lügen, und daß wir uns verbrennen, wenn wir die Hand auf die heiße Herdplatte legen. Wir lernen, einen Streit mit friedlichen Mitteln beizulegen.

Zusätzlich zu den staatlichen Gesetzen und den gesellschaftlichen Spielregeln prägen ethische und religiöse Gebote unser tägliches Verhalten. Teilweise recht strenge Regeln schreiben uns vor, was wir zu tun und zu lassen haben. Wer sich nicht an religiöse Gebote und staatliche Gesetze hält, muß mit Verfolgung oder Bestrafung rechnen, sollte er dabei ertappt werden.

Die Medien

In unserer Meinungsbildung werden wir heutzutage in großem Umfang durch die Medien, vor allem das Fernsehen, beeinflußt. Menschen können durch bestimmte Berichterstattungen gezielt gelenkt werden, das betrifft das Konsumverhalten genauso wie die politische oder weltanschauliche Überzeugung. Beispiele dafür sind die einseitige Berichterstattung im englischen Fernsehen über den Falklandkrieg zwischen Großbritannien und Argentinien sowie die Darstellung des Golfkriegs. Der Zuschauer oder Zuhörer kann nicht nachprüfen, was wirklich passiert, und ist daher ein leichtes Opfer von Propaganda oder Manipulation. Zeitungsberichte sind generell von der politischen Orientierung der Redaktion und des Verlages geprägt, und es gibt wenige

neutrale, unabhängige Berichterstatter. Unser Bild vom Weltgeschehen baut also im wesentlichen auf den Nachrichten auf, die von den Agenturen geliefert und in den Redaktionen ausgewählt und aufbereitet werden.
Darüber hinaus werden Körperideale und Modetrends durch die Medien an den Verbraucher weitergeben. Diese Vorgaben werden von uns als Maßstab übernommen, und wir bewerten unsere äußere Erscheinung nach diesen kommerziellen Kriterien. Es fällt schwer, sich dieser Beeinflussung zu entziehen.

Verhaltensregeln und Glauben innerhalb der Familie

Neben den übergeordneten staatlichen, kulturellen und religiösen Gesetzen und Geboten hat jede Familie auch ihre individuellen Regeln und Maßstäbe, die häufig seit Generationen geprägt wurden. Diese elementaren Verhaltensregeln erfahren wir in der Kindheit. Es sind die ersten Werte und Vorschriften, mit denen wir in Kontakt kommen.
Die unterschiedlichen Auffassungen zu Wertmaßstäben werden unter anderem durch die gesellschaftliche Stellung einer Familie geprägt. Auch unterscheiden sich bei jeder Familie die Erziehungsmethoden. Das eine Kind bekommt beim kleinsten Vergehen Schläge, während ein anderes Kind niemals körperlich bestraft wird. Von dem einen Kind wird erwartet, daß es in die Fußstapfen des Vaters tritt, während das andere Kind sich nach eigenen Vorstellungen frei entfalten kann.
Normalerweise werden wir durch unsere Familie in unseren Glaubensvorstellungen stark geprägt. Bei familiären Vorurteilen gegenüber bestimmten Menschen oder Dingen übernehmen wir diese meist, ohne jemals zu hinterfragen, ob es wirklich so stimmt. So entsteht unser eigenes Schubladensystem, in dem wir alle Erfahrungen nach uns mitgegebenen Kriterien einordnen.

Wir lernen, zu urteilen und auch zu verurteilen. Wir lernen Toleranz und Intoleranz. Und wir lernen, wann wir vergeben können und wann nicht. Auch hier können grobe Fehleinschätzungen entstehen.

Unser eigenes Wertesystem

Am Ende der langen Kette von Wertungen stehen wir selbst. Es wird deutlich, wie vielen äußeren Einflüssen wir unterliegen und wie schwer es ist, sich dem zu entziehen und einen authentischen, eigenen Weg im Leben zu gehen. Je nachdem, wie wir in der Familie, Schule und innerhalb der Gesellschaft bewertet werden, verinnerlichen wir bestimmte Maßstäbe. Auf diese Weise bewerten wir uns unaufhörlich selbst. Sind wir kompetent genug am Arbeitsplatz? Sind wir schön genug? Intelligent genug? Sind wir gute Liebhaber? Sind wir gute Eltern? Sind wir gut, oder sind wir böse? Erfüllen wir die Anforderungen, die an uns gestellt werden, oder fühlen wir uns hoffnungslos überfordert? Endlos sind die Fragen, die wir uns selbst stellen, und in ganz vielen Fällen erteilen wir uns für unsere eigenen Leistungen eine miserable Note. Oder wir stellen andere als Versager da, damit wir selbst unser Gesicht wahren und Minderwertigkeitskomplexe kompensieren können. Ständig begleitet uns die Angst, nicht gut genug zu sein. Wir verschließen uns jedoch dabei vor einer Liebe, die bedingungslos ist. Wir stellen Anforderungen an uns selbst und an andere, und nur wenn sie erfüllt werden, zeigen wir Wohlwollen, Zuneigung und Liebe.

Die Quintessenz Lady Portia befreit uns von diesen Fesseln. Sie gibt uns mehr Weitsicht und Freiraum, das Leben und uns selbst anzunehmen, wie es ist. Lady Portia möchte vor allem, daß wir über das Urteilen hinausgelangen und in eine Dimension hineinblicken, in der es keine Fehler, keine Mängel, keine falschen

Schritte gibt. Sie will uns dabei helfen, unsere Kontrollmechanismen zu lockern und offen für etwas viel Größeres zu sein.

Sich der Führung Gottes anvertrauen

Durch die verschiedenen Fremdeinflüsse wissen wir häufig nicht, was wir denken, sagen oder tun sollen, und vor allem fällt es uns schwer zu entscheiden, was das Richtige ist. Es ist ein unglaublich erlösender Moment, diese Zwänge und den inneren Druck abzugeben und loszulassen. Es wirkt befreiend, loszulassen und darauf zu vertrauen, daß wir von Gott in die richtige Richtung gelenkt werden und er uns das in einem übergeordneten Sinn Richtige tun läßt. Wir brauchen keine Angst mehr zu haben. Gott führt uns in allem. Er ist in uns, in unseren Gedanken, in unseren Worten, in unseren Taten. Wenn wir wollen, lenkt Gott uns sicher durch jeden Moment, jede Stunde, jeden Tag. Dann brauchen wir auch nicht zu urteilen.
Die Quintessenz Lady Portia gibt uns Vertrauen in unsere eigene göttliche Führung und innere Weisheit. Wir fühlen uns an eine höhere Quelle angeschlossen und brauchen uns keine Sorgen mehr zu machen. Alles hat seine Ordnung und dient der Evolution, sowohl kollektiv als auch individuell. Es ist die Vielfalt, die sich in unserem Dasein manifestiert, die uns so viel lehrt und uns wachsen läßt. Lady Portia möchte, daß wir uns entspannen und Gott in unserem Leben wirken lassen. Alles andere wird sich nach und nach fügen.

Durchsetzungsvermögen

Wir erhalten sehr viel Kraft aus der inneren Sicherheit heraus, uns auf dem richtigen Weg zu befinden und von Gott geführt zu sein.

Dieses Gefühl gibt uns Überzeugungskraft und läßt uns eventuelle Hürden mit mehr Leichtigkeit überwinden. Hier geht es nicht um dominantes Verhalten, bei dem jemand seinen persönlichen Willen erzwingt, sondern um die Überzeugung, im Sinne von etwas viel Größerem zu handeln.

Betrachten wir einmal Wissenschaftler, Erfinder und Forscher. Sie leben oftmals in dem inneren Wissen, daß ihre Idee richtig ist, und sie gehen an die Arbeit, um dies auch zu beweisen. Es kann dann noch soviel Kritik aus den eigenen Reihen geäußert werden, sie folgen unbeirrt ihrem Ziel. Sie setzen sich mit ihrer Vorstellung durch, egal wieviel Zeit dies kosten mag. Sie arbeiten daran, ihre Thesen und Theorien unter Beweis zu stellen. Diese Hartnäckigkeit entspringt einer inneren Überzeugung und ist keinesfalls der Ausdruck von Angst oder äußerem Zwang. Die Quintessenz Lady Portia hilft, unsere Vorhaben ebenso tatkräftig durchzusetzen, sofern sie dem Wohl des Planeten und seiner Lebewesen dienen und im Sinne des göttlichen Plans sind.

Fazit: Die Quintessenz Lady Portia hilft Ihnen, in bezug auf das Urteilsvermögen die eigenen engen Grenzen zu überschreiten. Sie bestärkt Ihr Vertrauen in das Vorhandensein größerer Zusammenhänge und einer höheren Ordnung. Sie lernen, sich selbst und andere nicht ständig zu bewerten oder zu verurteilen, und Sie werden damit ermutigt, sich selbst und anderen zu vergeben. Sie akzeptieren die Dinge, so wie sie sind, und tun dies in dem Vertrauen, daß Gott Sie in all Ihren Taten lenkt.

Zusammenfassung der Quintessenz Lady Portia

- befreit von den Meinungen und Vorgaben äußerer Instanzen und verbindet mit einer höheren Weisheit, die die Dinge im richtigen Licht erscheinen läßt

- läßt die kritische innere Stimme verstummen und uns selbst mit mehr Güte und Großzügigkeit betrachten
- weitet unsere Sicht der Dinge und läßt uns damit toleranter und mit mehr Mitgefühl reagieren
- hilft, Scham- und Schuldgefühle nach vermeintlichen Irrtümern und Fehltritten loszulassen
- gibt Durchsetzungsvermögen, da nun aus innerer Sicherheit gehandelt wird
- erlöst von dem Gefühl, das eigene Leben und äußere Geschehnisse kontrollieren zu müssen
- schenkt die Gewißheit, daß Gott uns auf allen unseren Wegen führt

Der goldene Pomander

Positiver Zustand

- Mut und Durchsetzungsvermögen
- eigene Vorstellungen und Ideen in die Tat umsetzen
- Bereitschaft, das eigene innere Licht in die Welt ausstrahlen zu lassen

Negativer Zustand

- Selbstzweifel und mangelndes Vertrauen in die eigene Begabung und Intuition, was die wahre Entfaltung verhindert
- das Gefühl, nur ein ganz kleines Licht zu sein und es nicht verdient zu haben, in diesem Leben zu glänzen

Einstimmung auf den goldenen Pomander

Ich verbinde mich mit dem goldenen Farbstrahl.
In mir strahlt ein Licht, das sich ausdehnen will.
Ich nutze mein Leben, um meine Ideen, Träume und Begabungen
in diese Welt einzubringen.
Ich habe den Mut und die Zuversicht, daß ich es schaffe.

Wann brauche ich den goldenen Pomander?

- bei der Tendenz, mich zu verstecken und meine Fähigkeiten zu verheimlichen
- bei einem Mangel an Selbstwertgefühl
- bei der Angst, einer Aufgabe nicht gerecht zu werden
- bei starken, eventuell irrationalen Ängsten, dem Leben nicht gewachsen zu sein
- bei Perfektionsdrang
- wenn ich hinsichtlich meiner Leistung zu hohe Ideale habe
- wenn ich Vorhaben gar nicht erst anfange, weil ich meine, es doch nicht zu schaffen
- bei Abhängigkeit von Substanzen, die mich niederdrücken und lähmen (Alkohol, Tabletten usw.)
- wenn ich zu Depressionen oder Gemütsverstimmungen neige, weil ich das Gefühl habe, ein Versager zu sein
- um mehr Mut und Durchsetzungsvermögen zu bekommen
- um mich mit meiner Intuition und inneren Weisheit zu verbinden

Gold gilt von jeher als Symbol für Reichtum, Fülle, Erkenntnis und Weisheit. Wer sich goldene Wasserhähne im Badezimmer leisten kann, hat es auf der materiellen Ebene in unserer Gesellschaft zu etwas gebracht und wird hohes Ansehen genießen.

Könige tragen eine Krone aus Gold, und wir alle träumen von einem goldenen Zeitalter. Bei Wettbewerben erhält der Sieger eine goldene Medaille.

Die Gebrüder Grimm haben verschiedene Märchen gesammelt, die um das Gold kreisen. Rumpelstilzchen konnte Stroh zu Gold spinnen. In einem anderen Märchen spuckt ein Esel Golddukaten aus. Wer hätte nicht gern jene Gans, die goldene Eier legt und uns bis ans Ende unserer Tage in Reichtum und Fülle leben läßt!

Unzählige Alchimisten haben sich im Mittelalter der Aufgabe gewidmet, Blei in Gold zu verwandeln. Auch hier geht es darum, einen unscheinbaren Gegenstand in etwas Glänzendes, Wertvolles zu verwandeln. Wenn dieser Prozeß gelingt, winken große Freude und Glück. Bezogen auf den eigenen Lebensweg besteht die Aufgabe darin, das Licht, diesen unsichtbaren Schatz, der verborgen in uns schlummert, zu transformieren und im Außen zu manifestieren. Mitten in unserer unscheinbaren physischen Existenz sind wir aufgefordert, unser wahres Ich, unseren göttlichen Kern, strahlen zu lassen. Die Belohnung ist das Gefühl von Erfüllung und Freude. Der goldene Pomander erinnert uns an diese Aufgabe und hilft, sich mit Zuversicht an die Arbeit dieser inneren Wandlung zu machen. Er ist daher einer der kraftvollsten Pomander überhaupt.

Sei ein Licht in der Dunkelheit

Unzählige Menschen verstecken ihre Talente und Fähigkeiten und machen sich viel zu klein. Ihre Gaben liegen im verborgenen, sie sind für die Außenwelt unsichtbar. Ab und an lüften sie ein wenig ihre Tarnung, sehen ihr Licht – und spüren ein Gefühl des Unerfülltseins.

Wir halten uns oft für zu unbedeutend, um unsere kühnen Ideen und Träume tatsächlich umzusetzen. Dann heißt es: Kein Geld, keine Zeit, und überhaupt muß man ja froh sein, über die Runden zu kommen. Dennoch bleibt die Sehnsucht nach etwas Besserem erhalten, und wir verspüren ein Gefühl des Unbefriedigtseins. Das ist auch gut so, denn dies ist die Stimme, die uns zur Verwirklichung und Umsetzung unserer Möglichkeiten drängt. Wir können uns noch so sehr ablenken und Ausreden suchen, immer wieder werden wir von dem Gefühl beschlichen, daß es eigentlich etwas anderes geben muß als die Tretmühle, in der wir stecken.

Jeder einzelne von uns ist dazu berufen, auf seine ganz eigene, individuelle Weise sein inneres Licht nach außen leuchten zu lassen. Es kann sein, daß ich als Busfahrer die Menschen von einem Ort zum anderen befördere, damit sie ihrerseits an der Verwirklichung ihrer Aufgaben arbeiten können. Vielleicht bin ich der Kellner im Restaurant, der dafür sorgt, daß ein Festessen zu einem ganz besonderen Ereignis wird, oder ich beglücke Millionen von Menschen mit meiner Stimme, weil ich mein Licht als Tina Turner weitergebe. Jede Handlung, die ich mit Begeisterung und Liebe vollziehe, trägt mein Licht nach außen.

Wenn wir uns im Ausdruck unserer Begeisterung zurückhalten oder uns nicht an eine Aufgabe herantrauen, die uns mit Begeisterung erfüllen würde, dann mangelt es uns an einem Gefühl unserer eigenen (göttlichen) Größe. Wir gestatten es uns nicht, dieses Licht zu sein. Wir haben Angst vor den Konsequenzen, wenn wir dieses Licht wären. Gleichzeitig träumen wir unaufhörlich davon.

Angst vor dem eigenen Potential

Warum laufen wir immer wieder davon, wenn es ansteht, ganz konkret an die Erfüllung unserer Träume zu gehen? Was läßt so viele von uns kurz vorher stehenbleiben oder abdrehen und in eine falsche Richtung gehen? Meistens geschieht dies als Schicksalsschlag von außen. Wir sind gerade dabei, etwas auf die Beine zu stellen, eine lange gehegte Vorstellung in die Realität umzusetzen, und dann kommt etwas und haut uns um. Wir werden ernsthaft krank, haben einen Unfall, finanzielle Zusagen platzen, oder etwas passiert innerhalb der Familie, das unsere Aufmerksamkeit in andere Bahnen lenkt.

Sehr oft kommt es auch zu einer negativen Beeinflussung durch andere Menschen. Denn wenn wir zeigen, daß wir uns verwirklichen können, gibt es keine Ausreden mehr, warum die anderen es nicht auch könnten. »Das schaffst du nie«, »Du überschätzt dich selbst«, »Du hast schon so oft versagt, diesmal klappt es bestimmt auch nicht«, »Das sind doch nur Luftschlösser«, »Da steckt nichts als heiße Luft dahinter«, das sind nur einige von zutiefst negativen Botschaften, die uns unaufhörlich zugeflüstert werden. Von klein auf werden wir bei der Entfaltung unserer wirklichen Fähigkeiten eher behindert als unterstützt. Wir sind aber alle in irgendeiner Form begabt. Der goldene Pomander hilft uns, an unsere Begabung zu glauben und uns nicht durch äußere Ablenkungsmanöver von unseren Vorhaben abhalten zu lassen.

Angst vor dem Versagen

Ein weiterer Grund, uns nicht zu verwirklichen, kann eine tiefsitzende und zum Teil völlig irrationale Angst vor dem Versagen sein. »Ich schaffe es ja doch nicht«, »Ich habe einen schwachen Willen« sind typische Äußerungen, die uns manchmal davor abschrecken, überhaupt einen Anlauf zu nehmen. Da bleiben wir lieber gleich in unserem sicheren Schneckenhaus, statt ein paar erste Schritte in eine unbekannte Richtung zu wagen.

Zuviel Tadel und zuwenig Anerkennung für unsere Leistungen seitens des Elternhauses oder in der Schulzeit können uns ebenfalls lähmen und stillstehen lassen. Auch Partner, die uns aus Dominanz- und Machtbedürfnissen heraus einreden, wir wären untüchtig oder unfähig, können uns erheblich bremsen. Ein Perfektionsdrang kann uns ebenfalls vor Schreck starr werden lassen. Wer sich viel zu hohe Ideale setzt, die kaum je erreichbar sind, wird gleich bei den ersten Schwierigkeiten aufgeben und sich einreden, unfähig zu sein. Wenn wir nur auf die Spitze des Berges sehen, den wir erklimmen wollen, dann wird uns schwindelig, und die Aufgabe droht uns zu überwältigen.

Sich selbst Steine in den Weg legen

Eines der größten Hindernisse, die wir selbst vor uns aufbauen, ist ein Mangel an Disziplin bei unseren Vorhaben. Die Ausreden, warum wir keine Zeit, kein Geld, keine Gelegenheit usw. haben, sind vielfältig. Es ist erstaunlich, wozu wir in der Lage sind, wenn es darum geht, unsere Wünsche und Träume *nicht* zu erfüllen. Dahinter steckt die große Angst vor den Konsequenzen unseres Erfolgs. Unbewußt leiden wir häufig lieber, als daß wir glücklich und erfüllt sind. Denn dann gäbe es keine Ausreden und keine Verzögerungen mehr in der Einlösung unserer Lebensaufgabe.
Unser Ego schwelgt lieber im Mißerfolg – das lenkt uns von dem Ausdruck unseres Lichts ab. Wir können dabei in eine Sucht flüchten, die unsere physische Kraft und unser Denkvermögen schwächt (zum Beispiel Drogen, Alkohol usw.), oder in eine chronische Müdigkeit, die uns bremst. Wenn ich das Talent zum Musiker habe, muß ich die Disziplin aufbringen zu üben – stundenlang, jeden Tag. Wenn ich das Gefühl habe, gute Computerprogramme schreiben zu können, dann muß ich mich auch tatsächlich hinsetzen und anfangen zu programmieren. Finde ich tausend andere Dinge, die wichtiger sind als dieses Vorhaben, lege ich mir unbewußt Steine in den Weg. Der goldene Pomander

gibt die Kraft, den »inneren Schweinehund« zu besiegen und den Weg zur Selbstverwirklichung frei zu machen.

Mut und Motivation, neue Wege zu gehen

Der goldene Pomander vermittelt den zündenden Funken. Er spornt an und motiviert, egal wie schwierig oder ungewöhnlich das Vorhaben auch sein mag. Wenn unser Vorhaben dazu dient, unser Licht zu zeigen und unser göttliches Potential einzulösen, erhalten wir viel Unterstützung auf unterschiedliche Weise. Eine plötzliche Erkenntnis kann in uns aufblitzen, nachdem wir lange über etwas gegrübelt haben und keine Lösung wußten. Oder wir erhalten von außen Förderung in der Umsetzung unserer Ideen.
Wir sollten uns immer vor Augen führen, was das Schlimmste wäre, wenn wir scheitern würden. Meistens wären die Konsequenzen wirklich nicht so niederschmetternd, als daß wir so große Angst vor dem Versagen haben müßten. Außerdem öffnet der goldene Pomander uns für unsere Intuition, die uns sagt, welche Risiken wir eingehen können und welche nicht. Selbst wenn wir einmal scheitern, heißt es noch lange nicht, daß wir am Ende unseres Wegs angelangt sind. Thomas A. Edison hat Tausende von Versuchen anstellen müssen, bis er soweit war, die Glühbirne zu erfinden. Während dieser Zeit wurde unter anderem sein Labor in New Jersey durch Feuer zerstört, wobei seine gesamten Unterlagen und alle Geräte verbrannten. Er hat sich zum Glück nicht von seinem Traum abbringen lassen und es irgendwann geschafft. Unser aller Leben hat sich durch diese scheinbar einfache Erfindung maßgeblich verändert.
Wenn Sie also eine zündende Idee haben, dann fangen Sie an, sie lebendig werden zu lassen. Der goldene Pomander hilft Ihnen, bei der Erfüllung Ihrer Träume am Ball zu bleiben und nicht aufzugeben.

Depression und Resignation

Das Schlimmste, das wir uns selbst antun können, besteht darin, nie einen Anlauf zur Verwirklichung unseres Potentials zu machen. Der Mann, der ein Leben lang Tischler war, aber eigentlich seit seiner Kindheit von einer Tätigkeit als Arzt geträumt hat, ist keine seltene Ausnahme. Es gibt auch den Spitzenmanager, der viel lieber Künstler geworden wäre und trotz großen beruflichen Erfolgs in seinem Herzen unerfüllt bleibt. Denn wer weiß, was er als Künstler der Welt an Licht hätte schenken können!

Wir sollten uns niemals einreden lassen oder uns selbst einreden, daß wir keine Chance haben oder es sinnlos ist, es zu versuchen. Ohne Risiko, ohne die Bereitschaft, ein noch so kleines Wagnis einzugehen, werden wir nie wissen, ob wir es nicht doch hätten schaffen können. Sollten wir scheitern, na, dann haben wir wenigstens den Versuch unternommen. Wenn ich als Bergsteiger immer davon träume, den Mount Everest zu erklimmen, und es nie versuche, dann bleibt eine kreative Idee unerfüllt. Habe ich den Mut, begebe ich mich auf die strapaziöse Reise und scheitere ich vielleicht kurz vor dem Gipfelaufstieg, so ist es tief enttäuschend, aber dennoch: Ich war da, ich habe es versucht. Ich bin meinem Traum gefolgt. Es ist viel schwieriger, mit dem Gedanken zu leben, es nie probiert zu haben. Später, im Alter, können wir es nicht mehr versuchen und werden verbittert, weil wir in Gedankenmustern wie »Hätte ich doch nur ...« feststecken. Genau hier setzt dieser so wertvolle goldene Pomander an. Er gibt uns Zuversicht und eine Vision. Er hilft uns, Ängste zu überwinden und es einfach einmal zu riskieren, Neuland zu betreten. Es ist manchmal erstaunlich, was dabei an Wertvollem herauskommt – für uns selbst und für die Welt.

Ein erfülltes Leben

Es gibt nichts Befriedigenderes, als den Mut zu haben, eigene Ideen und Vorstellungen in die Tat umzusetzen. Auch wenn wir scheitern sollten, so haben wir immer etwas dabei gelernt, sind weitergekommen und gereift. Manchmal sind ein paar Anläufe nötig, bis wir unseren Platz im Leben und die idealen Bedingungen gefunden haben, um mit unserem inneren Licht in die Welt zu strahlen. Am Ende können wir dann voller Zufriedenheit und mit erfülltem Herzen auf unser Leben schauen.
Es sind nicht immer die Resultate, die zählen, sondern die Tatsache, daß wir es versucht haben. Wir haben uns für etwas eingesetzt, wir konnten uns begeistern und haben unsere Kraft und Fähigkeiten eingebracht. Das ermöglicht Wachstum und bringt Lebensfreude auf der materiellen und auf der spirituellen Ebene. Wer wagt, gewinnt!

Symptome auf der Körperebene

Chakra-Zuordnung: zweites Chakra (Sakral-Chakra) und drittes Chakra (Solarplexus-Chakra).
Organzuordnung: Nerven, Darm, Haut.

Wenn wir eingeengt und in unserer Entwicklung behindert werden, können Depressionen auftreten. Schnell geraten wir hier in einen Teufelskreis. Weil wir uns nicht richtig entfalten, werden wir depressiv, und weil wir depressiv sind, fehlt uns der Antrieb, uns zu entfalten. Auch Stimmungsschwankungen, die zu Unausgeglichenheit und Nervosität führen, treten möglicherweise auf. In einem Moment sind wir ganz optimistisch und glauben an uns und unsere Ideen, und im nächsten Augenblick verlieren wir wieder den Boden unter den Füßen. Wir sind dann von Zweifeln geplagt und niedergeschlagen. Wer an Minderwertigkeitskomplexen leidet und das Gefühl hat, zu nichts Besonderem fähig zu sein, wird von dem goldenen Pomander profitieren.

Colitis ulcerosa und andere chronische Darmentzündungen können ein Hinweis darauf sein, daß wir unser Potential verdrängen und kein Vertrauen in unseren authentischen persönlichen Ausdruck setzen. Wir haben Angst, uns zu verwirklichen. Nervosität und chronische unterschwellige Furcht vor Veränderungen im Leben können sich in Hautausschlägen oder allergischen Hautreaktionen entladen. Wir glühen dann auf dieser Ebene, statt unsere Energie in konkrete Handlungen fließen zu lassen.

Depressionen oder Verstimmungen können sich auch auf unsere Leber auswirken. Eine Leberschwäche macht müde und erschöpft und verhindert ebenfalls, ein wirklich aktives Leben zu führen.

Der Farbstrahl Gelb

Thema: In das Licht blicken und hinter Fassaden und Verschleierungen die Wahrheit erkennen. Selbstbewußt im Leben stehen und Verbindungen zwischen Himmel und Erde erkennen, aber auch die innere Verbindung zwischen Wissen und Intuition fördern. Transparenz ins Leben bringen.

Gelb will mit seinem hellen Strahl Licht in das Dunkel bringen. Mit ihrer Energie durchdringt diese Farbe alles. Gelb erhellt die finsteren Ecken und fordert dann zu Aktivität auf. Gelb ist eine ausdehnende und extrovertierte Kraft. Gelb will sich zeigen und will strahlen. Menschen, die zu sehr in der Kraft des Gelb leben, können daher zu dominantem Verhalten tendieren. Sie wollen im Mittelpunkt stehen und versuchen, stets ihre eigenen Interessen durchzusetzen. Auch können sie dazu neigen, nur im hellen Sonnenlicht stehen zu wollen und die Schattenbereiche zu ignorieren. Solche Menschen erleben und wissen viel, aber sie wandeln dies nicht in höhere Erkenntnis um.

Menschen mit einem Mangel an gelber Energie sind eher ängstlich und trauen sich nichts zu. Sie lassen sich schnell durch andere von Vorhaben abbringen oder geben von selbst auf. Wachsamkeit wandelt sich dann in Nervosität und innere Ruhelosigkeit.

Der gelbe Strahl schafft eine Verbindung zwischen den Dimensionen. Die Engelwelt kommuniziert mit uns, und wir bekommen Kontakt zu den Naturgeistern, den Feen, Elfen und Devas. Wir schaffen eine Verbundenheit, die uns ein Gefühl von Einheit vermittelt. Gelb schenkt uns Leichtigkeit und Freude. Wir tanzen mehr durch unser Leben und können Schweres hinter uns lassen.

Die Quintessenz Kuthumi

Innere Einstimmung

Ich verbinde mich mit Kuthumi.
Ich erkenne meinen Platz innerhalb der Einheit.
Durch mich verbinden sich Himmel und Erde.
Ich habe Zugang zur universellen Weisheit und nutze diese Einsichten, um Angst und Unsicherheit in Selbstbewußtsein und Erkenntnis zu wandeln.
Ich fühle mich leicht und gelassen.
Ich liebe alles Lebendige, denn ich weiß, wer ICH BIN.

Wann brauche ich die Quintessenz Kuthumi?

- wenn ich nicht weiß, wozu mein Dasein gut sein soll und was meine Aufgabe ist
- wenn ich schüchtern bin und mein Licht dadurch verstecke
- bei einem Selbstbewußtsein, das andere überrumpelt und kontrollierend wirkt
- um die Energien der Erde zu spüren
- zur Verbindung mit den Naturgeistern (Elfen, Feen, Devas usw.)
- wenn ich mich in meiner eigenen Haut nicht wohl fühle
- um Zugang zum kollektiven Wissen zu bekommen
- zur Erlösung von Existenzängsten
- um dadurch mehr Spiel und Spaß in den Ernst des Lebens zu bringen
- zur Entfaltung von Humor und Witz im heilerischen Sinne (zum Beispiel Clowns auf der Kinderstation im Krankenhaus)

- bei der Gartenarbeit (zum Beispiel im Frühjahr beim Anlegen von Gemüse- und Blumenbeeten)
- um sich in Liebe mit der Pflanzen-, Tier- und Mineralwelt zu verbinden und ihr Achtung und Fürsorge entgegenzubringen

Die Quintessenz Kuthumi will Verbindungen schaffen, die Fragmente des Daseins der Lebewesen aller Reiche zusammenfügen und in die Ganzheit zurückleiten. Daher spielt diese Essenz eine große Rolle dabei, uns wieder in das Himmelreich Gottes zurückzuführen und uns das Paradies zu offenbaren. Sie gibt uns Zugang zu der dazu notwendigen Weisheit und zeigt uns, wie unsere individuelle Rolle in diesem Prozeß aussieht. Diese Quintessenz erleichtert und erlöst die Last des täglichen Lebens.

Kuthumi öffnet unseren Blick für die Ebenen, die jenseits unserer normalen visuellen Wahrnehmung liegen. Unsere Gedanken sind Energie. Aus den Gedanken, Träumen, Vorstellungen und Handlungen aller Lebewesen auf diesem Planeten entsteht ein kollektives Kraftfeld, mit dem wir alle verbunden sind. Jeder Stein, jede Pflanze, jedes Tier und jeder Mensch trägt zu dem Energiefeld der Erde bei. Wie ein Mantel umhüllt es den Planeten. (Nicht zu verwechseln ist es mit der sogenannten Orgon-Energie, der hellblauen Energie, die die Lebenskraft darstellt.) Gedanken und Taten, die aus Angst, Haß oder Machtgier geschehen, verdunkeln dieses Kraftfeld. Die Sonne, die sonst so klar scheint, wirkt dann trübe, und die Luft ähnelt dem Smog einer Großstadt. In einer solchen Atmosphäre werden die Beweglichkeit und Atmung beeinträchtigt. Doch hier kann Kuthumi sein Licht hineinleuchten lassen. Sein Strahl bringt eine leichtere Schwingung mit sich, er löst die dunklen Nebelschwaden und das Trübe auf. Er verbindet wieder alle Wesen im Licht und ermöglicht damit die Öffnung zu anderen Dimensionen. Aus der spirituellen Welt finden die Engel und Meister Zugang zu uns Menschen, und wir können Kontakt mit der Welt der Naturgeister aufnehmen. Auch umgekehrt wird

Kommunikation möglich, und so hören wir die Stimme einer Pflanze, eines Tieres oder Kristalls zu uns sprechen. Wir können die Liebe und Unterstützung unserer Engel und geistigen Führer wahrnehmen und uns ihnen mitteilen.

Der Farbstrahl von Kuthumi ist derzeit für unsere Weiterentwicklung sehr wichtig, denn er hilft uns, in eine höhere Seinsebene einzutreten, und ermöglicht den Sprung aus dem dritten Chakra (Solarplexus-Chakra) in das vierte Chakra (Herz-Chakra). Von dem Bedürfnis, Macht und Kontrolle auszuüben sowie vorzugsweise dem Intellekt zu folgen, wechseln wir langsam (oder schnell, je nach unserer inneren Bereitschaft) in ein planetarisches Dasein mit mehr Mitgefühl, Fürsorge und Liebe füreinander.

Achtung vor allem Lebendigen

Wir leben von der Erde. Sie trägt, ernährt und kleidet uns, und sie gibt uns Schutz. Die Erde versorgt uns mit ihrem Reichtum, und wir betrachten dies meist als eine Selbstverständlichkeit. Nur wenn wir beispielsweise mit Bildern von hungernden, bis auf das Skelett abgemagerten Menschen in afrikanischen Katastrophengebieten konfrontiert sind, machen wir uns bewußt, wie gut es uns geht. Erst wenn Naturgewalten wie Wirbelstürme oder Überflutungen große Verwüstung anrichten, wird uns bewußt, wie abhängig wir von der Erde sind. Wo keine Pflanzen mehr wachsen können, sind auch wir nicht in der Lage zu überleben.

Apokalyptische Berichte über die Zukunft malen düstere Visionen von Chaos und Gewalt, die über die Menschheit hereinbrechen, weil wir die Ressourcen aufgebraucht oder die Natur atomar verseucht haben. Greenpeace warnt vor den Folgen, wenn weiterhin die Wälder dieser Welt in so großem Umfang abgeholzt werden. Fernsehberichte informieren uns über die Auswirkungen

eines Öltankerunfalls auf das ökologische Gleichgewicht einer Region. Dies alles schürt in uns die Angst, dem Untergang der Erde ausgeliefert zu sein. Damit nähren wir jedoch den Schattenbereich, wir tragen zur Verdunkelung bei.
Viel wichtiger ist es, uns der lichtvollen Energie der Fürsorge und Achtung gegenüber der Erde und ihren Lebewesen zu öffnen. Wir brauchen Bäume und Pflanzen, um zu atmen, um uns zu ernähren, um Häuser und Möbel zu bauen und als Medizin. Wir brauchen Tiere als Nahrungsmittel, als Helfer bei der Arbeit, als Beschützer und Begleiter. Wir brauchen Steine und Mineralien, um unsere Häuser zu errichten, um die Straßen zu pflastern sowie zur Gesunderhaltung und Heilung. Ohne Luft und Wasser könnten wir nur sehr kurze Zeit überleben. Wir brauchen Rohstoffe wie Öl und Gas als Energiequelle … Als Menschen sind wir vollkommen von der Erde abhängig. Wir sollten ihr also viel Liebe und Dankbarkeit entgegenbringen.

Verbindung zu den Naturgeistern

Alles Lebendige hat zusätzlich zu seiner physischen Gestalt eine Seele. Das gilt nicht nur für uns Menschen, sondern auch für einen Stein oder einen Baum, für Pflanzen und Tiere. Es ist das göttliche Licht, das in Ewigkeit strahlt. Damit wir dieses Licht nicht ganz aus den Augen verlieren, gibt es feinstoffliche Wesen, die uns begleiten und bei unserem Wachstum in Richtung Licht helfen. Sie geben uns Energie, Impulse und Liebe und sind Nahrung für unser höheres Bewußtsein.
In der Pflanzenwelt gibt es die Devas und Feen. Es ist für uns Menschen möglich, sich für diese Wesenheiten zu öffnen, ihre Botschaften zu empfangen und mit ihren Energien zu arbeiten. Edward Bach, der Schöpfer der Bachblütentherapie, hatte eine solche Gabe. Er konnte in die jeweilige Pflanze tief hineinspüren

und ihre Energien, ihr Wesen erkennen. In Schottland lebt die Findhorn-Gemeinschaft, die weltweit dadurch bekannt geworden ist, daß sie es schaffte, auf kargem, unfruchtbarem Boden eine einzigartige Pflanzenwelt gedeihen zu lassen. Rosen erblühten mitten im Winter, und die Erträge aus den Gemüsegärten waren in Relation zur Bodenbeschaffenheit erstaunlich hoch. In Findhorn nehmen die Menschen bewußt Kontakt zu den Devas der Pflanzen auf und arbeiten mit ihnen. Sie lassen sich bei den Anbaumethoden von ihnen anleiten.

Tief im Erdreich wohnen Elfen, Trolle und andere erdverbundene Wesen. Auch sie unterstützen die Erde energetisch und helfen unter anderem der Mineralwelt bei ihrem Wachstum.

Kinder sind noch sehr offen für diese Welt der Naturgeister, und wir kennen viele Märchen, die uns an die Existenz dieser Welt erinnern. Die Quintessenz Kuthumi öffnet uns für diese faszinierende Dimension der Naturgeister. Es ist eine teilweise sehr verspielte, kindliche Welt, voller Fröhlichkeit und Freude. Gerade Menschen, die inmitten von Großstädten wohnen und den Kontakt zu dieser Zauberwelt der Natur verloren haben, gewinnen durch die Anwendung von Kuthumi.

Verbindung zur Engelwelt

Von den Hütern der Erdenergien spannt sich die Brücke zu den Hütern der himmlischen Sphären. Engel schieben sich derzeit sehr in unser Bewußtsein, sie sind populär geworden. Engel lassen sich auch gut vermarkten. Daß sie es zulassen, mag ein Zeichen dafür sein, daß sie unsere Aufmerksamkeit wollen.

Wer zu den Engeln blickt, blickt auch zu Gott. In lange vergangenen Zeiten bestand eine natürliche Verbindungskette zwischen den verschiedenen Welten. Gott sprach über die Engel zum Menschen, und der Mensch sprach zu den Feen, Elfen und Devas,

die wiederum zu den Pflanzen, Steinen und Tieren sprachen. So bestand ein sehr lebendiger Austausch, eine vertikale Verbindung der Welten jenseits von Raum und Zeit. Irgendwann haben wir uns immer mehr auf uns selbst konzentriert und vergessen, daß es noch andere Dimensionen gibt, die mit uns den Kontakt suchen und ihn auch brauchen. Wir sind daher aufgefordert, diese Verbindung wiederherzustellen, damit die geistigen Energien erneut vom Himmel auf die Erde und zurück fließen können.
Der erste Schritt besteht darin, wieder Kontakt zu der Engelwelt zu bekommen und sie als Teil unseres Lebens zu integrieren. In den letzten Jahren hat dies in erstaunlich großem Umfang stattgefunden. Engel begleiten uns einfach überall, in der Werbung, in Film und Fernsehen, in der Musik oder in Büchern. Es gibt kaum einen Tag, an dem wir nicht in irgendeiner Form über die Engel stolpern. Das ist gut so. Gleichzeitig wächst, ausgehend von Großbritannien, der Feenkult. Es gibt dort Feenläden, die mit Büchern, magischem Zubehör wie Zauberstäben oder mit Feenkostümen zum Verweilen in dieser Welt einladen. Hier spielt die Energie von Kuthumi sehr stark herein. Kuthumi bringt beide Dimensionen in unser alltägliches Bewußtsein und öffnet damit wieder eine lange geschlossene Verbindungstür.

Der Mensch als Bindeglied zwischen Himmel und Erde

Am leichtesten verbinden sich die Welten der Engel und Naturgeister durch Kinder. Kinder sind für unsichtbare Dimensionen energetisch noch offen, und sie sind ein reiner Kanal für die göttliche Kraft. Es ist nicht ungewöhnlich, daß Kinder ihre Schutzengel wahrnehmen und auch sonst mit »unsichtbaren« Freunden sprechen und spielen. Andererseits gibt es eine Fülle von Kinderbüchern, in denen die Welt der Elfen, Gnome und Feen ganz lebendig wird. Vor allem England scheint eine besonders starke Verbindung zum kleinen Volk zu haben, denn von hier stammen viele der Geschichten und Figuren aus diesen zauberhaften Reichen. Doch auch Erwachsene werden allmählich wieder auf diese Welt aufmerksam. In den spirituellen Buchläden liegen die Feenkarten neben den Engelkarten.

Wir werden als Vermittler zwischen den Sphären dringend gebraucht. Die Zeit ist gekommen, uns wieder miteinander zu verbinden und unsere Isolation und Abgeschnittenheit von den feinstofflichen Ebenen zu beenden. Kuthumi verspricht uns dabei viele Gaben und ein Leben in Freude und Fülle, eine Art Paradies auf Erden. Mit seiner Energie ist er dem Solarplexus-Chakra zugeordnet, unserer Mitte. So stehen wir auch in der Mitte zwischen Himmel und Erde. Aus ihr heraus haben wir Zugang zur Weisheit und zum Allwissen der Schöpfung. Nur im Miteinander läßt sich dies verwirklichen. Wenn wir meinen, wir Menschen kämen im Alleingang besser voran, werden wir uns den Weg erheblich schwerer machen. Wir haben in den letzten Jahrtausenden erlebt, wie schwierig Alleingänge sind. Die Quintessenz Kuthumi hilft bei der energetischen Vereinigung aller Lebewesen, und sie öffnet unser Potential der Transformation in ein lichteres Dasein.

Selbstbewußtsein

Ein starkes, balanciertes Selbstbewußtsein verleiht uns Zielstrebigkeit, Durchsetzungsvermögen, Mut und ein Gefühl innerer Stabilität. Im Märchen ist es immer dann gefragt, wenn der Held auf seiner Reise einem feindlichen Wesen oder Ungeheuer begegnet, das er besiegen muß.

Das Selbstgefühl ist jedoch ein zweischneidiges Schwert. Es kann auch zu egoistischem Verhalten verleiten. Dann wollen wir um jeden Preis unseren Willen durchsetzen und werden womöglich dazu verführt, über weniger selbstbewußte Menschen Kontrolle und Macht auszuüben. Oder unser Selbstgefühl äußert sich nur als Instanz der Kritik. Wir trauen uns nichts zu und haben immer das Gefühl, unter Beobachtung und Leistungsdruck zu stehen. Das kann dann zu Schüchternheit und Schamgefühlen führen, die beide den Selbstausdruck blockieren.

Unser Selbstbewußtsein sollte von Klarheit und Weisheit geprägt sein. Sich seines Selbst bewußt zu sein bedeutet, diese höheren Qualitäten in sein Leben zu bringen. Wir spüren, woher wir kommen, wohin wir gehen sollen und auf welchen Wegen das am besten geschieht. Weder schätzen wir uns zu hoch ein, noch stellen wir unser Licht unter den Scheffel. Wir spüren unser ganzheitliches Eingebundensein in die Welt, die aus vielen stofflichen und feinstofflichen Ebenen besteht. Wenn wir um unser Selbst wissen, können wir auch eigenverantwortlich handeln und mit mehr Sicherheit unseren Alltag leben. Dann sollten uns auch keine bedrohlichen Gespenster den Weg versperren und uns zur Umkehr zwingen wollen. Unsichtbare Wegbegleiter sowohl aus der Engelwelt als auch aus dem Reich der Naturgeister sind jederzeit unsere Begleiter.

Fazit: Kuthumi erweitert Ihr Bewußtsein für andere Ebenen und schenkt Ihnen sein Licht der Erkenntnis. Sie öffnen sich für die Engelwelt sowie für das Reich der Feen, Elfen, Devas und der anderen Naturgeister. Sie fühlen sich mit der Erde und allen ihren Lebewesen verbunden. Ängste lösen sich auf, und Sie erleben innere Gelassenheit, Ruhe und Heiterkeit.

Zusammenfassung der Quintessenz Kuthumi

- verbindet mit der Engelwelt
- ermöglicht den Zugang zum Reich der Naturgeister

- stellt den Kontakt zu dem kindlichen, neugierigen, verspielten und offenen Teil in uns her
- vermittelt Wissen über den Grund unseres Daseins
- löst Unsicherheit auf und schenkt gesundes Selbstbewußtsein
- läßt uns am kollektiven Wissen teilhaben
- erweitert den Blickwinkel und eröffnet neue Perspektiven
- läßt uns Mitgefühl und Liebe zu anderen Lebewesen empfinden
- gibt ein Gefühl von Leichtigkeit und Heiterkeit
- läßt uns humorvoll und verschmitzt sein
- verbindet uns mit der liebevollen Einladung Gottes: »So komme zu mir, denn mein ist das Königreich«

Der gelbe Pomander

Positiver Zustand

- mit Ausdauer und Vitalität sowie aus der eigenen Mitte heraus sein Leben meistern
- seiner Intuition folgen
- Erlerntes und Erlebtes in Erkenntnis und Weisheit transformieren

Negativer Zustand

- sich aus Angst und Unsicherheit nicht weiterentwickeln
- von der Meinung und dem Urteil anderer in bezug auf die eigene Lebensgestaltung abhängig sein und sich selbst nichts zutrauen
- Mangel an Selbstachtung
- sich selbst in der Selbstentfaltung sabotieren

Der Farbstrahl Gelb

Einstimmung auf den gelben Pomander

Ich verbinde mich mit dem gelben Farbstrahl.
Ich vertraue auf meine Intuition, meinen Geist und meine Fähigkeiten und gehe meinen Weg, meiner inneren Führung folgend.
Ich fühle mich heiter und gelassen und bin stolz darauf, mein Potential, mein Licht zu entfalten.

Wann brauche ich den gelben Pomander?

- bei Überängstlichkeit und Nervosität
- bei Depressionen, ob saisonell (Winterzeit) oder anders bedingt
- wenn ich mir nichts zutraue und von äußerem Zuspruch und fremden Anweisungen abhängig bin
- wenn ich mich Herausforderungen nicht stelle, sondern davor weglaufe, und Angebote nicht wahrnehme
- wenn ich glaube, mein Leben nicht mehr selbst in der Hand zu haben
- bei der Tendenz, schnell aufzugeben und zu resignieren, wenn es also an Ehrgeiz und Ausdauer fehlt
- wenn ich verkrampft bin
- bei einer pessimistischen Lebenseinstellung
- um wieder in die eigene Mitte zu kommen
- damit ich mich, meine Eigenschaften und Bedürfnisse, als wichtig betrachte
- um den Geist wachzurufen und für sich neue Möglichkeiten und Potentiale zu öffnen
- bei Beschwerden im Magenbereich
- bei Überreizung des vegetativen Nervensystems und bei Stoffwechselproblemen

- bei Beschwerden, die durch eine verkrampfte Atmung ausgelöst werden
- um sich mit der Sonnenseite des Lebens zu verbinden

Achtung: Bei sehr starken Angstzuständen oder starker Nervosität ist der gelbe Pomander mit Vorsicht anzuwenden, da der Reiz sonst zu groß sein kann. Eventuell ist es empfehlenswert, erst einmal mit Violett (Gegenfarbe zu Gelb) zu arbeiten, um das überreizte System zu beruhigen, und dann langsam mit Gelb aufzubauen.

Die Farbe Gelb wirkt anregend und stimulierend. Gelb öffnet den Geist und lenkt einen aufheiternden und fröhlichen Lichtstrahl in unser Gemüt. Auf diese Weise bringt dieser Pomander an trüben Tagen die Sonne zu uns. Er wirkt auf das Solarplexus-Chakra, das zwischen dem Ende des Brustbeins und dem Bauchnabel liegt. Hier in unserer Mitte begegnen sich die Energien der unteren und der oberen Chakras. Wie wir sie umsetzen und wirkungsvoll in unser Leben integrieren, hängt maßgeblich davon ab, auf welche Art wir uns den Themen, die vom Solarplexus-Chakra angesprochen werden, nähern. Bei diesem Chakra geht es um die Entfaltung der Persönlichkeit, um den Einsatz des Willens: Wie sieht es mit unserer Selbstachtung aus, und wie ist unsere Einstellung zu Macht und Einfluß?

Der gelbe Pomander hilft bei der individuellen Selbstentfaltung im Sinne der höheren Ordnung. Er kann unsere Neugierde wecken und uns Mut und Risikobereitschaft verleihen, um unbekanntes Terrain zu erkunden. Er hilft uns, unsere Trägheit zu überwinden und die Dinge in Angriff zu nehmen, die uns ein tiefes Gefühl von Befriedigung geben. Wir können heiter und unbeschwert leben.

Selbstachtung und Selbstannahme

Wie sicher bewegen wir uns in dieser Welt? Wie stehen wir zu uns selbst? Mögen wir uns selbst, unseren Körper, unsere Eigenschaften? Oder müssen wir uns in Kompensationsmechanismen flüchten und Fassaden aufbauen, um uns nach außen hin darstellen zu können? Müssen wir uns ständig auf die eine oder andere Weise anstrengen, um zu gefallen und anerkannt zu werden? Wie empfindlich reagieren wir auf Kritik oder Abweisung? Wie hoch ist unser Bedürfnis, selbst eine Sonne zu sein und ständig im Mittelpunkt zu stehen? Flüchten wir vielleicht und verstecken unsere innere Sonne hinter einer dunklen Mauer der Verstellung? Machen wir uns dann klein und abhängig von anderen?
Diese vielen Fragen sind bereits ein Teil der Energie von Gelb. Pausenloses Fragen ist darüber hinaus auch ein Indiz für Selbstzweifel, denen wir ständig unterliegen. Wie wirken wir auf unsere Umgebung? fragen wir uns. Sind wir auch wirklich gut genug? Reichen unsere Leistungen? Was fordert denn unsere Umgebung von uns, damit wir integriert und anerkannt sind? Welche Erwartungshaltung hegen wir uns selbst gegenüber?
Eines der zentralen Themen unseres Lebens ist die Entwicklung von genügend Selbstvertrauen, um unsere ureigenen Ziele zu verfolgen. Es ist wichtig, daß wir stolz auf uns sind und uns wertschätzen. Wir können diese Selbstachtung nur dadurch fördern, indem wir uns selbst mit der notwendigen liebevollen Aufmerksamkeit begegnen. Für andere gehen wir oft genug meilenweit, doch wie viele Schritte unternehmen wir für uns selbst, bevor wir kapitulieren? Wir müssen lernen, uns selbst zu mögen und unsere Gefühle, Träume und Bedürfnisse ernst zu nehmen.
Vielleicht ist es ein Bedürfnis unserer Seele, laut zu singen. Wir brauchen Gesang, um uns wohl zu fühlen und auszudrücken. Doch die Menschen um uns herum stöhnen laut, wenn wir beim

Hausputz trällern oder im Auto beim Schlagerlied aus dem Radio mitsingen. Irgendwann verstummen wir, weil wir uns von den äußeren Meinungen beeindrucken lassen. Doch wo bleibt dabei unser Selbstausdruck?

Wenn die Außenwelt unsere vermeintlichen Mißklänge nicht erträgt, dann ist es eigentlich ihr Problem. Wir müssen uns darin üben, unserer Intuition zu folgen. Wir wachsen und gewinnen jedesmal an Kraft, wenn wir es uns wert sind, unserer inneren Stimme zu folgen, jenem Teil von uns, der um unseren Weg der Selbstverwirklichung weiß. Der gelbe Pomander hilft dabei, uns selbst mehr Achtung entgegenzubringen.

Den Geist zurückrufen

Es gibt ein altes indianisches Ritual, um den Geist zurückzurufen, der in einem Menschen verlorengegangen ist. Wenn wir uns aufgeben oder nur auf äußere Impulse reagieren und aus eigenem Antrieb nichts auf die Beine stellen, dann haben wir uns verloren und sind nicht mehr bei uns, in unserer Mitte. Wenn wir gleichgültig sind und nicht um uns selbst kämpfen, sondern in die Resignation abgleiten, dann müssen wir uns wiederfinden. Wenn wir nicht mehr wissen, wozu wir leben, wenn wir keine Ziele haben und uns fremd und isoliert fühlen, müssen wir wieder Wärme in unseren erkalteten Körper einhauchen. Wir müssen den Glauben an uns selbst wiederfinden und erkennen, daß unser Dasein einen Sinn hat, für den sich jeder Einsatz lohnt.

Es reicht nicht, sich nur über äußere Dinge zu identifizieren. Eine Mutter, die an Krebs erkrankt ist, sollte nicht nur aus Liebe zu ihren Kindern um ihre Genesung kämpfen, sondern vor allem aus Liebe zu sich selbst. Wir müssen primär an uns selbst glauben, und zwar von innen heraus. Hier ist keine perfekte Selbstdarstellung gefragt, die tiefe innere Minderwertigkeitskomplexe überdecken soll, sondern der aufrichtige Glaube an sich selbst. Er kann uns heil und ganz machen. Wenn wir an uns glauben, dann haben wir auch Kontrolle über unser Leben und schreiten damit aus eigener Kraft vorwärts.

Machtvoll leben

Macht und Kontrolle sind von wichtiger Bedeutung in unserem Leben. Wer oder was hat Macht über uns und unser Dasein? Durch welche Faktoren werden wir kontrolliert? Es spielt eine Rolle, ob wir uns diesen Themen als Frau, Mann oder Kind nähern.
Kinder haben in der Regel nicht sehr viel Kontrolle über ihr Leben, aber das hindert sie nicht unbedingt daran, auf einzigartige Weise in ihrer eigenen Macht zu stehen. Kinder lernen von klein auf – und teilweise instinktiv –, Macht über die Eltern auszuüben. Es zeigt sich schnell, wo von den Erwachsenen Grenzen gesetzt werden und ob sich Kind oder Eltern besser durchsetzen. Wenn Eltern die Bedürfnisse des Kindes ernst nehmen, dann erfährt das Kind seine eigene Macht. Es wächst mit einem Gefühl von Selbstwert auf und erfährt, daß es in der Lage ist, sein Leben selbst in die Hand zu nehmen. Werden die Bedürfnisse oder Bitten eines Kindes ständig übergangen oder sogar aggressiv abgelehnt, erlebt das Kind Ohnmachtsgefühle. Es hat den Eindruck, keinen Einfluß auf sein eigenes Leben zu haben, sondern von dem Wohlwollen anderer abhängig zu sein. Natürlich können Kinder nicht alle Wünsche erfüllt bekommen, denn sie verfügen nicht über ausreichende Lebenserfahrung, um zu erkennen, was sinnvoll ist oder nicht. Aber dennoch ist es wichtig, diese Wünsche ernst zu nehmen und nicht geringschätzig abzutun.
Frauen erleben sich ebenfalls oft als schwach und ohnmächtig. Sie werden auch heute noch in vielen Bereichen benachteiligt und

müssen sich besonders ins Zeug legen, wenn sie etwas erreichen wollen. Aber auch hier liegt die Wurzel von Ohnmachtsgefühlen oft in der Kindheit, da Mädchen meistens beigebracht wird, sich anzupassen und zu fügen.

Nicht wenige Männer leiden unter dem Zwang, sich besonders mächtig und stark zu zeigen. Männer mit Macht genießen einen hohen Rang in der Gesellschaft, wobei Macht sich meist durch ein Amt oder durch materiellen Wohlstand definiert. Aber viele Männer sind in dieser Rolle überfordert. Sie haben zwar nach außen hin eine Machtposition, aber sie fühlen sich innerlich vielleicht gar nicht machtvoll. Das Machtgehabe ist dann nur eine Kompensation, ein Täuschungsmanöver, um der Umwelt vorzugaukeln, wie stark »man« eigentlich ist.

Wirkliche Macht hat eine andere Qualität. Es ist die persönliche Kraft, sich nach eigenen Vorstellungen zu verwirklichen, egal welche Erwartungshaltungen und welcher Druck von außen einwirken. Wirklich machtvoll sind diejenigen unter uns, die eine Berufung in sich spüren und dieser auch folgen. Es sind die Menschen, die wirklich in Einklang mit sich selbst leben und mit Zuversicht und Vertrauen ihren Alltag meistern. Im negativen Sinne bedeutet machtvoll zu leben, sich stets durchsetzen zu müssen, recht haben zu wollen, ideologisch zu sein und im Extremfall auch ein fanatisches Verhalten an den Tag zu legen.

Wissen ist Macht

Ich muß wissen, was ich will, bevor ich in Aktion trete, sonst bewege ich mich nur ziellos durch mein Leben. Dieses Wissen oder diese Weisheit besteht aus einer äußeren und einer inneren Komponente. Zum einen haben wir alle unsere Intuition, jene innere Stimme, die uns ein Bauchgefühl dafür gibt, ob etwas richtig oder falsch ist. Unsere Intuition flüstert uns zu, zu einer bestimmten Zeit an einem bestimmten Ort zu sein, um dort scheinbar zufällig Begegnungen, Impulse oder Informationen wahrzunehmen. Unsere Intuition sagt uns, wann wir lieber von einer Handlung ablassen oder einen anderen Weg einschlagen sollten.

Zu diesem intuitiven Wissen kommt unser erlerntes Wissen. Ein Arzt oder Heilpraktiker muß während des Studiums die innere Medizin lernen. Er muß über Krankheitssymptome und Behandlungsmöglichkeiten informiert sein. Wenn er in seinem Beruf jedoch wirklich erfolgreich sein will, muß die Intuition an die Seite seines erlernten Wissens treten. Sie wird ihn bei der Diagnose und Therapie des Patienten unterstützen. Das erlernte Wissen ist nötig, um Krankheitssymptome zu erkennen, doch die Intuition führt den Behandler erst auf die richtige Fährte. Wir fühlen uns von guten Therapeuten mit Einfühlungsvermögen zu Recht besonders angezogen.

Meistens sind die eigenen Erfahrungen die Grundlage für die Entwicklung von Weisheit. Als Kind nur zu wissen, daß die Herdplatte heiß ist und man sich daran verbrennen kann, ist noch nicht Weisheit. Am eigenen Leib gespürt zu haben, was es heißt, sich zu verbrennen und den Schmerz von Hitze und Feuer zu erleben, ist Erkenntnis. Weisheit ergibt sich daraus, daß man es aufgrund dieser Erfahrung nicht noch einmal zu einer Verbrennung kommen läßt.

Es ist oft ein langer Weg, bis wir bereit sind, Weisheit anzunehmen, und sehr oft bedarf es wiederholter Erfahrungen, bis wir es endlich begreifen. Wenn wir nie wieder in die Nähe eines Herds gehen, dann haben wir Angst und keine Weisheit erlangt. Wenn wir immer wieder hingehen und uns verbrennen, sind wir in einem Leidensmuster gefangen und offensichtlich nicht lernbereit. Der gelbe Pomander hilft, unsere Erfahrungen mit unserem Wissen zu verbinden und daraus Weisheit erwachsen zu lassen. Wenn Sie also den Eindruck haben, immer wieder ins gleiche

Fettnäpfchen zu treten, tun Sie gut daran, mit diesem Pomander an der Auflösung des negativen Wiederholungsmusters zu arbeiten. Solche Muster können übrigens über mehrere Inkarnationen hinweg auftreten. Insofern kann dieser Pomander helfen, den eigenen Weg durch Raum und Zeit erheblich abkürzen.

Neugierde und Forscherdrang

Es gehört zur menschlichen Natur, den Dingen auf den Grund gehen zu wollen. Wir stellen vieles in Frage, suchen Antworten und wollen erkennen. Kleine Kinder machen sich über Dinge Gedanken, über die wir Erwachsene hinwegsehen. Es kann für Eltern ganz schön anstrengend werden, zu Fragen Rede und Antwort zu stehen wie: »Warum ist der Himmel blau?«, »Wieso kräht der Hahn und nicht die Henne?«, »Woher kommen die Babys?« Das permanente Beobachten und Hinterfragen stimulieren das Gehirn und Denkvermögen des Kindes und helfen ihm bei der Weiterentwicklung.

Das spirituelle Erwachen beginnt häufig mit dem Hinterfragen des eigenen Lebens und wird oft durch eine Krise ausgelöst. »Es muß doch noch mehr im Leben geben als diesen Trott«, denken wir, und damit beginnt die Suche. »Woher komme ich, und gibt es noch etwas nach dem Tod?«, »Was ist der Sinn meines Daseins?« – solche Fragen lösen ganz neue Schritte aus. Wir werden neugierig, wollen mehr wissen und fangen an, uns umzuschauen. Wir entdecken vielleicht eine spirituelle Buchhandlung, und uns fallen Bücher in die Hände, die uns weiterhelfen. Oder wir kommen mit dem Gedankengut großer Philosophen in Berührung, und etwas öffnet sich in unserem Geist. Wer nicht mehr neugierig ist, was das Leben ihm zu bieten hat, und alles bis an sein Lebensende in fest geordneten Bahnen voller Routine ablaufen lassen möchte, versinkt in einen geistigen Tiefschlaf.

Je mehr wir wahrnehmen, nachfragen und uns für das Mysterium des Lebens interessieren, desto mehr dringen wir durch die Schleier der Illusion hindurch und erlangen Weisheit. Mit dem gelben Pomander wird diese Vitalität und Lebendigkeit zum Leuchten gebracht. Wir brauchen dann nicht krampfhaft zu versuchen, das Rad des Schicksals aufzuhalten, sondern können mitfließen und uns überraschen lassen, was das Leben uns noch alles an Erfahrungen und Erkenntnissen zu bieten hat.

Mut zur Veränderung

Der gelbe Pomander will uns helfen, unsere Ängste und Unsicherheiten loszulassen und mehr Mut und Risikobereitschaft zu zeigen, um wirkliche Veränderungen in unseren Denkmustern vorzunehmen. Hierbei geht es nicht darum, äußere Faktoren zu bekämpfen, sondern darum, daß wir uns unserem inneren Drachen stellen und ihm begegnen. Viele nennen diesen Drachen auch den inneren Schweinehund, aber das Bild des Drachen ist angemessener.

Wir alle haben wunde Punkte, von denen wir wissen, daß sie uns auf unserem Weg behindern; Ängste, die uns in der einen oder anderen Weise lahmlegen. Aber aus dem Mut, dem feuerspeienden, furchterregenden Drachen entgegenzutreten, gewinnen wir an Selbstrespekt und Stolz. Vielleicht stellt sich auch heraus, daß wir diesen inneren Widersacher überdimensional aufgebläht haben und er in Wirklichkeit gar nicht so beängstigend und gefährlich ist. Nur wenn wir uns dem Drachen stellen, können wir die Wahrheit herausfinden.

Wir dürfen nicht vergessen, daß wir bei der Konfrontation mit unseren Ängsten viel Unterstützung aus der geistigen Welt bekommen. Symbolisch gesehen erhalten wir dann ein magisches Schwert und eine Rüstung, die uns unverletzbar macht. Es kann uns eigentlich nichts passieren, solange wir nicht davonlaufen, sondern uns unseren Ängsten und inneren Blockaden stellen.

Symptome auf der Körperebene

Chakra-Zuordnung: drittes Chakra (Solarplexus-Chakra).
Organzuordnung: vegetatives Nervensystem, Verdauungssystem, Magen, Leber, Milz, Galle, Bauchspeicheldrüse.

Ängste und eine innere Grundhaltung der Unsicherheit setzen den gesamten Organismus unter Streß und machen uns nervös und überempfindlich gegenüber äußeren Reizen. Auf Dauer laugt uns die ständige Nervosität aus und erschöpft uns. Wir können uns regelrecht ausgebrannt fühlen.
Die Bauchspeicheldrüse kann in ihrer Funktion ebenfalls erschöpft sein, so daß sich eine Zuckerkrankheit (Diabetes mellitus) einstellt.
Bei ständiger Nervosität reagieren oft die Magenschleimhäute empfindlich, und es können sich Magengeschwüre bilden.
Der Stoffwechsel ist möglicherweise beeinträchtigt. Sind wir nervös und stehen wir ständig unter Spannung, kann der Stoffwechsel beschleunigt sein. Wir haben dann großen Appetit, verlieren aber trotzdem an Gewicht. Ist der Bogen bereits bis zur Erschöpfung überspannt, kann sich der Stoffwechsel hingegen auch träge zeigen, und wir nehmen schneller an Gewicht zu, obwohl wir wenig essen. Ein Bierbauch kann ebenfalls darauf hinweisen, daß das Solarplexus-Chakra in seiner Energie unausgeglichen ist.
Atembeschwerden, die durch eine Verkrampfung des Brustkorbs oder eine zu flache Atmung auftreten, sind ein Hinweis darauf, daß wir nicht aus unserem vollen Potential schöpfen, sondern uns in unserem Ausdruck begrenzen.

Menschen, die Licht und Sonne lieben und im Winter zu Depressionen neigen, werden von diesem Pomander profitieren. Auch bei anderen Depressionen, die uns lähmen und müde machen, ist Gelb hilfreich. Bei Prüfungsangst oder bei Denkblockaden bringt der gelbe Pomander mehr Entspannung und läßt die Energie besser fließen.

Der Farbstrahl Grün

Thema: Das Herz von seinen alten Verletzungen heilen. Den Mut haben, sich der Führung Gottes anzuvertrauen und neue Wege zu beschreiten. Loslassen und an eine höhere Instanz übergeben. Transformation und Auferstehung.

»Geh und umarme einen Baum«, empfahl Vicky Wall, die Begründerin von Aura-Soma. Dieser Leitsatz prägt den grünen Farbstrahl. Indem wir einen Baum umarmen, verbinden wir uns mit seinen Wurzeln, die tief in der Erde liegen, und gleichzeitig mit seiner Krone, die hoch zum Himmel ragt. Durch seine Fähigkeit, Kohlendioxid in Sauerstoff umzuwandeln, ist der Baum ein Symbol für das Transformationspotential in uns. Wir können Ängste und Schatten in Liebe und Licht wandeln.

Der grüne Strahl ist derzeit sehr wichtig für die planetarische Entwicklung, denn wir erleben global gerade den Sprung von der dritten in die vierte Dimension. Wir lassen Macht, Dominanz und Kontrollverhalten immer mehr los und beginnen, Liebe und Mitgefühl für die Erde als Gesamtlebewesen zu entfalten. Immer mehr lösen wir uns von der Vergangenheit und bewegen uns ganz in der Gegenwart. Denn nur jetzt in diesem Moment erleben wir uns wahrhaftig und begegnen dem Leben klar und ehrlich. Alles andere ist Erinnerung oder Zukunftshoffnung. Grün will uns Raum zur Entfaltung im Jetzt geben und uns dabei helfen, unsere Herzenswärme und Liebesfähigkeit zu fördern.

Auf diesem Strahl gibt es gleich zwei Quintessenzen und zwei Pomander: die Quintessenzen Hilarion und Djwal Khul sowie den olivgrünen und den smaragdgrünen Pomander.

- *Hilarion* will uns zu Neuanfängen im Leben anregen und uns ermuntern, unser Licht zu erkennen und erstrahlen zu lassen.
- *Djwal Khul* möchte uns auf unserer Suche nach unserem wahren Weg und unserer Identität begleiten und uns helfen, diesen Weg auch zu meistern.
- Der *olivgrüne Pomander* unterstützt bei der Auflösung von blockierenden Verhaltensweisen und Schattenbereichen. Dieser Pomander vermittelt auch die Energie des Einsseins, wir sind Teil einer Gemeinschaft von Völkern und Lebewesen hier auf der Erde.
- Der *smaragdgrüne Pomander* hilft uns, den notwendigen Raum zur Entfaltung zu finden und etwaige Verletzungen, die unser Herzensgefühl einengen, zu heilen. Er unterstützt uns dabei, loszulassen und uns selbst und anderen zu vergeben.

Die Quintessenz Hilarion

Innere Einstimmung

Ich verbinde mich mit Hilarion.
Ich bin das Licht dieser Erde. Ich bin die Wahrheit in deinem Herzen. Ich bin der Weg, der dich nach Hause führt.
Ich bin die Stille in dir, ich bin die Ruhe und die Liebe in deinem Herzen.
Ich höre deine Stimme und nehme deine Hand. Ich begleite dich auf all deinen Wegen, denn wisse: Ich bin der Weg, die Wahrheit und das Licht in deinem Herzen, in Ewigkeit.

Wann brauche ich die Quintessenz Hilarion?

- wenn ich das Gefühl habe, nicht am richtigen Platz zu sein
- bei dem Eindruck, eine falsche Entscheidung getroffen zu haben
- bei der Tendenz, mich durch andere Personen von meinem eigentlichen Vorhaben ablenken zu lassen
- bei dem Wunsch, jemand möge mir endlich zeigen, was ich mit meinem Leben anfangen soll
- wenn ich auf der sinnlichen Ebene leicht verführbar bin
- wenn ich ständig dem Glück hinterherjage und dauernd neue Eindrücke, Erlebnisse oder materielle Dinge begehre, um Befriedigung zu finden
- zur Erlösung des Gefühls, ein sinnloses, leeres Leben zu führen
- bei Schwierigkeiten, die Vergangenheit loszulassen und in der Gegenwart ein neues Leben anzufangen
- wenn ich ein Sammler bin und nichts von meinen Schätzen aufgeben oder hergeben will, auch wenn sich mir dann neue Chancen und Möglichkeiten böten
- bei einem Stadtleben und/oder wenig Kontakt zur Natur
- um bei einem hektischen Lebensstil zu mehr Ruhe zu kommen
- wenn ich in einer verfahrenen Situation feststecke und Hilfe »von oben« brauche

Die Quintessenz Hilarion hilft uns dabei, im Leben die richtigen Entscheidungen zu treffen und unseren Weg nach dem höheren göttlichen Plan auszurichten. Hilarion läßt uns erkennen, daß wir manchmal Altes loslassen müssen, um Neues und Notwendiges in unser Leben hereinzulassen. Hilarion verbindet uns mit unserer höheren Führung, so daß wir ein Gefühl von Sicherheit haben und wissen, daß wir gerade das Richtige tun und unseren Weg gehen. Diese Quintessenz öffnet unser Herz und unsere Empfindung für die Erde als Lebewesen.

Bei der von Hilarion unterstützten Suche nach der eigenen Lebensaufgabe geht es darum, unseren Ursprung als göttliche Wesen zu erkennen und aus der Polarität wieder in die Einheit zu gehen. Unsere Seelen streben nach dem Licht, nach Gott, und im grünen Strahl wird uns diese Suche immer bewußter. Unsere Sehnsucht erwacht, und wir beginnen, uns dem Himmel entgegenzustrecken.

Die roten und gelben Farbstrahlen schenken uns die notwendige Verwurzelung, damit wir eine solide Basis für unser Wachstum haben. Ähnlich unserem individuellen genetischen Code geben uns die roten und gelben Farbstrahlen auch den Bauplan für unser Wachstum mit auf dem Weg. In uns ist das Wissen, in welche Richtung wir uns entwickeln sollen.

Das zarte Grün der Farbschwingung von Hilarion erinnert an die frischen Blätter eines Laubbaumes im Frühling. Angeregt durch das intensivere Licht der Frühlingssonne, erhält der Baum seinen Wachstumsimpuls, und ein neuer Lebenszyklus wird eingeläutet. Das neue Bewußtsein muß sich noch Raum schaffen, um sich dann erweitern zu können. Jedes Blatt an einem Baum hat seinen Platz, an dem es sich entfalten und wachsen kann. So will uns Hilarion dabei helfen, unseren vorgesehenen Platz im Leben zu finden, ohne dabei unbedingt an einem Standort festzuhängen. Er gibt uns die Kraft, innere Wüstenlandschaften zu durchqueren – in dem festen Glauben, daß wir nach der Durststrecke zu einer Oase gelangen.

Der Weg, die Wahrheit und das Licht

Die Energie von Hilarion steht in Resonanz zu dem Klang der Worte »Ich bin der Weg, die Wahrheit und das Licht«. Wenn wir unser Herz für diese Botschaft öffnen und ihre Kraft in uns einfließen lassen, können wir alle unsere Sorgen und Ängste abgeben und uns dem Leben in Liebe und Zuversicht anvertrauen. Die Aufforderung, die dabei an uns ergeht, ist so unglaublich einfach, und doch tun wir uns so unendlich schwer, ihr nachzukommen. Wir müssen glauben, und zwar mit jeder Faser unseres Herzens, daß Gott wirklich der Weg, die Wahrheit und das Licht für uns ist. Wer diese Botschaft verinnerlicht hat und danach lebt, kann seine Angst loslassen und die Liebe leben, die aus dem Herzen kommt.

Leider lassen wir uns durch viele andere Stimmen in die Irre führen. Immer wieder kreuzen Menschen, Begebenheiten oder Dinge unseren Weg und signalisieren uns verheißungsvoll: »Ich bin der Weg« oder »Ich bin die Wahrheit« oder »Ich bin das Licht«. Jeder ist für andere Bilder empfänglich und anders verführbar. Voller Begeisterung geben wir dieser Anziehung nach und merken oft erst spät, daß wir auf einen Irrweg geraten sind.

Ob wir an einem Wochenendseminar zur garantiert höchsten Erleuchtung teilnehmen, einem Betrüger ins Netz gehen oder unser Glück in der Kauflust suchen, die Möglichkeiten der Verführung und Ablenkung sind endlos. Wir sind für äußere Versprechungen und Verheißungen sehr empfänglich und vergessen immer wieder, für einen Moment in die Stille zu gehen, in unser Herz zu hören und zu fragen: »Bist du wirklich der Weg, die Wahrheit und das Licht?« Tief in uns werden wir die Antwort wissen und das Gefühl haben, daß uns das Angepriesene nicht wirklich befriedigen wird.

Die Stimme des Ego

In der grünen Farbschwingung der Quintessenz von Hilarion verbergen sich noch zwei andere Meisterenergien: die gelbe Energie von Kuthumi und die blaue Energie von El Morya. Kuthumi hilft uns, die Verbindung zu unserer Intuition, zu unserer inneren Weisheit, aufzunehmen, und El Morya arbeitet nach dem Grundsatz »Dein Wille geschehe«, wobei der Wille Gottes gemeint ist, nach dem wir uns richten sollen.

Unser Ego hat ebenfalls einen starken eigenen Willen, und meist verkündet es uns lauthals, sowieso alles besser zu wissen. Ähnlich der Versuchung von Jesus in der Wüste verspricht unser Ego uns Reichtum und Glück, wenn wir ihm nur folgen. In der biblischen Geschichte geht Jesus in die Wüste, um für vierzig Tage zu fasten. Da erscheint der Teufel, führt Jesus auf einen Berg, zeigt ihm »alle Reiche der Welt und ihre Herrlichkeit« und verspricht ihm: »Das alles will ich dir geben, wenn du niederfällst und mich anbetest.« Nun befand sich Jesus in einem Zustand der Erleuchtung, den wir in der Regel noch nicht erlangt haben, und konnte mit diesen Versuchungen umgehen. Doch wer von uns würde nicht niederfallen und das Ego anbeten, wenn uns dafür alle Reichtümer der Welt zu Füßen gelegt werden? Ein sehr starker Charakter und viel Standfestigkeit sind gefordert, um dieser Versuchung zu widerstehen. Daß es sich bei dem Versprochenen nicht um das Paradies, sondern um die Hölle handelt, erkennen wir erst viel später, wenn sich die Schleier der Illusion gelüftet haben.

Im täglichen Leben haben wir ständig die Qual der Wahl. Suchen wir nach einem tieferen Gefühl der Zufriedenheit und sind bereit, kurzfristig auf etwas zu verzichten, das uns im Moment befriedigen würde? Oder jagen wir immer nur der unmittelbaren Wunscherfüllung hinterher, ohne die späteren Konsequenzen zu überdenken? Unser Ego wird immer versuchen, uns die schnellebigen, oberflächlichen Glücksmomente zu schenken, denn dann bleiben wir immer hungrig, immer auf der Suche nach etwas Neuem und etwas Besserem. Immer weiter lockt uns das Ego von unserem eigentlichen Lebensweg weg. Hilarion löst uns aus diesem Bann und führt uns wieder in unseren inneren Raum, wo Gott zu uns spricht: »ICH bin der Weg, die Wahrheit und das Licht« und »ICH führe dich nicht in Versuchung«.

Wenn Sie also das Gefühl haben, auf die falsche Fährte gelockt zu werden, dann fragen Sie innerlich nach. Hören Sie dann eine laute, aufgeregte Stimme, die verkündet, daß es genau das Richtige für Sie ist, dann prüfen Sie, ob nicht eine leisere, ruhigere Stimme dadurch übertönt wird, die tatsächlich die Wahrheit spricht. Die Stimme unseres Ego äußert sich häufig sehr lautstark, während Gott zu uns ruhig und leise spricht.

Das Ego loslassen

In dem Grimmschen Märchen von Hänsel und Gretel werden zwei Geschwister von ihren Eltern tief in einem dunklen Wald ausgesetzt. Sie irren umher und kommen zum Knusperhäuschen der bösen Hexe. Da sie Hunger haben, lassen sie sich von der Hexe in das Innere des Hauses locken. Das böse Erwachen kommt am nächsten Morgen, als Hänsel eingesperrt und für den Kochtopf der Hexe gemästet wird. Die Situation erscheint aussichtslos. In dieser verzweifelten Lage ruft Gretel: »Lieber Gott, hilf uns doch!« Und tatsächlich, Gott hilft den beiden Kindern, sich von der Hexe zu befreien und den Weg nach Hause zu finden. Die Kinder bringen auch Perlen und Edelsteine, die sie in dem Hexenhaus gefunden haben, den Eltern mit, und das Abenteuer findet ein gutes Ende.

Dieses Märchen versinnbildlicht unseren irdischen Weg. Vom Ego gelockt, dämmert uns irgendwann, wie leer unser Dasein ist. Aber wie können wir uns von unserem machtvollen Ego befreien? Hier hilft nur eins, Gott um Hilfe und Unterstützung bitten, damit er uns aus der Situation erlöst und uns den richtigen Weg nach Hause zeigt. Belohnt werden wir dafür mit Fülle und Reichtum (im Märchen durch Perlen und Edelsteine symbolisiert), die ewig währen. Unser innerer Hunger ist für immer gestillt.

Mit Loslassen wird manchmal auch Aufgeben und Resignation

assoziiert, aber das ist in diesem Zusammenhang nicht gemeint. Wenn wir unsere Egobedürfnisse loszulassen lernen oder sie zu zügeln verstehen, dann können wir ganz neue Wege gehen. Das ist keine Schwäche, sondern Stärke im eigentlichen Sinn. Erinnern wir uns: Gretel mußte die Hexe entschlossen in den brennenden Ofen stoßen.

Hilarion will uns bei diesem Prozeß unterstützen und uns aus den irdischen Verstrickungen und Ketten mehr und mehr befreien. In uns entsteht dann ein Lebensgefühl der Freude und Zufriedenheit, das nicht mehr abhängig von äußeren Dingen wie einer Tafel Schokolade oder neuer Kleidung ist. Wir genießen jeden Moment, weil wir wissen, daß wir auf dem richtigen Weg sind und ein Leben führen, das der Wahrheit und dem Licht entspricht.

Der Neuanfang

Die Quintessenz Hilarion schafft den Raum für Neuanfänge. Es sind jene Neuanfänge, die notwendig werden, wenn wir uns innerlich umorientieren und uns dafür entscheiden, unserem Leben einen tieferen Sinn zu geben. Wir wollen, vielleicht zunächst noch unbewußt, unsere Heimreise antreten, unsere Seele wieder leuchten lassen. Hiermit ist nicht der physische Tod gemeint. Wir müssen nicht körperlich sterben, um einen grundlegenden Neuanfang einzuleiten. Aber wir müssen sicherlich einige Aspekte, die im Weg stehen, sterben lassen. Dazu ist es notwendig, unser Leben mit Ehrlichkeit, aber ohne Selbstverurteilung zu betrachten. Was steht unserem Weg ins Licht im Weg? Wo sind wir unaufrichtig? Wo sind wir in die Irre geleitet worden und haben uns verirrt?

In jedem Moment haben wir die Möglichkeit des Neubeginns. Wenn wir zugestehen können, einen Fehler gemacht zu haben, und dann um Hilfe bitten, sind wir auf dem richtigen Weg. Wie und in welcher Form die Hilfe uns entgegenkommt, ist nicht relevant. Wichtig ist die Bereitschaft, Hilfe auch wirklich anzunehmen und offen zu sein für die Veränderung, die sich dadurch in unserem Leben ergibt. Neuanfänge sind immer ein Loslassen von alten Umständen, damit Platz für das Neue geschaffen wird. Erst wenn im Herbst die Blätter vom Baum gefallen sind, können im Frühling neue Triebe sprießen. Was müssen wir also an Gedanken, Gewohnheiten, Handlungen oder Redeweisen hinter uns lassen, damit etwas Sinnvolleres an dessen Stelle treten kann? Hilarion hilft uns bei dieser inneren Bestandsaufnahme und auch bei der Beseitigung der überflüssigen, destruktiven energetischen Muster. Er schafft Raum, um das Licht in uns einfließen zu lassen.

Ein Neuanfang für die Erde

Der Planet Erde ist ein eigenständiger lebendiger Organismus. Auch die Erde hat ein Seelenbewußtsein und will sich weiterentwickeln. Mit unseren menschlichen Egobedürfnissen machen wir es ihr dabei ziemlich schwer. Einerseits bedienen wir uns ohne viel Rücksicht an den Schätzen der Erde, und andererseits verschmutzen wir die Erde mit unserem Müll. Wir nehmen ihr die Luft zum Atmen und stören die natürlichen Wachstumsprozesse. Gedankenlos mischen wir uns in ihr Gleichgewichtssystem ein und ignorieren die möglichen Konsequenzen. Für den kurzen Moment der unmittelbaren Befriedigung unserer irdischen Bedürfnisse mißachten wir die Chance zu einer viel tieferen Form des Zusammenlebens zwischen Mensch und Planet.

Aber die Zeiten ändern sich, und es wächst langsam ein neues Bewußtsein heran, das sich auch in einer vermehrten Fürsorge für die Erde ausdrückt. Die lebendige Erde liegt immer mehr Menschen am Herzen. Wir erkennen die Notwendigkeit, zu ihrem Heilsein beizutragen, und erforschen Wege, die die Zerstörung aufhalten und das Gleichgewicht der Erde wahren. Wir fragen uns nach Wegen, die den Raubbau an den Ressourcen der Erde beenden.

Hilarion ruft dazu auf, mit der Erde und ihren Energien in Verbindung zu treten und in Harmonie und Dankbarkeit mit ihr zu leben. Gerade in den Großstädten und Ballungsgebieten fällt es sehr schwer, in engen Kontakt zur Erde und ihren Schönheiten zu kommen. Hilarion hilft uns bei der Kommunikation mit der Erde als Lebewesen, und wir können sicher sein, daß wir zurückerhalten werden, was wir der Erde an Liebe schenken.

Fazit: Hilarion gibt Ihnen den Raum, um in Ihre tieferen Schichten zu blicken und zu erkennen, wo Sie geirrt haben. Sie erkennen, was Sie von Ihrem Weg ablenkt und wo Sie in die falsche Richtung gegangen sind. Sie bekommen ein Gespür dafür, was Sie wirklich brauchen, um ein dauerhaftes Gefühl von Glück und Zufriedenheit zu erleben. Sie können um Klärung und Hilfe bitten und sich für die Möglichkeit eines neuen Weges entscheiden. Sie vertrauen darauf, daß Sie wieder auf den Pfad der Wahrheit und des Lichts gelangen.

Zusammenfassung der Quintessenz Hilarion

- löst uns von den oberflächlichen Bedürfnissen und Wünschen des Ego
- hilft dabei, das eigene Leben nach einer höheren Ordnung auszurichten
- hilft, in die Stille zu gehen und die leise Stimme Gottes wahrzunehmen
- verbindet mit dem höheren Selbst
- gibt den Weg frei, um nach dem höheren Sinn und Zweck des eigenen Lebens zu suchen

- gibt den Mut, notwendige Änderungen vorzunehmen, damit wir unser Leben neu ausrichten können
- läßt uns nach Irrwegen den richtigen Pfad wiederfinden
- gibt Trost und befreit von Ängsten und Sorgen
- gibt die Möglichkeit, eine Herzensverbindung zum Planeten Erde aufzubauen

Die Quintessenz Djwal Khul

Innere Einstimmung

Ich verbinde mich mit Djwal Khul.
Ich suche die Wahrheit, und in mir öffnet sich ein Raum voller Licht. Hier finde ich, wonach ich suche.
Ich suche die Wahrheit, das Universum gibt mir Antwort.
Ich finde die Wahrheit und spüre Gelassenheit und Ruhe.
Ich bin in Einklang mit Gott, der die einzige Wahrheit und mein einziger Weg ist.

Wann brauche ich die Quintessenz Djwal Khul?

- bei Ungewißheit, welcher Schritt der richtige ist
- wenn ich mir zuwenig Zeit und Raum lasse, um Entscheidungen zu treffen
- wenn ich mich überstürzt für neue Dinge begeistern lasse und dabei hereinfalle
- bei dem Gefühl, keinen Platz auf dieser Erde zu haben, heimatlos zu sein
- bei Angst vor Veränderungen im Leben, selbst wenn es nur Kleinigkeiten sind
- hilft, im Denken und Handeln flexibler zu werden

Der Farbstrahl Grün

- um offener auf äußere Signale und Wegweiser zu reagieren
- wenn ich spüre, daß etwas mit einer Situation nicht stimmt, ich aber nicht an die Wahrheit herankomme
- wenn ich unter Menschenmengen oder in engen Räumen Platzangst bekomme
- bei der Neigung, mir zuwenig Ruhepausen zu gönnen und ständig in Aktion sein zu müssen
- wenn es mir an innerer Gelassenheit fehlt und ich mich unausgeglichen fühle
- wenn ich Probleme habe, meine Gefühle und meinen Verstand in Einklang zu bringen

Die Quintessenz Djwal Khul will uns den richtigen Weg im Leben zeigen und uns ein Gefühl dafür vermitteln, wo wir unseren Platz in der kosmischen Ordnung haben. Djwal Khul möchte uns mit seiner Begeisterung über die Vielfalt des Universums anstecken und uns ermuntern, uns auf die Suche nach der Erfahrung dieser Vielfalt zu machen. Neue Wege gehen, aber im Sinne einer höheren Ordnung und der Wahrheit, ist hier die Aufforderung. Djwal Khul wird uns dabei führen und uns zeigen, wo wir falsch und wo wir richtig liegen. Er ist ein wichtiger Reisebegleiter in der heutigen Zeit.

Djwal Khul gibt uns den Zugang zu jenem inneren Raum in uns, in dem wir die richtigen Antworten auf unsere Fragen finden. Er verbindet uns mit unserer Quelle der Weisheit und Intuition. Wie durch eine schmale Öffnung in einer Felswand, die zu einem klaren See führt, so gelangen wir zu jener Stelle in uns, die fern äußerer Eindrücke oder Geräusche liegt. Glasklar ist das Wasser des Sees, wir können unser Spiegelbild auf seiner Oberfläche erkennen. Nachdem wir unsere Fragen gestellt haben, erhalten wir die Antworten in Form von Bildern und Symbolen, vielleicht werden uns sogar visionäre Einblicke in die Zukunft geschenkt. Raum und Zeit heben sich für diesen Moment der Erkenntnis auf, und wir befinden uns in einem Zustand der Unendlichkeit. Wir haben Zugang zu allen Dimensionen, zu allem Geschehen, das jemals war, ist oder sein wird. Das Universum und seine Schöpferkraft offenbaren sich uns in ihrer Fülle.

In jedem Tropfen Wasser steckt der gesamte Ozean

Die Energie von Djwal Khul hilft uns, mehr Verständnis für das Einssein allen Lebens aufzubauen. In der Physik entdeckt man immer kleinere Partikel, und es zeichnet sich ab – was inzwischen auch wissenschaftlich nachweisbar ist –, daß alles aus Energie besteht und sich in verschiedensten Formen miteinander austauscht, sich zueinander hingezogen oder abgestoßen fühlt und so Gestalt annimmt. Die energetischen Teilchen sind in ständiger Bewegung und Veränderung begriffen, und so ist auch unser Leben von Mobilität und Wachstum geprägt.
In einem winzigen Samenkorn steckt die ausgewachsene Pflanze. Aus einem einzigen Apfel kann eine Obstplantage werden. In der kleinsten Einheit ist bereits das Ganze erhalten. So ist auch in einem Menschen die gesamte Menschheit verkörpert. Aus den vielen verschiedenen Lebensformen ergibt sich ein lebendiger Planet. Ein Meister verbindet uns gleichzeitig mit allen anderen Meistern, und alle Engel verschmelzen zur Einheit mit Gott.
Das Göttliche ist kreativ, und so ist uns Menschen schöpferische Freude mit auf den Weg gegeben. Die Formen, in denen sich diese Gabe in unserem irdischen Leben manifestiert, sind unendlich vielfältig. Eine der größten Herausforderungen ist es jedoch für viele, eine Erklärung für unsere eigene Schöpfung zu finden. Wie wurde der Mensch erschaffen, und wo kam er her? Wie hat er sich entwickelt, und wohin wird er sich weiterentwickeln? Die unterschiedlichen Prognosen über unsere Zukunft erfreuen sich derzeit großer Beliebtheit.

Zukunftsschau

In dem Versuch, unsere Existenz in einem ganzheitlichen Sinne zu erklären und in unsere Zukunft zu blicken, sind im Laufe der Jahrtausende viele Orakel- und Weisheitssysteme entwickelt worden, die auch für den einzelnen Antworten auf Schicksalsfragen geben sollen. Alle Systeme beruhen auf der Einsicht, daß in jedem Fragment das Ganze enthalten ist und demnach mit Hilfe einzelner Symbole Rückschlüsse auf eine Gesamtsituation oder -entwicklung gezogen werden können.

Das chinesische I Ging wird seit 2500 Jahren als Ratgeber benutzt; seine Weisheit ist seit diesem Jahrhundert auch westlichen Menschen zugänglich. In der westlichen Welt haben Runen und Tarotkarten eine lange Tradition als Methoden der Divination. Daneben kann man die Zeichen der Natur interpretieren, mit Numerologie arbeiten oder Horoskope stellen. Anhand des Planetenstandes zum Zeitpunkt unserer Geburt erfahren wir beispielsweise Näheres über persönliche Eigenschaften, Lebensaufgaben und Entwicklungstendenzen. Die Astrologie ist in der westlichen Welt heute einer der populärsten Wege zur Selbsterkenntnis. Viele Menschen lesen auch aus purer Neugierde die Horoskopseite in der Illustrierten, obwohl solche pauschalen Hinweise wenig aussagen. Doch wir sind ständig auf der Suche nach einer Quelle, die uns sagt, wo und wie es weitergeht, selbst wenn es nur drei sehr allgemein gehaltene Zeilen in der Zeitung sind.

Djwal Khul wird generell mit der Astrologie in Verbindung gebracht. Wer mehr Zugang zu den planetarischen und stellaren Energien bekommen möchte, sollte diese Quintessenz benutzen. Aber auch in Verbindung mit anderen Orakelmethoden kann er uns bei unserer Suche helfen. Djwal Khul ist ein Erforscher des Universums und nicht an eine Methode oder Richtung gebunden.

Auf der Suche nach neuen Wegen

Für diejenigen unter uns, die auf der Suche nach etwas Neuem sind oder viele Fragen zum Leben haben, ist Djwal Khul ein guter Begleiter. Sein Motto könnte sein: »Es gibt keine dummen Fragen, sondern nur dumme Antworten.«

Diese Quintessenz will dazu anregen, daß wir Fragen stellen und uns auf den Weg machen, Lösungen zu finden. Wer beispielsweise jahrelang die Büroakten immer nach einem komplizierten numerischen System abgelegt hat, mag das irgendwann in Frage stellen und eine neue, einfachere Methode entwickeln.

Die gängigste Reaktion auf ein kritisches Prüfen von Routineabläufen ist meist: »Weil es schon immer so war.« Da dies aber keine befriedigende Antwort ist, geht der Suchende einen Schritt weiter. »Muß das so sein?« fragt er sich, und wenn er die Wahrheit hören will, dann erfährt er, daß es Alternativen gibt. Die nächste Frage lautet dann: »Was könnte man ändern?« Dann beginnt die konkrete Suche nach neuen Wegen. In dem Bürobeispiel würde der Betreffende sich möglicherweise über Ablagesysteme in anderen Firmen informieren und dann irgendwann zu dem Ergebnis kommen, daß er wesentlich effizienter arbeiten könnte, wenn er die Akten alphabetisch sortieren würde. Dieses ziemlich banale Beispiel steht stellvertretend für all die großen Erneuerungen und Weisheiten, die aufmerksam Suchende zu allen Zeiten in die Welt gebracht haben. Zum Beispiel für Galileo Galilei, der durch Beobachtung der Planeten und Gestirne mittels eines Fernrohrs entdeckte, daß die Erde eine sich um die eigene Achse drehende Kugel und keine starre Scheibe ist, von deren Rand man herunterfallen könnte. Wir würden immer noch wie in der Steinzeit leben, wenn es nicht Menschen gäbe, die auf der Suche nach einem besseren Weg sind.

Die Suche nach der Wahrheit

Wir suchen natürlich nicht nur nach Neuerungen in der äußeren Welt, sondern vor allem suchen wir nach unserer spirituellen Identität. Wie außen, so innen – und umgekehrt: wie innen, so außen. Die Weiterentwicklungen in der äußeren Welt spiegeln auch die Veränderung in uns selbst wider. Der vermehrte Zugang zu esoterischem Wissen, das lange nur wenigen Eingeweihten zugänglich war, das sprunghaft gestiegene Interesse an spirituellen Themen und die Popularität von Büchern, Zeitschriften und Fernsehbeiträgen aus diesem Bereich dokumentieren unsere Bewußtseinserweiterung. Die schnelle Verbreitung des Internet, die dichter werdende globale Datenvernetzung, ist ebenfalls ein Zeichen dafür, daß wir immer stärker in Richtung Einheit denken. Jemand lebt beispielsweise in einem kleinen Dorf in den kanadischen Rocky Mountains und stellt eine Frage über das Internet, die sofort von jemandem beantwortet wird, der in Australien wohnt.

Grenzen fallen immer mehr weg, und doch ist es wichtig, nicht grenzenlos gläubig zu sein. Auf unserer Suche nach der Wahrheit wird es viele falsche Propheten geben. Auf der Suche nach Antworten im Internet gibt es ebenfalls viele irreführende Hinweise. Je tiefer wir nach unserer wahren Identität suchen, desto größer werden die Versuche, uns von der Antwort abzulenken. Wir fühlen uns dann vielleicht desorientiert und unsicher. Etwas flüstert uns zu, daß wir vielleicht auf dem Holzweg sind. Mit Djwal Khul haben wir einen kundigen Führer, der uns dabei hilft, Irrwege zu vermeiden.

Sicher und gelassen sein

Wenn wir uns einer Sache oder Entscheidung ganz sicher sind, ist es auch meist das Richtige für uns. Das sichere Gefühl entspringt sowohl unserer Intuition, es kommt aus dem »Bauch« heraus, als auch unserem Herzen. Beide inneren Stimmen vereinigen sich zu einer positiven Schwingung und lassen uns aus innerer Sicherheit handeln. Wir fühlen eine tiefe innere Gelassenheit, die sich dann auch im äußeren Geschehen widerspiegelt.

Immer wenn Unsicherheit oder Ängste aufflackern, sollten wir uns unbedingt die Zeit nehmen, diesen Impulsen in Ruhe nachzuspüren. Sind meine Zweifel gerechtfertigt? Gibt es Gründe, die gegen einen bestimmten Weg sprechen? Oder habe ich nur Angst vor dem Neuen?

Je ruhiger wir versuchen, die Ursache der inneren Widerstände zu finden, desto eher kommen wir den wahren Zusammenhängen auf die Spur. Wenn wir uns genügend Zeit zur Innenschau nehmen, ersparen wir uns unter Umständen zu einem späteren Zeitpunkt viele Umwege und Sorgen. Wenn Sie also bei einer Angelegenheit in irgendeiner Weise beunruhigt sind, dann stimmt sie vielleicht nicht für Sie.

Auch das Gefühl der Gelassenheit sollte geprüft werden. Wenn ich als Schauspieler meine Rolle gelernt habe und sie wirklich beherrsche, dann gehe ich mit einer inneren Gelassenheit auf die Bühne – das schließt nicht aus, daß ich auch zu bestimmten Zeiten unter Lampenfieber leide. Manchmal wirken Menschen allerdings äußerlich unglaublich gelassen und befinden sich aber ganz im Gegenteil in einem Zustand der Auflösung und Panik. Wenn wir sicher sind, den richtigen Weg zu gehen, dann können wir unsere grundsätzliche Gelassenheit trotz äußeren Chaos und vorhandener Schwierigkeiten bewahren. Dann können uns die Stürme um uns herum nichts anhaben. Ein Mensch, der inmitten von Aufruhr und Streß Gelassenheit ausstrahlt, hat eine sehr beruhigende und harmonisierende Wirkung auf seine Umgebung. Wenn wir uns unseres Weges nicht hundertprozentig sicher sind, dann können wir leicht in Panik geraten und uns von unseren Ängsten verrückt machen lassen. Darum ist es wichtig, ein inneres Ja von Bauch und Herz zu erhalten, bevor wir mit etwas beginnen. Andernfalls kann es ratsam sein, die Sache zu vertagen oder auf eine neue Möglichkeit zu warten.

Fazit: Djwal Khul will Sie dazu anregen, auf die Suche nach dem wahren Weg zu gehen. Er will Sie wachrütteln, wenn Routine und Gewohnheit Sie zu ersticken drohen, und er fordert Sie auf, über Veränderungen und neue Möglichkeiten nachzudenken. Durch ihn lernen Sie, daß die Antworten auf Ihre Fragen manchmal in äußeren Signalen zu finden sind, etwa in Form von Symbolen. Er lehrt, diese äußeren Hinweise jedoch nur ernst zu nehmen, wenn Sie in sich eine wirklich positive Resonanz darauf spüren. Djwal Khul führt Sie in jenen inneren Raum, in dem Sie erfahren können, ob Sie auf dem richtigen Weg sind oder nicht.

Zusammenfassung der Quintessenz Djwal Khul

- wirkt dem Stillstand entgegen und motiviert zur Suche nach neuen Alternativen
- hilft, Verständnis für Weisheitssysteme, wie zum Beispiel die Astrologie, zu bekommen
- läßt erkennen, daß der Makrokosmos im Mikrokosmos enthalten ist oder: »Wie außen, so innen; wie innen, so außen«
- hilft, die richtige Entscheidung zu treffen
- bringt ein Gefühl von innerer Gelassenheit und Ruhe
- öffnet den Zugang zu einer multidimensionalen Realität
- weckt den eigenen Erfindungsgeist und Forscherdrang

- wirkt Verwirrung und Chaos entgegen und bringt Klarheit im Tun
- schafft den Zugang zu unserem inneren Raum, in dem wir Antworten auf unsere Suche finden
- läßt uns mit Freude an der Schöpferkraft des Universums teilhaben
- gibt das Gefühl, ein wertvoller Teil der Schöpfung zu sein

Es gibt zwei Pomander des grünen Farbstrahls: den olivgrünen Pomander und den smaragdgrünen Pomander. Beide Pomander haben verschiedene Farbenergien und unterscheiden sich deutlich in ihrer Wirkungsweise:

- Thema des *olivgrünen Pomanders* ist das Leben innerhalb der Gemeinschaft und wie wahrhaftig jeder einzelne dabei in seinem Ausdruck ist.
- Der *smaragdgrüne Pomander* hilft vor allem auf der Ebene des Herzens, emotionale Verletzungen loszulassen, zu vergeben und offen für eine neue Erfahrung der Liebe zu sein.

Der olivgrüne Pomander

Positiver Zustand

- sich der Welt im richtigen Licht zeigen
- mit Liebe und Freude in der Gemeinschaft leben
- Herzlichkeit und Engagement
- Entfaltung der weiblichen Kräfte und Stärken

Negativer Zustand

- sich verstecken und verleugnen
- Unehrlichkeit und Verlogenheit
- Geheimnisse und Schwächen anderer verraten oder an den Pranger stellen
- Überbetonung des Körpers als Ausweichmanöver

Einstimmung auf den olivgrünen Pomander

Ich verbinde mich mit dem olivgrünen Farbstrahl.
Mein Körper dient mir zur Erfüllung meiner Aufgaben in diesem Leben.
Ich zeige mich in meinem wahren Licht.
Ich genieße mein Leben in der Gemeinschaft.

Wann brauche ich den olivgrünen Pomander?

- wenn ich das Gefühl habe, aus Angst vor Ablehnung bestimmte Eigenschaften oder Fähigkeiten verstecken zu müssen
- wenn ich mich fast ausschließlich über den Körper definiere
- bei Rückzugstendenzen, da ich mich zu dick oder zu häßlich fühle
- wenn ich um jeden Preis dazugehören und anerkannt werden möchte
- bei der Tendenz, Chancen auszuschlagen, weil ich denke: »Das kann ich nicht« oder »Jemand anders kann das besser«
- wenn ich lüge und Dinge erfinde, um besser dazustehen
- wenn ich aus Angst vor Kritik nicht sage, was ich mir wünsche
- wenn ich als Frau eigentlich erfolgreicher sein könnte, es mir aber nicht zutraue

- um Beruf, Kinder und Haushalt unter einen Hut zu bringen
- bei Schüchternheit
- wenn Probleme daraus entstehen, daß ich zu einer gesellschaftlich nicht akzeptierten Minderheit gehöre
- um einen Neubeginn mit mehr Selbstbewußtsein in die Wege zu leiten
- bei Herzerkrankungen und Krebs, vor allem Brustkrebs
- bei Magengeschwüren, Sodbrennen, Gallensteinen

Die Farbe Olivgrün ruft bei fast allen Menschen das Bild von Oliven hervor. Wir assoziieren Oliven mit sonnigen Mittelmeerländern. Allen bekannt ist auch das Friedenssymbol der Taube mit dem Ölbaumzweig im Schnabel. In der biblischen Erzählung von Moses rettete sich Noah mit seiner Familie und einem Paar jeder Tierart in die Arche, um der Sintflut zu entkommen. Er sandte dann eine Taube aus, um herauszufinden, ob die Flut bereits zurückgegangen sei, und die Taube kehrte mit einem Ölblatt im Schnabel zurück. Die olivgrüne Farbschwingung hat viel mit dem Hervortreten von bis dahin verborgenen Fähigkeiten zu tun. Es zeigt sich Land, das lange Zeit unter Wasser lag.

Ein Ölbaum ist knorrig und von ausgeprägter individueller Gestalt. Er verliert sein Laub nicht und bringt duftende weiße Blüten hervor. Seine Frucht, die Oliven, enthalten viel Öl, das große Heilkraft besitzt. Olivgrün wird dem Solarplexus- und Herz-Chakra zugeordnet, und so ist es nicht verwunderlich, daß Studien die Wirksamkeit des Olivenöls gegen Herzerkrankungen sowie Krebs, vor allem Brustkrebs, erwiesen haben. Süditalien mit seinem hohen Verbrauch an Olivenöl in der Küche hat eine deutlich niedrigere Rate an diesen Erkrankungen als vergleichbare mitteleuropäische Länder wie England, Schweden oder die Schweiz. In den Mittelmeerländern wird auch die Familie mehr betont; man lebt in der Gemeinschaft und ißt zusammen an einem Tisch.

Die Gemeinschaft pflegen

Die Bedeutung der Farbe Olivgrün kann in ihren verschiedenen Aspekten gut über den Bezug zum Ölbaum veranschaulicht werden. Die Ernte der Oliven ist eine Zeit intensiver Arbeit. Die ganze Familie tritt in Aktion, und zusätzlich werden Hilfskräfte angeheuert. Alle Beteiligten rücken zusammen und bilden eine Gemeinschaft. Die gemeinsamen Mahlzeiten in den Arbeitspausen und am Ende eines langen, anstrengenden Tages geben Kraft und ein Gefühl der Verbundenheit und sind daher sehr wichtig. Am Schluß der Ernte wird als Dank in der Regel ein großes Fest gefeiert.

Olivgrün ist ein Symbol für Freude und Festlichkeit. In der christlichen Tradition steht es für Frieden, und in früheren Zeiten war es ein Zeichen des Sieges. Die Herzen verbinden sich, und Freude kann den Raum erfüllen. Das herzliche Miteinander ist in unserer Gesellschaft allerdings rar geworden. Familienmitglieder leben weit voneinander entfernt und sehen sich selten. Freunde kommen und gehen, bedingt durch Orts- oder Berufswechsel, Scheidungen und Trennungen.

Die Mikrowelle macht es leicht, eine Mahlzeit jederzeit aufzuwärmen, und so müssen sich Menschen nicht mehr gemeinsam zur selben Zeit an einem Tisch versammeln. Man ißt, wann und wo es einem paßt: vor dem Fernseher, im Stehen in der Küche, vor dem Computer. Wir greifen zu Fertigmenüs oder rufen den Pizza-Service an. Dabei geht viel Kommunikation verloren. Jeder lebt vor sich hin, selbst innerhalb eines Haushalts mit mehreren Mitgliedern. Wir verpassen dadurch jedoch wichtige Momente der Verbundenheit, Herzenswärme und Gemeinschaft.

Das Abendmahl

Mit der Farbe Olivgrün verbinde ich auch das letzte Abendmahl von Jesus Christus mit seinen Jüngern – nicht nur weil Jesus im Anschluß an das Abendmahl mit seinen Jüngern zum Ölberg ging, sondern weil die Verbundenheit zwischen den Jüngern und Jesus gefeiert wird. Über den Speisen, hier Brot und Wein, wird ein heiliger Akt vollzogen. Der Heilige Geist kann sein Licht in den einzelnen senken und damit die Schatten erlösen.

Gleichzeitig hat die Farbe Olivgrün viel mit Unehrlichkeit und Lüge, mit Verstellung und Verhüllung zu tun. Judas, der Jesus Christus gegen Geld verrät, sitzt mit am Tisch. Licht und Schatten kommen zusammen. Gleichzeitig erkennt Jesus die Wahrheit in Judas, nämlich seinen Ursprung im Licht als Sohn Gottes, und kann ihm so für seinen Verrat vergeben. Judas selbst erträgt das Licht nicht und entscheidet sich dagegen. Er will kein Licht in dieser Welt und damit auch kein Verkünder des Lichts sein. Für ein paar Silbermünzen ist er bereit, vor allem sich selbst zu verraten. Auch Petrus verleugnet Jesus, allerdings aus Feigheit und aus Angst vor Verachtung und Verfolgung. Bei Petrus handelt es sich nicht um das Muster der Verführbarkeit oder Käuflichkeit. Vielmehr zeigt sich ein tiefsitzendes Gefühl der inneren Verschmutzung, der Würde- und Wertlosigkeit. Es fehlt der Mut, andere Wege zu beschreiten als die Mehrheit der Bevölkerung. Es fehlt der Mut, sich zur Wahrheit zu bekennen.

Verraten und verleugnen

Verräter werden in der Regel für ihre Taten verachtet. Verraten zu werden ist eine der schmerzhaftesten Erfahrungen. Trotzdem gefällt es immer wieder einzelnen Menschen, andere zu verraten oder zu verleugnen. Je bedrohlicher die Lebensumstände und je härter der Überlebenskampf, desto größer die Neigung, andere zu verraten oder zu denunzieren in der Hoffnung, es bringe einem selbst Vorteile. Man will vielleicht dazugehören und sich um jeden Preis auf die Seite der Sieger schlagen. Das Denunzieren des jüdischen Nachbarn im Nazideutschland oder das Verraten von engen Freunden an die Stasi sind Beispiele aus der jüngsten deutschen Geschichte. Verrat kann im großen und kleinen geschehen. Er kann schlimmstenfalls tödlich enden oder »nur« in einem Scherbenhaufen der Gefühle.

Sicher haben auch wir schon einmal auf die eine oder andere Weise Verrat an einem Menschen geübt. Doch viel eher sind wir damit beschäftigt, uns selbst zu verraten und zu verleugnen. Wir trauen uns nicht zu, unser wahres Gesicht zu zeigen, und verleugnen unsere wahre Identität. Wer zu einer sozial diffamierten Gruppe gehört, neigt besonders stark zu diesem Verhalten. Homosexuelle sitzen beispielsweise in der Runde am Arbeitsplatz und lachen mit ihren Kollegen über Schwulenwitze. Menschen auf dem spirituellen Weg schweigen, wenn im Gespräch esoterische Themen lächerlich gemacht werden. Ein solches Verhalten ist nur zu verständlich, denn wenn ich mich öffentlich zu meiner Homosexualität bekenne, dann bin ich der Verlierer und womöglich sofort meinen Job los. Doch wo muß ich eine Grenze ziehen? Wann ist es angebracht, den Mund zu halten und seine eigene Wahrheit zu verleugnen?

Auf Dauer macht Selbstverleugnung innerlich krank, da ein Netz von Lügen und Unwahrheiten aufgebaut werden muß. Ein Grund für die Popularität der vielen Selbsthilfegruppen ist die Möglichkeit, Farbe zu bekennen und für einen Moment so sein zu dürfen, wie man wirklich ist, und zwar unter Gleichgesinnten.

Der olivfarbene Pomander will uns dazu ermuntern, zu uns zu stehen, wie wir sind, und uns nicht mehr hinter einer Fassade der Angepaßtheit zu verstecken. Es geht um Sein und nicht um Schein, wenn wir auf dem Pfad des Lichts wandern.

Das eigene Licht sabotieren

Die Farbe Olivgrün wird beim Militär als Tarnfarbe für Uniformen, Fahrzeuge und Material eingesetzt. Auch wir tarnen uns manchmal bis zur völligen Unkenntlichkeit. Nach Kräften vermeiden wir alles, was unser Licht nach außen strahlen lassen könnte. Es gibt viele Möglichkeiten, das eigene Licht zu sabotieren, vor allem die Flucht in zwanghafte Vorstellungen, die unsere ganze Energie und Aufmerksamkeit beanspruchen.

Wir leben in einer Männerwelt, in einem immer noch nach patriarchalischen Regeln ausgerichteten System. Frauen gelangen zwar inzwischen häufiger an die Macht, sie sind aber in Spitzenpositionen von Wirtschaft und Politik nach wie vor die Ausnahme. Sie dominieren eher in Bereichen, in denen auch ihr Äußeres glänzen kann, zum Beispiel in der Filmbranche, aber auch dort verdienen sie oft weniger als ihr männliches Pendant.

Frauen sind in der Regel sehr fixiert auf ihre äußere Erscheinung. Die westliche Gesellschaft trichtert es den Mädchen von klein auf ein, daß sie einem äußeren Idealbild nacheifern sollen. Jedes Pfund zuviel gerät zur Katastrophe. In den USA begeben sich bereits weibliche Teenager unter das Skalpell von plastischen Chirurgen, um größere Brüste, höhere Wangenknochen oder straffere Oberschenkel zu bekommen. Damit werden sie allerdings von ihren eigentlichen Fähigkeiten und Talenten vollkommen abgelenkt. Das persönliche Können gerät zur Nebensächlichkeit, und der Selbstwert wird plötzlich nur noch aufgrund des äußeren Erscheinungsbildes definiert. Gestörtes Eßverhalten nimmt beispielsweise immer mehr zu – inzwischen auch bei Jungen und Männern.

Frauen (und teilweise auch Männer) sind dann nicht mehr in der Lage, in geselliger Runde am »Abendmahl« teilzunehmen. Entweder gehen sie erst gar nicht hin, weil sie sich zu dick und häßlich fühlen, oder aber es ist für sie eine belastende Streßsituation, weil die Panik, Gewicht zuzunehmen und noch unattraktiver zu sein, einsetzt. Nicht wenige Menschen laufen dann zur Toilette und »kotzen sich aus«. Oder sie essen in der Öffentlichkeit nur einen kalorienarmen Salat, gehen nach Hause und naschen aus Frust heimlich eine Tafel Schokolade. Wieviel Lebensfreude geht dabei verloren, wieviel Liebe bleibt auf der Strecke, wieviel Selbstverleugnung steckt dahinter! Und die Seele hungert weiter. Die einseitige Fixierung auf den Körper und die Negierung der kreativen und geistigen Stärken ruinieren uns innerlich. Denn wir sind eben nicht nur unser Körper. Wir haben auch eine Seele; wir sind geistige Wesen. Das ist letztlich die Botschaft, die Jesus Christus uns auf den Weg mitgegeben hat.

Der Körper dient uns, nicht wir dienen dem Körper. Ähnlich dem Soldaten, der sich in seinem olivgrünen Kampfanzug im Unterholz versteckt, verstecken wir uns oft hinter dem Körper. Er soll uns dabei helfen, unerkannt und unentdeckt zu bleiben. Vor allem Frauen sind jetzt aufgefordert, sich zu ihrem Licht zu bekennen und sich damit auch mit ihrem Körperbild auszusöhnen. Energetisch streben wir derzeit in der Welt nach mehr Balance, und so müssen mehr Frauen mit ihrer Kraft auf das Weltgeschehen einwirken, statt immer nur den männlichen Energien den Vortritt zu lassen. Echte Partnerschaft ist gefordert. Die Chancen und Möglichkeiten für einen Ausgleich der Kräfte sind jetzt groß, doch müssen Frauen sie auch annehmen.

Neubeginn

Der olivgrüne Pomander hilft dabei, sich durchzusetzen. Er unterstützt uns vor allem, wenn wir mit dem Herzen bei einer Sache sind und Courage brauchen, uns dazu zu bekennen und die Förderung durch andere anzuziehen. Die Farbe Olivgrün ist sehr wertvoll, wenn wir Neuland betreten und uns der Welt in einem neuen Licht zeigen wollen. Sie hilft uns über Selbstzweifel hinweg und gibt uns den Mut, unsere Größe zu leben. Sie ermutigt dazu, uns hinsichtlich unserer großartigen Fähigkeiten zu enttarnen, uns zu entfalten und zu zeigen. Menschen, die bereit sind, das eigene innere göttliche Licht zu offenbaren, werden von dem olivgrünen Pomander begleitet.

Sobald Sie bereit sind, ein Licht in dieser Welt zu sein, können Sie darauf bauen, daß eine göttliche Macht Sie dabei unterstützen und Ihnen den Weg ebnen wird. Sich selbst zu behaupten bedeutet, zu sich und seinem Licht zu stehen, egal was die anderen dazu sagen. Wir leben in einer Gesellschaft, in der Ihnen die unterschiedlichsten Möglichkeiten geboten werden, sich auszudrükken. Leben Sie Ihr Licht.

Symptome auf der Körperebene

Chakra-Zuordnung: drittes Chakra (Solarplexus-Chakra) und viertes Chakra (Herz-Chakra).
Organzuordnung: Gallenblase, Dickdarm, Magen, Herz.

Alle Eßstörungen, die davon abhalten, einen normalen Bezug zum eigenen Körper zu haben, können mit diesem Pomander behandelt werden. Es kann sich dabei um Bulimie, Magersucht oder Übergewicht handeln.

Wer nicht nach Herzenslust zu genießen versteht (hier zählt nicht die Quantität, sondern die Qualität) und sich ständig verweigert, darf sich nicht wundern, wenn sich auch das Herz mit Unregelmäßigkeiten meldet. Bei eßgestörten Menschen kann außerdem der Mineralhaushalt im Ungleichgewicht sein, was ebenfalls eine mögliche Ursache von Herzrhythmusstörungen ist.

Die Verleugnung der weiblichen Identität und Kraft oder deren Verletzung kann auf lange Sicht den Körper vergiften. Leider sind immer mehr Frauen von Brustkrebs betroffen. Es ist eine Erkrankung, die nicht nur Todesangst mit sich bringt, sondern auch das eigene Körpergefühl und Körperbild verletzt. Das Verstümmelungsgefühl einer Frau nach einer Brustamputation ist in der Regel sehr groß. Olivgrün hilft, wieder ein Gefühl der übergeordneten allgemeinen weiblichen Identität zu bekommen, denn Frauen bestehen nicht nur aus Brust.

Wer sich versteckt und sich nicht traut, sein wahres Gesicht zu zeigen, kann es mit dem Magen zu tun bekommen. Magenkrämpfe, Geschwüre oder Sodbrennen zeigen an, daß uns etwas im Magen liegt. Gallensteine können darauf hinweisen, daß sich in uns etwas aufgestaut hat. Angstsymptome wie verkrampfte Atmung oder Nervosität treten möglicherweise auf, wenn wir einen Aspekt von uns verstecken und uns vor Enttarnung fürchten.

Der smaragdgrüne Pomander

Positiver Zustand

- die Verletzungen und Wunden der Vergangenheit einer höheren göttlichen Instanz zur Heilung übergeben
- die Bereitschaft zu vergeben
- Raum und Zeit finden, um innere Reifungs- und Wachstumsprozesse zu durchlaufen
- offen sein für Neuanfänge
- fähig sein, aus tiefstem Herzen zu lieben
- Großzügigkeit

Negativer Zustand

- Kummer, Sorgen und Verletzungen festhalten und das Herz aus Angst vor weiteren Wunden verschließen
- innere Wut und Groll gegenüber den Verursachern des Kummers
- Gelegenheiten, die Heilung bringen können, nicht ergreifen
- sich der Liebe verschließen
- Geiz und Rigidität im Verhalten gegenüber sich selbst und anderen

Einstimmung auf den smaragdgrünen Pomander

Ich verbinde mich mit dem smaragdgrünen Farbstrahl.
Ich betrete einen neuen Raum in meinem Leben, in dem ich um die Heilung der Verletzungen bitte, die in der Vergangenheit liegen.
Ich heile meine Wunden durch Vergebung und bin bereit, den Strom der Liebe durch mich hindurchfließen zu lassen.

Wann brauche ich den smaragdgrünen Pomander?

- wenn ich viel Kummer und Wut mit mir herumtrage
- wenn ich Probleme habe, mir oder anderen zu verzeihen
- bei wiederholten emotionalen Verletzungen innerhalb einer Beziehung
- um die Vergangenheit loszulassen und einen Neubeginn zu machen
- wenn ich das Gefühl habe, in einem Wandlungsprozeß festzustecken
- bei Angst, meine Liebe auszudrücken

- wenn ich mich in intimen Momenten innerlich zurückhalte und dadurch Distanz schaffe
- wenn ich Schwierigkeiten habe, bei Problemen um Hilfe und Unterstützung zu bitten
- um mir Raum und Zeit für meine eigenen inneren Prozesse zu gewähren
- zur Verbindung mit Baum- und Waldenergien
- um als Therapeut neuen Raum für die Heilung des nächsten Patienten zu schaffen
- bei Herzbeschwerden
- bei Infektionen oder Beschwerden der Atmungsorgane
- wenn ich durch die Last der Sorgen verkrampft bin
- bei Infektanfälligkeit
- bei Krebserkrankungen

Dieser Pomander hilft vor allem, ein Gleichgewicht in unserem Leben herzustellen. Grün vermittelt Hoffnung. Es symbolisiert die fortwährenden Zyklen von Leben und Tod, Ruhe und Wachstum, Loslassen und Annehmen. Der smaragdgrüne Pomander spricht unser Herzzentrum an und unterstützt uns dabei, Schmerzen und Lasten, die das Herz bedrücken, loszulassen und Raum für neue, beglückende Erfahrungen der Liebe zu machen.

Der smaragdgrüne Pomander begleitet uns, um in den geheiligten Raum unseres eigenen Herzens zu treten und dort die Liebe zu empfangen, die der göttlichen Quelle entspringt und die uns fortwährend mit ihrer Kraft nährt. Ungeachtet der Verletzungen, die wir durch andere in unserem Herzen davongetragen haben, will die Liebe Gottes sich verströmen, will Linderung und Heilung bringen.

Es heißt, daß der Kelch des Grals aus einem Smaragd geschliffen worden sei. Er wird an einem Ort aufbewahrt, der nur für Eingeweihte zugänglich ist. Der smaragdgrüne Pomander führt uns zu jenem Platz, an dem wir Reinigung und Vergebung empfangen und uns neu in Raum und Zeit orientieren können. Daher ist er besonders für Therapeuten geeignet, um zwischen zwei Behandlungen einen neuen, klaren Raum für den nächsten Klienten zu schaffen.

Wenn ein Stein auf dem Herzen liegt

Wenn uns große Sorgen quälen, wird sich das auf der Brust wie eine bedrückende, schwere Last anfühlen. Lösen sich die Sorgen auf oder haben wir etwas hinter uns gebracht, dann atmen wir wieder tief durch und sagen erleichtert: »Jetzt ist mir ein großer Stein vom Herzen gefallen.« Der smaragdgrüne Pomander hilft dabei, Belastungen abzuschütteln.

Wenn wir etwas Schweres auf dem Herzen lasten haben, ist es nicht möglich, jenen inneren Raum zu betreten, in dem sich unsere Liebesenergie befindet. Wie bei einem Steinschlag, der den Eingang zu einem Tunnel verschüttet, wird uns der Eintritt verwehrt. Wir fühlen uns dann vom Strom der kosmischen, göttlichen Liebe abgeschnitten. Sie scheint diese Barriere nicht überwinden und uns nicht erreichen zu können.

Die verletzten Gefühle, die Kränkungen und Enttäuschungen der Vergangenheit, die auf uns lasten, können wie eine große Lawine auf einmal unsere Herzenergie eingeschlossen oder sich Stein für Stein langsam aufgetürmt haben. Der plötzliche Verlust eines geliebten Menschen, sei es durch Trennung, Scheidung oder Tod, kann beispielsweise in Sekunden bewirken, daß wir energetisch dichtmachen, um nicht weiter verletzt zu werden. Es fühlt sich dann so an, als ob ein Teil von uns gestorben wäre.

Wenn wir über Jahre hinweg in unserem Leben immer wieder leichtere Formen von Abweisung, Mißachtung oder Geringschätzung erfahren haben, dann wird sich unser Selbstschutzmechanismus erst langsam aufbauen. Wir haben immer noch Zugang zu unserer Herzensenergie, aber langsam kommt immer weniger durch, und irgendwann ist der Weg versperrt. Dann haben wir das Gefühl, daß das Leben immer schwerer und weniger erfreulich wird. Wir unternehmen die Dinge dann nicht mehr »leichten Herzens«, sondern reagieren vermehrt pessimistisch und leiden Schmerzen.

Dieses energetische Verschließen macht eine Heilung fast unmöglich, denn indem wir versuchen, uns vor weiteren Verletzungen und Wunden zu schützen, schneiden wir uns gleichzeitig von der Liebe ab, die den Kummer auflösen könnte.

Die Zeit heilt alle Wunden

In vielerlei Hinsicht stimmt es, daß die Zeit alle Wunden heilt. Bewirkt unser Kummer nur den langsamen, wenn auch stetigen Aufbau einer Schutzmauer, dann ist es auch möglich, diese Stein für Stein wieder abzubauen und uns für die Kraft der Liebe zu öffnen. Dieser Prozeß braucht Zeit und auch Raum. Wichtig ist vor allem, konstant an der Befreiung und Öffnung zu arbeiten. Wenn wir die Mauer zu schnell einreißen wollen, werden wir uns verausgaben und schließlich völlig erschöpft zusammenbrechen. Dies passiert Menschen, die mit Gewalt eine schnelle Heilung erzwingen wollen, ohne die inneren Prozesse, die dabei nötig sind, zu durchlaufen. Wir nehmen dann vielleicht an einem Seminar teil, das uns verspricht, innerhalb von zwei Tagen sämtliche Verletzungen unseres inneren Kindes zu heilen und uns für alle Zeiten glücklich zu machen. Wir stürzen uns mit unserer ganzen Energie in dieses Geschehen, aber es passiert zuviel zu schnell, und uns geht ganz einfach die Puste aus. Wir kehren zwar nach den zwei Tagen mit dem Gefühl, etwas Tolles erlebt zu haben, nach Hause zurück, aber dieser Eindruck verfliegt rasch, und wir fühlen uns vielleicht besser, aber nicht wirklich befreit. So richtig

geändert hat sich eben doch nichts. Heilung braucht manchmal recht viel Zeit und muß langsam, mit Bedacht vonstatten gehen, um wirklich auf Dauer zu gelingen.
Haben wir diese Arbeit geleistet und wieder Zugang zu unserem Herzen, zu dem Strom der universellen Liebe, dann haben wir mit Sicherheit gleichzeitig dafür gesorgt, daß so leicht keine neuen Hindernisse den Weg versperren. Wir haben jetzt ein inneres Warnsystem, das uns rechtzeitig mitteilt, wenn es zu einer erneuten Verletzung kommen könnte. Wir hören dann auch darauf und reagieren, bevor Schaden angerichtet wird. Bei dieser Aufräumaktion und diesem Bewußtwerdungsprozeß hilft der smaragdgrüne Pomander, indem er uns die Gaben der Geduld und Ausdauer verleiht und indem er hilft, den Raum und die Zeit für die innere Heilung bereitzustellen.

Lasten abwerfen

Was können wir tun, wenn ein plötzlicher Verlust uns traumatisiert und dazu bringt, in Sekundenschnelle die Öffnung zu unserer Herzensenergie mit einem gigantischen Felsbrocken zu verschließen? Allein können wir dieses Hindernis niemals beiseite schieben.
Sehr viele Menschen verabschieden sich aufgrund des Verlusts einer geliebten Person oder Sache – zum Beispiel eines Elternteils, Partners, Kindes, Freundes, Tieres oder des Zuhauses – auf der energetischen Ebene von der Welt. Sie wollen nie wieder ihr Herz für die Liebe öffnen und erfahren daher auch nicht das Glück von Nähe und echter Erfüllung. Auslösender Faktor einer solchen Entscheidung kann die Tatsache sein, daß im Lauf des Lebens immer klarer wird, daß man kein Glück in der Liebe findet, oder daß man merkt, wie man sich in persönlichen, intimeren Momenten innerlich zurückzieht, sich nicht hingibt. Etwas von einem

selbst hält man dann immer zurück und ist stets auf der Hut. Es frustriert auf Dauer, sich nicht einfach in einer Situation fallenzulassen, gelöst, locker und entspannt zu sein.
In dieser Situation gibt es letztendlich nur eine Möglichkeit, um diese große Herzenslast beiseite zu schieben: um Hilfe bitten. Wir können uns bei einer so großen Belastung nur an eine höhere Macht wenden, wenn wir wirklich davon befreit werden wollen. Das einzig Sinnvolle besteht darin, uns an Gott zu wenden und zu bitten, er möge uns von dieser schweren Last befreien. Oder stellvertretend können wir uns an unseren Schutzengel oder geistigen Führer wenden. Es ist unglaublich befreiend, um Hilfe zu bitten und nicht alles allein machen zu wollen.
»Bittet, so wird euch gegeben« und »Wer da bittet, der empfängt«, heißt es in der Bibel. Eine Kraft steht uns zur Seite, um die Wunden unseres verletzten Herzens zu heilen. Das Zauberwort, um noch so große Hindernisse beiseite zu schieben, heißt Vergebung. Heilung wird durch den Akt der Vergebung, des Verzeihens möglich.

Lieben heißt verzeihen

Häufig ist es ein Brocken innerer Wut, der uns daran hindert, aus dem Herzen heraus zu lieben und zu leben. Wenn wir jemanden sehr geliebt haben und enttäuscht worden sind, dann kann sich innerlich das Gefühl aufbauen, daß man diese Behandlung nicht verdient hat.
Wut und Enttäuschung können auch daraus entstehen, daß uns eine geliebte Person durch einen tödlichen Unfall oder eine tödliche Krankheit verlassen hat. »Du kannst mich doch nicht allein zurücklassen!« schreien wir dann in uns hinein und verschließen uns.
»Ich habe dir doch gar nichts getan, wieso tust du mir das an?«

fragen wir voller Verzweiflung unseren geliebten Partner, der beschlossen hat, uns zu verlassen. Nach außen hin sind wir voller Tränen und Kummer, innerlich aber wächst der Groll über diese Ungerechtigkeit. Hinter dem Zorn steckt die Angst vor dem Alleinsein. Wenn wir aber dauerhaft in dieser negativen Energie verweilen, werden wir tatsächlich herzkrank. Die Energie kann nicht fließen; wir sind nicht offen dafür, die Liebe aus einer anderen Quelle wahrzunehmen. Da Liebe Leben ist, verhungern wir dabei ganz langsam auf der energetischen Ebene.

Der einzige Ausweg besteht in der Vergebung. Wir müssen denjenigen verzeihen, die uns verletzt haben, und zwar in dem festen Glauben, daß sie nicht wußten, was sie taten, und wie jedes Lebewesen auch der Liebe wert sind. Und wir müssen uns selbst für unseren Groll und unsere negativen Gedanken vergeben. Auf einem anderen Weg gelangen wir nicht wieder in die Freiheit.

Auch noch so tiefe Wunden können heilen. Wir müssen sie jedoch heilen wollen und brauchen zudem eine Kraft, die uns dabei hilft. Es ist leichter, wenn uns jemand beim Wechseln des Verbands hilft und die Heilsalbe aufträgt, als daß wir es mühsam allein tun. Sehen Sie im übertragenen Sinn Gott als den Arzt, der Ihnen hilft, wieder auf die Beine zu kommen und Ihre emotionalen Verletzungen ohne Spuren und Narben auszuheilen. Sie müssen ihn aber um die Behandlung bitten. Sehen Sie den smaragdgrünen Pomander als den Zugang zu dem Raum, in dem Sie behandelt werden und Heilung erfahren.

Die Natur als Vorbild

Wir schneiden den Rasen, und er wächst weiter. Wir sägen die Äste von Bäumen ab, und neue Zweige sprießen hervor. In der Natur besteht ein ständiger Wachstumsimpuls. Die Natur kann noch so verletzt sein, sie regeneriert sich und läßt wieder etwas

Neues entstehen. Selbst auf kargem Boden zeigt sich die Natur vergleichsweise fruchtbar.

Grün ist die Farbe der Wälder und Wiesen. Je mehr Wachstum, desto satter ist das Grün der Blätter. Im Frühjahr erscheint ein helles Grün. Das Laub der Bäume färbt sich dann immer dunkler und hat in den Sommermonaten einen tiefen Grünton erreicht. Das Blattgrün gibt uns über den Weg der Photosynthese die Luft zum Atmen; die Wälder sind die Lungen dieses Planeten. Die chlorophyllhaltigen Blätter sind in der Lage, Kohlendioxid aus der Luft aufzunehmen. Unter Einwirkung des Sonnenlichts entsteht nach einem Umwandlungsprozeß Sauerstoff, der in die Atmosphäre abgegeben wird. Ohne diese Sauerstofffreisetzung gäbe es für Tiere und Menschen auf der Erde keine Lebensgrundlage. Ohne das Grün auf diesem Planeten wäre kein Wachstum möglich.

Der Vorgang der Photosynthese dokumentiert auch das Potential an transformativer Kraft der Farbenergie Grün. Etwas Altes, Verbrauchtes, hier das Kohlendioxid, wird in etwas Neues, Lebensförderndes, nämlich Sauerstoff, verwandelt. Und zwar geschieht dies unter Einwirkung des Lichts. Nichts anderes passiert uns, wenn wir unsere Sorgen, unsere Altlasten, abgeben. Das göttliche Licht wandelt sie um und macht daraus neues Leben.

Der smaragdgrüne Pomander erinnert daran, abzugeben und loszulassen, damit wir neue Energien aufnehmen können und unser Herz wieder mit Sauerstoff versorgt wird. Er läßt uns aufatmen. Auf der energetischen Ebene ist Liebe der Sauerstoff. Wir brauchen Liebe, um zu gedeihen und zu wachsen.

Symptome auf der Körperebene

Chakra-Zuordnung: viertes Chakra (Herz-Chakra).
Organzuordnung: Herz, Brustkorb, Lunge, Kreislauf, Haut, Hände, Thymusdrüse.

Wer zuviel Ballast in Form von Kummer und nicht geheilten Verletzungen mit sich herumträgt, darf sich nicht wundern, wenn Erschöpfungszustände auftreten. Damit verbunden kann sich eine erhöhte Infektionsanfälligkeit zeigen. Die Last drückt mit der Zeit vor allem auf das Gemüt und schmälert in erheblichem Maß die Lebensfreude und Energie.
Das Herz wird ebenfalls eingeengt. Bei einem engen Gefühl im Brustraum, bei Herzstolpern oder Angina-pectoris-Anfällen sollte ich in mich hineinspüren, was mir im verborgenen – vielleicht seit langer Zeit – das Leben schwermacht.
Wenn das Herz sich zusammenschnürt, wird auch der gesamte Brustraum mit der Atmung beeinträchtigt. Verspannungen im oberen Rückenbereich deuten ebenfalls auf ein Festhalten von vergangenen Ereignissen hin. Wer Altlasten losläßt, kann wieder tief atmen, die Schulter heben und sein Herz frei schlagen lassen.
Die Atmung wird durch emotionale Lasten schnell beeinträchtigt. Bronchitis, Asthma oder Heuschnupfen engen den Lebensraum ein und beschneiden die Leistungsfähigkeit. Unterdrückter Kummer oder emotionale Verletzungen, die nicht geheilt werden, bergen auch die Gefahr der Entartung von Zellen mit sich. Die Farbe Grün wirkt generell eindämmend auf das Wachstum von Krebszellen im Körper.

Der Farbstrahl Türkis

Thema: Kommunikation von Herz zu Herz und voller Gefühl. Herz und Verstand verbinden sich und schaffen dadurch Raum für einen inspirierten und kreativen Ausdruck. Die neuen Multimedien nutzen, um spirituelle und lichtvolle Botschaften weiterzugeben. Zugang zu anderen Bewußtseinsebenen.

Der türkisfarbene Strahl wird einem Neben-Chakra zugeordnet, dem Ananda-Khanda-Zentrum. Es liegt auf der rechten Seite zwischen Hals und Brust. Dieses Neben-Chakra ist erst in jüngster Zeit mehr ins Bewußtsein gerückt, es scheint aber eine wichtige Rolle bei der gegenwärtigen Transformation, die auf unserem Planeten stattfindet, einzunehmen. Für eine globale Kommunikation großen Umfangs ist es bedeutsam, dieses Energiezentrum zu aktivieren.

Wir haben derzeit vielfältige Gelegenheiten, lichtvolle Botschaften zum Beispiel über das Internet einem großen Publikum zugänglich zu machen und damit zur Bewußtseinserweiterung beizutragen. Allerdings ist es notwendig, daß sich die Energien auf der Herzensebene verbinden. Fließen Informationen ohne Liebe und Gefühl, dann können sie auf Dauer schwächen oder sogar schädlich sein.

Die grenzenlose Verbindung auf der gesamten Erdkugel wird durch das Element Wasser symbolisiert. Die Ozeane fließen ohne Anfang und Ende ineinander über. Der Farbstrahl Türkis sucht die fließende Kommunikation mit allem Lebendigen in einer leichten, kreativen und teilweise verspielten Form, wobei die tiefere Botschaft immer von Liebe, Vertrauen und Nähe geprägt ist. Türkis erweckt den inspirierten Künstler in uns. Es will uns begeistern und beglücken und uns ermuntern, zu neuen inneren und äußeren Ufern zu schwimmen.

Die Quintessenz Maha Chohan

Innere Einstimmung

Ich verbinde mich mit Maha Chohan.
Ich stehe im Licht, bin ein Teil der Schöpfung.
Ich höre auf meine innere Weisheit.
Meine Liebe, mein Wissen, meine Schöpfungen gebe ich uneingeschränkt weiter.
Ich fühle mit meinem Herzen und teile mich über mein Herz mit.
Die Welt steht mir offen, und das Wasser des Lebens trägt mich und verbindet mich mit allem, was ist.

Wann brauche ich die Quintessenz Maha Chohan?

- wenn ich Probleme habe, meine Gefühle zu zeigen
- bei der Neigung, eine äußere Fassade aufzubauen, statt mich so zu geben, wie ich bin
- bei der Angst, die eigenen Fähigkeiten einem größeren Publikum zugänglich zu machen
- bei dem Eindruck, immer aneinander vorbei zu kommunizieren und damit keine richtige Verbindung herzustellen
- bei Berührungsängsten mit den modernen Kommunikationsmitteln
- wenn ich eine tiefe Sehnsucht nach dem Meer habe oder mich zu den Lebewesen der Ozeane hingezogen fühle (Wale, Delphine, Seehunde usw.)

- um von Herz zu Herz Gefühle und Wissen auszudrücken und zu vermitteln
- bei dem Wunsch, über die bisherigen Grenzen hinauszublicken
- um mit den Naturgeistern des Wasserelements Kontakt aufzunehmen
- um Zugang zu den Energien der Mineral- und Kristallwelt zu erhalten
- bei Problemen, Herz und Verstand zu einer (inneren und äußeren) Botschaft zu verbinden, wodurch Konflikte oder Unsicherheiten auftreten
- wenn ich anderen Menschen als Lehrer oder Vorbild diene

Maha Chohan will uns den Weg ins Licht, in ein erweitertes Bewußtsein erleichtern. Er beschleunigt unseren Weg, indem er uns Zugang zu Symbolen und Bildern ermöglicht, die tief in uns Resonanz erzeugen. Türen öffnen sich damit schneller für uns. Er will unser Leben in Fluß bringen und uns helfen, unser Herz zu öffnen und sich anderen aus dem Herzen heraus mitzuteilen. Ein ständiges Auf und Ab von Energien zermürbt auf Dauer. Statt dessen sollen wir uns von einem ruhigen Strom tragen lassen, der uns zu neuen Ufern bringt, ohne daß wir dabei Schaden oder Schiffbruch erleiden. Maha Chohan hilft uns, auf globaler Ebene eine Verbindung herzustellen, ganz gleich über welche Medien. Wir sollen uns daran gewöhnen, Vorreiter für ein neues Bewußtsein zu sein, und die damit verbundene Verantwortung souverän tragen.

Die Quintessenz Maha Chohan wird oft im Zusammenhang mit dem Übergang zum Wassermannzeitalter gesehen. Auch wird dieser Meisterenergie eine Verbindung zu Atlantis nachgesagt. In Atlantis wurde der Legende nach vor allem mit Farb- und Kristallenergien geheilt.

Abweichend von den verfügbaren Informationen zu Maha Chohan möchte ich hier eine besondere Sichtweise dieser Meisterschwingung vorstellen. So wie sich die Energien für mich offenbaren, besteht vor allem eine sehr starke Verbindung zum Element Wasser. Generell wird dieses Element in seiner Heilkraft unterschätzt. Wir verbinden uns bei unserer energetischen Arbeit mit der Welt der Naturgeister der Pflanzenwelt und des Erdreichs (Elfen, Feen, Devas) und mit den Engeln, Führern und Meistern des göttlichen Himmelreichs. Doch wo bleibt die Verbindung zu den feinstofflichen Dimensionen des Wasserreichs?

Wasser bedeckt zu 70 Prozent unseren Planeten, und analog dazu besteht der menschliche Körper ebenfalls zu etwa 70 Prozent aus Wasser. Neben Licht und Sauerstoff bildet das Wasser die Lebensgrundlage auf diesem Planeten. Sowohl die Erde als auch alle Lebewesen, einschließlich der Pflanzen, stehen in starker Resonanz zum Element Wasser. Dort, wo Wasser fließt, ist auch Leben und gibt es Wachstum. Wo Mangel an Wasser herrscht, sind meistens auch Armut und Elend nicht weit entfernt. Wasser paßt sich dem jeweiligen Flußbett an. Es trägt in sich keine Grenzen und verbindet alle Länder dieser Welt miteinander. Zu Fuß könnten wir die Erde nicht umrunden, wohl aber mit einem Boot.

Maha Chohan will uns mit dieser fließenden, grenzüberschreitenden Schwingung in Kontakt bringen, in der alles mit allem in einem einzigen gewaltigen Strom der Liebe enthalten und miteinander verbunden ist.

Den Horizont erweitern

Die Quintessenz Maha Chohan will uns dabei helfen, über unsere eigenen Grenzen hinauszublicken und uns in neue Richtungen zu strecken und dehnen. Unser Horizont öffnet sich für bisher nicht in Betracht gezogene Möglichkeiten und Ideen. Das ist, als ob jemand, der sein Leben lang an einem kleinen See inmitten der Wildnis gelebt hat, sich in die Luft erhebt und plötzlich erkennt, daß der Fluß, der aus dem See fließt, das Land durchquert und immer breiter wird, bis er schließlich ins Meer mündet. Er sieht plötzlich, daß es große Städte und eine wechselnde Naturlandschaft gibt. Noch eine Stufe höher, und er erkennt, daß das Meer sich von einem Kontinent zum nächsten ausdehnt. Er sieht die verschiedenen Länder und Kulturen. So ist es, wenn wir unser Bewußtsein erweitern. Wir gewinnen immer mehr an Überblick, unser Lebenskreis wird viel größer.

Der technische Fortschritt der letzten Jahrzehnte hat es möglich gemacht, Verbindung zu den entferntesten Winkeln der Erde aufzunehmen. Wir besteigen ein Flugzeug in einer europäischen Großstadt und kommen Stunden später auf einem anderen Kontinent an. Wer nicht in der Lage ist zu reisen, kann sich über das Fernsehen ein Bild von unserer Welt und ihrer Vielfalt machen. Menschen sind auf dem Mond gelandet, und wir schicken Raumsonden zu fernen Planeten wie Mars. Neuerdings ermöglicht das Internet eine weltweite Kommunikation über den Computer. Die globale Vernetzung sprengt sämtliche Grenzen, läßt kaum noch Raum für Geheimnisse oder Verborgenes. Es ist ein Zeitalter, in dem Licht einfließt, und es ist klar, daß dabei viel Schmutz an die Oberfläche kommt und wir uns daraufhin verunsichert fühlen und verängstigt sind.

Kommunikation mit der Welt

Kommunikation ist Leben. Wir brauchen die Interaktion mit anderen Menschen und Lebewesen, um uns wohl zu fühlen. Der Mensch ist ein Herdentier, und er sehnt sich nach dem Gefühl der Integration und des Aufgehobenseins. Wir fühlen uns abgeschnitten und isoliert, wenn es Probleme mit der Kommunikation gibt. Wenn geschwiegen oder Wesentliches nicht mitgeteilt wird, gerät eine Beziehung oft in Schwierigkeiten.

Ein Säugling ist darauf angewiesen, daß die Kommunikation mit der Umwelt über Mimik und Laute klappt, damit seine Bedürfnisse befriedigt werden und er überleben kann. Im Berufsumfeld wird Kommunikation immer wichtiger. Unternehmen zahlen große Summen, um ihre Mitarbeiter auf entsprechende Fortbildungsseminare zu schicken. Die ständig wechselnden Anforderungen der Gesellschaft verlangen eine schnelle Anpassung, und ohne eine gute Kommunikation ist dies nicht möglich.

Die meisten Mißverständnisse entstehen aufgrund von fehlerhafter Kommunikation. Es werden Dinge oder Inhalte vorausgesetzt, verschwiegen oder falsch dargestellt. Wir gehen von unserem Standpunkt aus, ohne dabei den Blickwinkel des anderen zu berücksichtigen. Aufgrund der globalen Kommunikation wird es jedoch immer wichtiger, daß wir mit Bedacht auf andere zugehen. Wir kommunizieren nicht nur mit Menschen innerhalb einer eng gesteckten Gruppe, zum Beispiel in unserem Heimatort, sondern mit Menschen in anderen Ländern mit einem völlig anderen kulturellen Hintergrund. Maha Chohan will uns daher beibringen, wie wir einen Umgang miteinander finden, der nicht nur oberflächlich ist, sondern von innen heraus kommt. Wir sollen mit unserem Herzen fühlen, unseren Verstand und unser Wissen einbringen und uns dann mit der Außenwelt verbinden. Wenn wir kein Gefühl füreinander haben, laufen wir in der Kommunikation aneinander vorbei. Bestenfalls kommt dann eine verstümmelte, bruchstückhafte Botschaft an, die zu Mißverständnissen führt.

Aus dem Herzen sprechen

Um aus dem Herzen sprechen zu können, müssen wir überhaupt erst einmal lernen, einen inneren Dialog zu führen. Ohne mit unserer inneren Stimme verbunden zu sein, können wir nicht wirklich von Herz zu Herz kommunizieren. Wenn wir uns immer nur nach außen orientieren und nicht innehalten, um zu überprüfen, ob etwas auch unserer inneren Wahrheit entspricht, sind wir manipulierbar und leicht zu täuschen. Kinder sind noch sehr mit ihren inneren Gefühlen verbunden und daher in ihrem Ausdruck viel wahrhaftiger. Unwahrheiten sind bei ihnen deswegen auch leichter durchschaubar als bei Erwachsenen. Man erkennt, wenn Kinder lügen, weil sie sich noch nicht so mit der äußeren Lügenwelt identifizieren. Sie leben mehr aus dem Herzen, wo die Wahrheit ihren Platz hat.

Schmerzhaft wird es für uns, wenn wir es auf Dauer versäumen, uns in unseren inneren Raum zu begeben, um auf unsere innere Weisheit zu hören. Die Tendenz besteht dann, zu sehr von äußeren Stimmen abhängig zu sein. Es ist dann leicht, das eigene Ich aus den Augen zu verlieren. Wir sind zwar aufgefordert, uns von Herz zu Herz über Grenzen hinaus zu verbinden, doch passiert es häufig, daß die Stimme unseres Herzens zu der Stimme eines Ego spricht oder umgekehrt. Ein typisches Beispiel hierfür wäre der Mißbrauch von Spendengeldern zu persönlichen Zwecken. Bilder von hungernden Kindern sprechen die Herzen der Menschen an. Sie geben dann auch von Herzen Geld für die Sache, es verschwindet jedoch manchmal in privaten Taschen und erreicht nicht die Empfänger. In diesem Fall ist es sehr schwer zu spüren, welche Aktion seriös ist und welche nicht. Leichter wird es, wenn wir uns mit dieser inneren, weisen Instanz verbinden, die eine höhere Sicht der Dinge hat und uns mit einem Impuls oder einer Botschaft lenkt. So nimmt Maha Chohan dann auch die Position eines inneren Lehrers oder Meisters ein, der uns ermutigt, vorwarnt oder auch über die Wahrheit belehrt.

Von den Delphinen lernen

Wir sind von der Ausstrahlung der Delphine fasziniert. Delphine sind Säugetiere. Sie atmen Sauerstoff, um zu leben; sie sind aber im Wasser zu Hause. Delphine gelten als sehr intelligent und haben eine ausgeprägte Intuition. Sie lernen blitzschnell und sind flexibel. Sie sind neugierig und offen für Neues. Wer auf einem Segelboot in der Ferne einen Schwarm Delphine erkennt, kann die Tiere durch Klopfzeichen am Rumpf des Bootes anlocken. Sie ändern dann ihren Kurs und kommen neugierig herangeschwommen. Sie verweilen eine Zeitlang am Boot, schwenken aber irgendwann wieder in Richtung ihres ursprünglichen Kurses ab. Delphine machen also Umwege, wenn etwas interessant erscheint, aber sie verlieren dabei nicht ihren Weg. Sie lieben die Kommunikation untereinander und auch mit Menschen, und sie sind in ihrem Ausdruck sehr lebendig. Man spürt sofort, wenn ein Delphin traurig, wütend oder verspielt und heiter ist. Wer das Glück hatte, mit Delphinen in ausgelassener Stimmung zu schwimmen, bekommt durch dieses Erlebnis unermeßlich viel Lebensfreude geschenkt. Durch ihre Herzensenergie, ihr Vertrauen und ihre Offenheit vermitteln Delphine viel Liebe. Das ist auch der Grund, warum sie bei schwerbehinderten Kindern, die durch normale Therapien keine Fortschritte machen, so viel Positives auslösen können. Sie erreichen eine Verbindung von Herz zu Herz. Vor allem autistische Menschen zeigen im Umgang mit Delphinen enorme Fortschritte und können oft zum erstenmal Kontakt mit ihrer Umgebung aufnehmen.

Delphine in der freien Wildbahn zeigen uns, wie es ist, angstfrei zu leben. Wenn wir mit unserer Intuition verbunden sind und von daher ein Gespür für mögliche Gefahren haben, können wir uns viel Leid und Kummer ersparen. Dann sind wir in der Lage, auch unsere tieferen Gefühle zu zeigen und unserer Kreativität Ausdruck zu verleihen. Wir sind mit unserem höheren Bewußtsein in

Kontakt und können eine tiefe Kommunikation zu anderen zulassen. So wie das Wasser die Delphine trägt, so trägt uns dann eine höhere Kraft.

Verbindung mit den Naturgeistern des Wassers

In Maha Chohan verbergen sich auch zwei andere Meisterenergien: die von El Morya, der uns lehrt, uns nach dem Willen Gottes zu richten und unseren persönlichen Willen loszulassen, und von Kuthumi, der eine Kommunikation zwischen Menschen, Engeln und Naturwesen dieses Planeten herstellen will.

Wir vergessen oft, daß es auch im Wasser Naturwesen gibt. Sie werden Undinen genannt, abgeleitet aus dem lateinischen Wort *unda*, was Welle oder Woge bedeutet. In der Welle ist alles Bewegung und Veränderung. Die Welle wechselt unaufhörlich ihre Gestalt. Das Wasser ist ein archetypisches Symbol für unsere Emotionen, und so helfen uns auch die Undinen, den tieferen Zugang zu unseren Gefühlen zu bekommen. Es gibt darüber hinaus Wasserfeen, Nymphen, Nereiden und Meeresfürsten. Noch immer besteht der Brauch bei Seglern, den ersten Schluck Alkohol des Tages über Bord zu gießen. Er gilt Neptun, damit er dem Segler wohlgesinnt ist.

Tobendes Wasser kann Vernichtung mit sich bringen, und so ähnlich verhält es sich auch mit unseren Emotionen. Wenn wir unseren Emotionen zu stark freien Lauf lassen, ist es wie eine Flutwelle, die über uns und andere hereinbricht. Grenzen werden dabei überflutet, und Schaden entsteht. Die Naturgeister des Wassers bringen Gleichgewicht, sie sollen die Wogen glätten. Genauso setzt die Quintessenz Maha Chohan an. Gefühle sollen ihren Ausdruck finden, jedoch in der richtigen Art und Weise. Es soll dabei Wachstum entstehen und keine Zerstörung eintreten.

Gefühle zeigen

Es ist ein Akt der Balance, unsere Gefühle zu zeigen und dabei gleichzeitig unseren Verstand, unsere Weisheit sprechen zu lassen. In unserer technokratischen, vernunftbetonten Welt kommt unser Gefühlsausdruck häufig zu kurz. Unterdrückte Gefühle können sich jedoch irgendwann gewaltsam bemerkbar machen. Wenn wir unsere äußere Welt als Spiegel unserer inneren Realität betrachten, dann sehen wir diese Unterdrückung der Gefühle in der steigenden Zahl von Flutkatastrophen reflektiert. Unsere Versuche, zu regulieren, einzudämmen und zu kontrollieren, bewirken irgendwann das Gegenteil. Was an einer Stelle eingegrenzt wird, wird an anderer überflutet.

Wenn wir es schaffen, unser Wissen auf der Gefühlsebene auszudrücken, erreichen wir sehr viel rascher eine Verbreitung auf der kollektiven Ebene. Die Menschen öffnen sich schneller für eine Botschaft, die aus dem Herzen kommt. Ein Lehrer, der mit Begeisterung und Engagement seinen Lehrstoff weitergibt, wird viel mehr vermitteln können als ein Lehrer, der ohne persönliche Anteilnahme sein Pflichtprogramm abspult.

Wir müssen also lernen, die modernen Kommunikationsmittel als Weg zu nutzen, auf herzliche und klare Weise miteinander in Verbindung zu treten. Da die globale Vernetzung so schnell gegangen ist, wird dies noch einige Übung benötigen, und wir brauchen Geduld, um den richtigen Ton zu treffen. Genau hierbei hilft Maha Chohan. Wenn Sie also Wissen vermitteln und dabei Herz und Verstand verbinden wollen, kann diese Quintessenz Sie unterstützen. Sie nimmt Ihnen außerdem die Angst vor modernen Kommunikationstechniken, wie Internet oder die Multimedien, und macht Mut, diese Mittel kreativ und effizient zur Verbreitung einer Botschaft zu nutzen.

Vorbild sein

Maha Chohan wird auch der Lehrer der Lehrer genannt. Es ist jemand, der aus übergeordneter Instanz seine Botschaften an die nächste Stufe vermittelt.

Wer in der Hierarchie hier auf Erden ganz oben steht, sollte Integrität und innere Größe besitzen. Redewendungen wie »Je höher der Aufstieg, desto tiefer der Fall« warnen davor, sich seiner Machtposition zu sicher zu sein oder sie gar zu mißbrauchen.

Ob jemand nun eine besondere gesellschaftliche Position einnimmt oder nicht, neben innerer Wahrhaftigkeit benötigen Menschen heute mehr denn je Vorbilder, jemanden, der mit gutem Beispiel vorangeht. Im Englischen heißt es: »Walk the talk«, sinngemäß übersetzt: »Setze das, worüber du redest, auch wirklich in die Tat um.« Den schönen Worten und guten Vorsätzen auch wirklich Taten folgen zu lassen fällt vielen von uns zuweilen recht schwer. Wir versuchen, lichter, größer, schöner, wissender zu wirken oder meinen, daß dies von uns in einer bestimmten Position erwartet wird. Authentisch sein bedeutet aber, so zu sein, wie wir gerade sind. Wenn meine inneren Bedürfnisse und Wünsche und meine äußere Darstellung auseinanderklaffen, bin ich kein echtes Vorbild. Wie kann ich glaubhaft aus meinem Herzen über die Nächstenliebe predigen, wenn ich zu Hause meinen Partner mißachte oder meine Kinder vernachlässige? Die Angst, meine Vorspiegelungen könnten auffliegen, wird immer gegenwärtig sein. Und auch wenn ich vielleicht auf diese Weise Erfolge verzeichne, so sind sie meist nur flüchtiger Natur und gehen nie in die Tiefe.

Die Menschen, die wirklich etwas bewirken und anderen ein Vorbild sind, halten jeder kritischen Prüfung stand. Maha Chohan will uns dazu ermutigen, auch selbst ein Vorbild zu sein, und sei es in noch so bescheidenem Rahmen. Wir müssen unseren Kindern ein gutes Beispiel geben, wenn sie ein Licht in dieser Welt sein sollen. Vorbild zu sein ist neben der eigenen inneren Veränderung die einzige Möglichkeit, im Außen wirklich etwas zu bewirken.

Mineral- und Kristallwelt

Es heißt, daß Maha Chohan den Zugang zur Mineral- und Kristallwelt erleichtert. Der Grund liegt vielleicht darin, daß seine Schwingung mit der Welt von Atlantis, wo in großem Umfang mit Kristallen und Mineralien gearbeitet und geheilt wurde, in Verbindung gebracht wird. Möglicherweise ist auch die Verbindung zu den modernen Kommunikationsmitteln eine Erklärung. Sowohl Quarz- als auch Silikongestein werden in der Computertechnik eingesetzt. Jeder sollte selbst prüfen, inwieweit Maha Chohan in dieser Weise wirkt.

Für mein Gefühl ist es eher die Quintessenz Serapis Bey, die den Zugang zu Kristallen und Mineralien ermöglicht, da sie tief in ihrem Inneren Lichtträger der höchsten Form sind. Doch alle Meisterenergien sind ein Teil des einen Lichtstrahls und können daher Verbindung zu allen anderen Energien herstellen. Vielleicht wäre es sinnvoller, sich über den jeweiligen Farbstrahl mit einem Kristall oder Mineral in Verbindung zu setzen. Wenn ich also Zugang zu einem Amethyst haben möchte, dann arbeite ich mit der Quintessenz St. Germain; wenn ich mich auf einen Aquamarin einstimmen will, arbeite ich mit Maha Chohan usw. Da allerdings viele Menschen bereits mit Hilfe der Quintessenz Maha Chohan ganz allgemein Verbindung mit der Welt der Steine aufgenommen und somit ein Energiefeld aufgebaut haben, fällt dieser Zugang zum Mineralreich leichter. Probieren Sie die verschiedenen Wege selbst aus, um den für Sie richtigen herauszufinden. Erkennen, wo das Herz den Weg zur Wahrheit weist – auch das ist Maha Chohan im Einsatz.

Fazit: Maha Chohan hilft bei der Kommunikation von Herz zu Herz. Ihr persönliches Wissen, Ihre praktische Lebensweisheit können Sie mit einem tiefen Gefühl der Überzeugung und Wahrheit weitergeben. Maha Chohan öffnet Ihnen den Zugang zu den transformierenden, reinigenden Energien des Wasserelements und dessen Naturgeistern. Maha Chohan führt Sie zu höheren Bewußtseinsebenen, bringt Läuterung und gibt Ihnen den Raum, Ihr erweitertes Wissen einem breiteren Publikum zugänglich zu machen. Er öffnet Ihnen den Zugang zur Welt der archetypischen Bilder und Symbole und beschleunigt damit Ihre weitere Entwicklung.

Zusammenfassung der Quintessenz Maha Chohan

- erweitert den Horizont und schafft Verbindungen auch über Grenzen hinweg
- ermöglicht den Zugang zu den eigenen Gefühlen und Emotionen, ohne dabei überwältigt zu werden
- hilft auf der Gefühlsebene, mit anderen von Herz zu Herz in Verbindung zu treten
- löst Angst vor den neuen Kommunikationsmitteln (zum Beispiel Internet) auf
- gibt Zugang zu unserer inneren Weisheit und verstärkt dadurch die Entwicklung zu einer höheren Bewußtseinsebene
- unterstützt beim kreativen Ausdruck, auch vor größerem Publikum
- verbindet mit dem kollektiven, universellen Bewußtsein
- öffnet den Zugang zu der Welt der Naturgeister des Wasserelements
- schult die Intuition und hilft dadurch, sich von Ängsten zu befreien
- verbindet den Ausdruck von Herzensgefühlen mit dem Ver-

stand, so daß beide Aspekte in harmonischer Weise miteinander agieren
- hilft, mit gutem Beispiel voranzugehen
- verbindet mit der Mineral- und Kristallwelt

Der türkisfarbene Pomander

Positiver Zustand

- sich auf Liebe und Nähe einlassen und innerhalb der Gemeinschaft Verantwortung tragen
- die Fähigkeit, zu einem größeren Publikum eine herzliche Verbindung herzustellen und sich vertrauensvoll und gefühlvoll zu zeigen
- die eigene Kreativität auf inspirierende Weise ausdrücken

Negativer Zustand

- aus Angst vor Verletzung auf Distanz gehen
- sich kreativen Ausdruck nicht zutrauen
- Abwehrhaltung gegenüber den modernen Kommunikationsmitteln
- sich nur auf sich selbst verlassen wollen und die Zuwendung anderer abblocken
- oberflächliches Genußleben

Der Farbstrahl Türkis

Einstimmung auf den türkisfarbenen Pomander

Ich verbinde mich mit dem türkisfarbenen Strahl.
Ich freue mich, meine Kreativität so einzusetzen, daß sie anderen als Quelle der Inspiration dient.
Gern will ich mein Licht weitergeben, damit so viele Menschen wie möglich davon berührt werden.
Mit Herzenskraft und Liebe lebe ich in der Gemeinschaft und bin frei in meiner Ausdrucksweise.

Wann brauche ich den türkisfarbenen Pomander?

- zur Überwindung von Schüchternheit sowie Lampenfieber bei öffentlichen Auftritten
- um mich innerhalb einer Beziehung auf echte Nähe einzulassen
- wenn ich mich aus Angst vor Verletzung mit dem Ausdruck meiner tieferen Gefühlen zurückhalte
- wenn ich dazu neige, mir auf Kosten anderer ein schönes Leben zu machen
- wenn ich um jeden Preis meine Unabhängigkeit und Selbständigkeit durchsetze
- zur Stärkung des Vertrauens in die eigenen kreativen Fähigkeiten
- um wieder Zugang zu meinem verschütteten künstlerischen Potential zu bekommen
- wenn ich es vermeide, im Rampenlicht zu stehen, obwohl ich dazu aufgefordert bin
- bei der Angst, ausgelacht zu werden, wenn ich meine Talente öffentlich zeige
- bei dem Gefühl, von den Wünschen und Forderungen anderer überrollt zu werden

- um meiner Intuition zu vertrauen und mich durch sie inspirieren zu lassen
- wenn ich mich mit anderen von Herz zu Herz verständigen will
- wenn ich mit Kristallen oder Naturgeistern arbeiten will
- um Mut zu haben, meine Spiritualität nach außen hin zu zeigen
- bei Immunschwäche und erhöhter Infektanfälligkeit
- bei wiederholten Erkrankungen der Atemwege (Bronchitis, Grippe usw.)

Der türkisfarbene Pomander spricht vor allem das Thema Grenzen an. Dabei geht es nicht nur um geographische, sondern auch um persönliche Grenzen. Wo setze ich meine Grenzen gegenüber der Umwelt, wo sind meine Grenzen in der Leistungsfähigkeit, wann bin ich bereit, meine persönlichen Grenzen zu erweitern? Wo öffne ich meine Grenzen und gebe anderen den Zutritt in mein Reich (Körper, Geist, Seele)? Grenze ich mich aus Angst zu sehr ein, oder verflüchtige ich mich, weil ich mich nicht genügend abgrenze? Wozu brauche ich überhaupt Grenzen? Wogegen muß ich mich wehren? Was könnte energetisch oder physisch in mich eindringen und mich verletzen oder vernichten? Welche Gefühle und Emotionen kann ich zulassen, oder welche muß ich abwehren? Wo traue ich mich, aus tiefstem Herzen zu sprechen, und wo nicht?

Der türkisfarbene Pomander will uns Mut machen, uns aus einem inneren Gefühl der Stärke und Sicherheit zu offenbaren. Wir sollen unser Herzenslicht zeigen, auf welche Weise es auch leuchten mag. Wir sind jetzt aufgefordert, unsere Fähigkeiten unter Beweis zu stellen – in dem Vertrauen, daß sie ein hilfreicher, lichtvoller Beitrag zum Leben aller sind.

Mit einer brennenden Kerze kann man Hunderte von anderen Kerzen anzünden, die ihrerseits Tausende von Kerzen anzünden können. Symbolisch steht die Kerze für unsere Fähigkeiten und Talente, die uns mit auf dem Weg gegeben wurden. Wir müssen

unsere Kerze anzünden, das Licht entfachen, um es auch weiterzugeben. Es nutzt nichts, wenn wir die Kerze festhalten und sie nicht anzünden, weil wir Angst haben, daß sie irgendwann abgebrannt ist und erlischt. In der Zwischenzeit hätten viele neue Lichterkerzen angezündet werden können, wir hätten Inspiration weitergeben können.
Wir können unser Licht jetzt scheinen lassen und sehen, wieviel wir bewirken. Andernfalls warten und warten wir nur. Irgendwann sind jedoch auch wir an der Reihe, und so lautet der Appell des türkisfarbenen Strahls: Lassen Sie jetzt, in diesem Augenblick Ihr Licht aus dem Herzen strahlen, warten Sie nicht auf morgen.

In Kontakt kommen

Wenn wir jemanden auf der Herzensebene erreichen wollen, müssen wir bereit sein, auf ihn zuzugehen. Bleiben wir hinter einer dicken Mauer des Selbstschutzes verborgen, ist es nur sehr schwer möglich, einen tieferen Eindruck zu machen. Es reicht nicht aus, kurz Kontakt aufzunehmen und sich dann blitzschnell wieder zurückzuziehen – wie eine Schildkröte, die immer nur für Sekunden ihren Kopf aus dem Panzer steckt, um ihn aus Angst und Mißtrauen sofort wieder einzuziehen. Sie wird dann nie feststellen können, ob ihre Umgebung nicht doch sicher ist und es Lebewesen um sie herum gibt, die ihr wohlgesinnt sind. Diese Angst vor tieferer Berührung kann aus einer vergangenen schlechten Erfahrung stammen, bei der wir grenzenloses Vertrauen und große Offenheit gezeigt haben und dabei stark verletzt worden sind. Die Liebe, die wir ausgedrückt haben, ist mit Füßen getreten worden, und wir riskieren diesen Schmerz lieber nicht noch einmal.
Das Erlebnis, das unseren Rückzug ins Schneckenhaus veranlaßt hat, kann manchmal scheinbar banal sein. Als Kind malen wir

vielleicht ein Bild als Geschenk für ein Elternteil und stecken unsere ganze Liebe und Zuneigung hinein. Doch es wird kaum registriert oder achtlos weggeworfen. Wir singen mit Leidenschaft ein Lied und werden wegen unserer falschen Töne ausgelacht. So können sich Türen schließen, und der innere Rückzug findet statt. Innerlich sind noch sehr viel Liebe und Gefühl vorhanden, doch sie finden aus Angst vor der Ablehnung oder Verletzung in der äußeren Welt keinen Ausdruck. Der türkisfarbene Pomander hilft uns, unsere Ängste abzubauen und uns wieder zuzutrauen, echten Kontakt mit der Umwelt aufzunehmen. Die alten Muster der Ablehnung können dann Zug um Zug aufgelöst werden.

Nähe und Distanz

Viele Menschen haben Angst vor echter Nähe. Wenn man ihnen zu nahe tritt, fühlen sie sich häufig überwältigt. Sie vermeiden deswegen Situationen, in denen es zu wirklicher Intimität kommen könnte. Sie halten ihre Gefühle immer stark im Zaum und gehen tiefen Freundschaften aus dem Weg, bei denen es zu einem innigen Austausch kommen könnte.
Nach außen hin wirken diese Menschen dennoch sehr herzlich. Sie sind häufig großzügig und hilfsbereit, haben Charisma und Anziehungskraft. Intuitiv erfassen Außenstehende das Potential an Herzenswärme und Licht. Tief in ihnen verborgen sind der Kummer, sich nicht hingeben zu können, und die Angst, sich zu verlieren. Dabei sind so viel Kraft und Liebe im Inneren vorhanden, die darauf warten, ausgedrückt zu werden. Einzig das Gefühl einer unerfüllten Sehnsucht erinnert daran.
Diese Menschen haben nicht gelernt, sich im richtigen Maß abzugrenzen. Der Zustand ist mit einem nicht richtig funktionierenden Schleusensystem an einem Kanal vergleichbar. Durch das

Schleusensystem sollen verschieden hohe Wasserstände reguliert werden. Bei Menschen, die Probleme mit Nähe haben, ist das Regulierungssystem aus dem Gleichgewicht geraten. Die Betroffenen öffnen sich zunächst schier grenzenlos und erleben dann eine völlige Überflutung. Es strömt zuviel an äußeren Energien und Eindrücken auf sie ein, und sie fühlen sich dadurch überwältigt oder überfordert. Als Gegenregulierung machen sie dann dicht. Sie grenzen sich völlig ab, distanzieren sich und gehen auf Rückzug. Das Hin-und-Herpendeln ist sowohl für die Betroffenen als auch für die Außenwelt sehr anstrengend. Sie schwanken zwischen den Extremen und verausgaben sich dabei vollkommen, anstatt sich hinzugeben. Die anderen wissen hingegen nie so recht, woran sie sind.

Wird für einen Moment Intimität und Nähe erreicht, ist es ziemlich sicher, daß die Betroffenen wieder in Panik davor weglaufen. Es entsteht der Eindruck von einer Abweisung. Dabei ist der Wunsch nach Vereinigung und einer Verbindung in Liebe riesengroß. Der türkisfarbene Pomander verhilft in dieser Situation zu mehr Ausgeglichenheit, damit die Betroffenen lernen, sich der jeweiligen Situation angemessen zu öffnen oder zurückzuziehen.

Freiheit und Selbständigkeit

Wer so viel Angst vor Nähe hat, wird alles tun, um seine Selbständigkeit zu bewahren und nicht von anderen Menschen abhängig zu werden. Freiheit wird um jeden Preis aufrechterhalten. Wer selbständig ist, braucht niemanden um etwas zu bitten oder sich für etwas zu rechtfertigen. Wer unabhängig von anderen ist, hat in gewisser Weise Macht. Er kann ohne Rücksicht auf andere bestimmen, wie er handelt und lebt. Er kann tun und lassen, was er will. Auf den ersten Blick erscheint dies beneidenswert. Es ist so, als ob diese Menschen immer auf der Sonnenseite des Lebens stehen. Wo anderen durch private oder berufliche Zwänge beim Ausleben ihrer Träume Grenzen gesetzt sind, können sie aus dem vollen schöpfen und das Leben genießen. Doch im Grunde genommen laufen sie dabei vor dem Erleben tiefer Gefühle der Liebe und Verbundenheit weg.

Wer sein Herz öffnet, riskiert auch Zurückweisung, Enttäuschung oder Verletzung. Dies ist für den freiheitsliebenden Menschen jedoch unerträglich schmerzhaft, und so weicht er dem Risiko des Schmerzes von vornherein aus. Geht er dennoch eine Liebesbeziehung ein, wird er eher dazu tendieren, durch sein Verhalten jegliche Verletzung zu vermeiden. Er wird lieber durch Treuebruch, Distanzierung oder Dominanz den Partner zuerst verletzen, als daß er selbst verletzt werden könnte. Er steht lieber ganz allein im Leben da und riskiert die Einsamkeit, als daß er gefühlsmäßig abhängig wäre.

In Verbindung mit dem rosafarbenen Pomander kann der türkisfarbene Pomander den Kontakt zu den eigenen Herzensgefühlen herstellen sowie Mut machen und Vertrauen geben, eine Verbindung von Herz zu Herz mit allen möglichen Konsequenzen einzugehen. Denn nur im Ausdruck der Liebe finden wir wirkliche Erfüllung.

Gebremste Kreativität

Wer sich zu der Farbe Türkis hingezogen fühlt, ist häufig sehr kreativ. Diese Person hat viele Ideen und Einfälle oder besitzt künstlerisches Talent. Eine Fülle an inneren Bildern sowie Phantasie und Vorstellungskraft beleben die innere Welt meist schon seit der Kindheit.

Leider wird bei vielen von uns dieses kreative Potential durch äußere Faktoren jedoch bereits im Keim erstickt, oder es kommt nie so recht zum Ausdruck. Ein Kunstlehrer, der beispielsweise die genaue Nachzeichnung einer Obstschale oder eines anderen Objekts fordert, wird mit der phantasievollen bildlichen Umsetzung eines Gedichts wenig anfangen und die kreative Leistung des Schülers nicht würdigen können. Je nach Konformitätsdruck innerhalb der Familie oder in der näheren Umgebung wird der individuelle Ausdruck so lange entmutigt und zur Anpassung aufgefordert, bis irgendwann klein beigegeben wird. Kreative Menschen sind sensibel und daher auch beeindruckbar. Im späteren Leben werden sie sich dann nicht trauen, ihren Ideen freien Lauf zu lassen, und in ihrem Ausdruck zurückhaltend oder sogar schüchtern sein. Sie arbeiten dann aus Angst vor einer vernichtenden Kritik lieber im verborgenen.

Es gibt viele Lehrer, die Angst davor haben, daß ihre Schüler besser sein könnten als sie selbst. Wachsen andere über uns hinaus, sind auch wir aufgefordert weiterzugehen. Aber viele Menschen bleiben lieber dort stehen, wo sie sind, und entwickeln sich nicht weiter. Der Status quo scheint die bequemere und leichtere Alternative zu sein.

Es ist jedoch ganz wichtig, daß wir unsere schöpferischen Talente ausleben, in welchem Rahmen auch immer. Wir müssen nicht gleich so berühmt wie Pablo Picasso oder Hermann Hesse werden. Vielmehr sollten wir uns aus der Schaffensfreude heraus an unseren eigenen kreativen Ausdruck wagen. Wenn Sie also als Kind gern gemalt haben und es seitdem nie mehr getan haben, sollten Sie jetzt wieder damit anfangen. Der türkisfarbene Pomander hilft Ihnen, erneut Zugang zu Ihren künstlerischen Fähigkeiten zu bekommen.

Im Rampenlicht stehen

Wenn wir ein Licht in der Welt sein wollen, sollten wir bereit sein, uns in der Öffentlichkeit zu zeigen. Wie können andere denn sonst von unseren Fähigkeiten profitieren? Wenn wir eine besondere Gabe besitzen, dann sind wir dazu aufgefordert, sie auch zu zeigen und weiterzugeben. Nur dadurch kann sie wachsen, und nur dadurch ist sichergestellt, daß sie uns erhalten bleibt. Was nutzt es, Pflanzensamen im Haus zu haben, wenn ich sie nie aussäe? Ich werde dann nie erfahren, was für wunderschöne Blüten aus den Samen entstehen.

Angst vor Kritik oder vor Blamage veranlaßt viele Menschen, sich regelrecht zu verstecken. Vor allem wenn es um spirituelle Botschaften geht, bestehen häufig Hemmungen, sich vor einem größeren Publikum zu zeigen. Es geht dabei nicht nur um das gesprochene Wort, sondern um jegliche Ausdrucksformen. Nur zu leicht werden spirituelle Menschen als abgehoben oder verrückt deklariert. Jene, die das Licht des Göttlichen scheuen, werden es angreifen, wenn sie es bei anderen erkennen.

Je näher wir der Quelle des Lichts kommen, desto schmaler wird der Pfad. Wir müssen dann riskieren, im Alleingang weiterzumachen und darauf vertrauen, daß uns irgendwann andere nachfolgen werden, wenn sie erkennen, was wir weitergeben wollen. Wichtig ist das innere Gefühl, das Richtige zu tun, egal was die öffentliche Meinung gerade dazu sagt. Es ist schon viel Inspiration in die Welt geflossen und hat eine Weile geschlummert, bevor jemand das Potential erkannt und es aufgegriffen hat. Dazu zähle ich auch die Aura-Soma-Farbtherapie. Farben wurden bereits in vielen Kulturen zu Heilzwecken benutzt. Dann ist diese Heilmethode lange Zeit vergessen worden. Vicky Wall hat ihren Wert erkannt und sich dann nicht gescheut, damit an die Öffentlichkeit zu gehen, auch wenn sie vielen als merkwürdig und zu esoterisch erschien. Aber weil Vicky Walls Lehre aus dem Herzen kam, reagierten viele andere Menschen darauf intuitiv mit Zustimmung.

Wenn Sie also dazu neigen, sich und Ihre kreativen Fähigkeiten zu verstecken, dann arbeiten Sie mit dem türkisfarbenen Pomander, um sich in Ihrem wahren Licht zu zeigen. Welche Wege dabei eingeschlagen werden, hängt ganz von der Persönlichkeit ab. Ob Sie vor einer Gruppe von Menschen auftreten oder die Massenmedien (Presse, Rundfunk, Fernsehen) nutzen, ist nicht so wichtig. Sie werden in die richtige Richtung gelenkt. Hauptsache ist, daß Sie sich ein Herz fassen und dazu bereit sind, in Erscheinung zu treten.

Symptome auf der Körperebene

Chakra-Zuordnung: Ananda-Khanda-Zentrum (zwischen Herz und Hals auf der rechten Brustseite gelegen).
Organzuordnung: Herz, Thymusdrüse, Lungen.

Die Farbe Türkis spricht hauptsächlich die Thymusdrüse an. Sie ist für unser Immunsystem sehr wichtig, denn in ihr werden die T-Lymphozyten produziert, die dann zusammen mit den B-Lymphozyten für eine effektive Körperabwehr sorgen.
Bei unserem Abwehrsystem ist das Thema Abgrenzung angesprochen. Sind unsere Grenzen stark genug, um uns schädliche Viren und Bakterien effektiv vom Leib zu halten oder sie beim Eindringen schnell abzutöten? Oder holen wir uns bei jeder Gelegenheit eine Erkältung?
Damit unser Körper gesund bleibt, muß er sich vor schädlichen Einflüssen abgrenzen und dafür sorgen, daß sie ein Minimum an Schaden anrichten. So ist der türkisfarbene Pomander bei einer allgemeinen Schwäche des Immunsystems hilfreich. Hier sei vor allem an HIV-Patienten gedacht, deren Abwehr so ge-

schwächt ist, daß sie besonders anfällig für Infektionskrankheiten sind.

Infektionen übertragen sich häufig über die Luft, und so spricht dieser Pomander auch den Lungenbereich an. Wer ständig mit bronchialen Infekten zu tun hat, wird feststellen, wie das Türkis das Abwehrsystem stärkt. Zusätzlich wirkt diese Farbe antiseptisch und hilft damit, die Infektion schneller zu überwinden. Bei diffusen Herzschmerzen oder leichten Angina-pectoris-Anfällen kann Türkis beruhigend und entspannend wirken. Die Herzensenergie kann sich dann wieder ausdehnen.

Der Farbstrahl Blau

Thema: Sich von Gott führen lassen und den persönlichen Willen einer höheren Ordnung unterstellen. Offenheit für die Botschaften aus der geistigen Welt zeigen und dabei stabil und sicher im realen Leben verwurzelt sein. Gott kommuniziert mit und durch uns. Miteinander in Liebe und Gemeinschaft leben und einander unterstützen.

Mit der Farbe Blau erreichen wir eine Ebene, auf der sich unser Bewußtsein ausdehnen kann. Wir öffnen uns nach oben zu der spirituellen Welt und nach unten in die Sphäre des realen irdischen Geschehens. Wir werden zu einem Kanal für Energie und Botschaften. Blau gibt uns den Zugang zu dem inneren Raum der Weisheit und der Führung, damit wir wissen, was wir aus unserem Leben machen sollen und wie wir unsere Fähigkeiten sinnvoll einsetzen können. Es ist eine Farbe der Übergänge, denn wir müssen bereit sein, Altes aufzugeben, um Neues in unser Leben einfließen zu lassen. Und manchmal müssen wir scheinbar alles verlieren und ohne Altlasten und schweres Gepäck unseren Weg weitergehen.

Blau will uns Vertrauen vermitteln und uns ein Gefühl von Schutz und Geborgenheit mit auf den Weg geben, auch wenn wir nach außen hin ganz nackt erscheinen. Wir werden wieder eingekleidet, wir erhalten wieder Nahrung und ein Dach über den Kopf. Und wenn nicht auf der irdischen Ebene, so doch auf der spirituellen Ebene.

Blau hilft uns, die schwierigen existentiellen Übergänge zu meistern. Geburtserlebnisse, Todesgefahren, aber auch Trennungen,

Scheidungen, schwere Krankheiten und spirituelle Krisen sind tiefgreifende Erfahrungen. Sie können uns aus dem Gleichgewicht bringen und in Depressionen und Lebensverdruß stürzen. Aber wenn wir den Weg zu dem inneren Raum der Stille finden, in dem wir Liebe und Fürsorge empfangen können, dann finden wir wieder den Mut weiterzugehen, auch unter den härtesten äußeren Bedingungen. Wir vertrauen dann darauf, daß wir wieder fruchtbares Land erreichen und im Sinne einer größeren Ordnung leben und lieben können. Es ist, als ob eine mütterliche Person ihre Arme ausbreitet und uns in Liebe aufnimmt, uns einhüllt und Geborgenheit gibt, bis wir genug Kraft geschöpft haben, uns wieder lösen und auf unserem Lebensweg weiter entschlossen voranschreiten.

Die Quintessenz El Morya

Innere Einstimmung

Ich verbinde mich mit El Morya.
Möge mein Wille sich dem Willen Gottes nähern.
Ich höre auf meine innere Stimme, die mir meine Lebensaufgabe innerhalb der Schöpfung Gottes offenbart.
Ich vertraue in Gott, und ich vertraue auf meine eigene Kraft.
Möge Gott durch mich wirken und mein Weg voll Freude, Licht und Liebe sein.
Dein Wille geschehe durch mich.

Der Farbstrahl Blau

Wann brauche ich die Quintessenz El Morya?

- wenn ich nicht weiß, was der Sinn und Zweck meines Lebens ist
- bei dem Gefühl, fremdbestimmt zu leben
- wenn ich mich durch äußere Faktoren von meinem eigentlichen Vorhaben leicht ablenken lasse
- um Vertrauen in meine eigenen Fähigkeiten aufzubauen
- wenn ich gute Ideen habe, aber bei der Umsetzung zu schnell aufgebe
- wenn ich dazu tendiere, mir bei der Verwirklichung meiner Träume ein Bein zu stellen
- wenn mir mein Leben inhaltslos und leer erscheint
- um mit meiner inneren Stimme in Kontakt zu kommen
- wenn ich mein Leben aus einer höheren Warte betrachten möchte
- um mich mit Gottes Willen zu verbinden: »Dein Wille geschehe«
- wenn ich mich nicht traue, schöpferisch tätig zu werden, obwohl ich weiß, daß Talente in mir schlummern
- um zu einem tiefen Gefühl innerer Ruhe und Zufriedenheit zu gelangen
- um mich mit der Schöpfung Gottes zu verbinden

Die Quintessenz El Morya vermittelt die weiblichen Eigenschaften von Schutz und Geborgenheit sowie die männlichen Attribute von Kraft und Aktion. Wer nicht so recht weiß, welchen Sinn sein Leben hat und deshalb in Trägheit und Nachgiebigkeit versinkt, wird von dieser Quintessenz unterstützt.

El Morya schirmt uns von äußeren Meinungen ab und hilft uns, nach innen zu horchen. Manchmal ist unser vom Schicksal vorgesehener Weg ein ganz anderer, als wir dachten, und wir müssen umdenken und umplanen. Dann wird uns bei der Neuorientierung geholfen, manchmal auf indirekte Weise. El Morya unterstützt uns dabei, daß wir unsere Seelenentwicklung hier auf Erden auch verwirklichen.

El Morya begleitet uns dabei, unseren persönlichen Willen, der vom Ego beeinflußt wird, zu transzendieren und uns in unserem Leben mehr und mehr nach dem höheren Willen Gottes zu richten. Der Wille des Ego ist in der Regel auf materielle, irdische Dinge ausgerichtet. Wir glauben, in materiellem Reichtum, äußerer Macht, Schönheit, Genuß oder Erfolg unsere Erfüllung zu finden, und sicherlich stimmt dies auch zum Teil. Es ist besser, reich zu sein, als in bitterer Armut zu leben und nicht zu wissen, wo die nächste Mahlzeit herkommt. Armut kann uns genauso in unseren Egobedürfnissen gefangenhalten.

Woran unser Ego kein Interesse zeigt, das ist die Erfahrung der Liebe. Denn Liebe stillt so manchen Hunger und öffnet die Kraftquellen im eigenen Innern. Unser Ego sieht es lieber, daß wir in Angst leben. Angst und Unsicherheit können sehr lähmend wirken und die innere Ruhe zerstören. Wir können Angst haben, unsere erworbenen Reichtümer zu verlieren, oder unsere Angst beruht darauf, daß wir Mangel leiden. Im Gegensatz zu unserem Egowillen interessiert sich unser höherer oder göttlicher Wille für das Licht und strebt nach einem Leben in Brüderlichkeit. Der höhere Wille sieht die Substanz hinter der Materie und will in die Unendlichkeit des Seins eintauchen.

El Morya möchte uns von den Lockrufen der äußeren Welt bewahren und uns zu der Seelenebene führen, auf der wir erkennen, was der Sinn und Zweck unseres Lebens ist und auf welchen Wegen wir ihn verwirklichen. Er läßt uns in ein Meer des Urvertrauens eintauchen und gibt uns so den Glauben an unsere Kraft.

Nach wessen Willen leben wir?

Bevor wir überhaupt beginnen können, nach höheren Sphären zu streben, ist es wichtig, daß wir uns darüber Gedanken machen, woran wir uns generell im Leben orientieren.
Sehr häufig leben wir nicht unsere wahre Persönlichkeit. Wir laufen hinter der Anerkennung unserer Eltern hinterher und geraten dabei vielleicht in eine ganz andere Richtung, als wir ursprünglich wollten. Oder wir haben als Kind wenig Lob und Ermutigung erhalten und sind deswegen vom Zuspruch anderer abhängig. Aktuelle Trends in der Gesellschaft beeinflussen uns sehr leicht in unserem Lebensstil. Was ist gesellschaftlich anerkannt, was ist verpönt? Es ist nicht einfach, sich den Vorgaben, die von allen Seiten auf uns einwirken, zu entziehen. In der Regel handelt man sich Spott und Hohn ein, wenn man einen Weg entgegen der Norm geht.
Als erstes ist es also wichtig herauszufinden, wie frei Sie in der Gestaltung Ihres Lebens sind. Bestimmt ein Partner Ihr Leben? Oder sind Sie von den Anforderungen Ihrer Eltern abhängig? Würden Sie gern etwas anderes tun, haben aber Angst, ausgegrenzt und isoliert zu sein? Wie stark ausgeprägt ist überhaupt Ihr eigener Willen? Wieviel Einsatz ist Ihnen das Erreichen Ihrer Ziele wert? Was würden Sie dafür bereitwillig aufgeben? Sind Sie sofort entmutigt, wenn Zweifel geäußert werden? Oder folgen Sie unbeeindruckt Ihrem Weg?
Wir denken, daß wir unser Leben nach unserem Willen gestalten, aber bei näherem Hinsehen ist es doch häufig nicht so.

Sinn und Zweck des Lebens

Nachdem wir einmal genauer geprüft haben, welchen inneren Kriterien und äußeren Einflüssen unsere Lebensgestaltung unterliegt, sollten wir auch danach fragen, an welcher Stelle wir unseren eigenen Zwecken, den Zwecken anderer oder einem höheren Zweck dienen. In den ersten Jahrzehnten unseres Lebens denken wir in der Regel nicht über den höheren Sinn unseres Lebens nach. Wir folgen einfach den Gegebenheiten und orientieren uns meist an den Maßstäben, die uns von unserer nächsten Umgebung vermittelt werden. Wir bleiben dem Rahmen, der uns durch Elternhaus, Schule und soziales Milieu vorgegeben ist, treu. Es gibt zwar auch immer eine Phase der Rebellion, in der wir versuchen, aus zu engen Grenzen auszubrechen, doch irgendwann kehren wir in die gewohnte Umgebung zurück. Nur wenige Menschen sind bereit, Familie und Heimat loszulassen, um ganz woanders ein neues Leben anzufangen. Meist ist das ein Abschied im Zorn, und der Aufbruch ähnelt mehr einer Flucht als der Suche nach dem eigenen Lebenssinn.

Häufig beschleicht uns in den mittleren Lebensjahren das Gefühl, daß es noch mehr im Leben geben müßte. Diese Frage kann auch in jungen Jahren gestellt werden, wenn wir beispielsweise durch eine schwere Erkrankung oder einen Unfall aus der gewohnten Bahn geworfen wurden. Wir haben uns bemüht, gute Ehepartner, Mütter oder Väter, Kollegen oder Freunde zu sein, wir haben im großen und ganzen eigene Bedürfnisse und Wünsche erfüllt, aber so richtig froh sind wir trotzdem nicht geworden. Vielleicht haben wir es auch anderen immer nur recht gemacht und uns selbst nicht durchgesetzt. Wenn wir an diesem Punkt von Unzufriedenheit oder auch von innerer Leere angelangt sind, fangen wir mit der eigentlichen Suche an.

In der heutigen Zeit stellen immer mehr Menschen die Frage nach dem Sinn und Zweck ihres Lebens, und zwar auch schon in jüngeren Jahren. Sie ersparen sich dadurch manche Umwege und Frustrationen. Doch alles kommt zur rechten Zeit, auch die Einkehr und dann Umkehr in eine neue Richtung.

Freude an der Schöpfung

El Morya spricht zu uns von innen heraus. Seine Schwingung gleicht unserer inneren Stimme, die wir in einem Moment der Stille und der Innenschau hören können. Nicht mehr die äußeren Stimmen und Meinungen interessieren uns dann, sondern nur noch unser eigenes tiefes Verlangen nach einem höheren Daseinszweck. Oft ist es uns in der Kindheit möglich, unsere Seelenstimme zu hören, die so gut um unseren Lebensplan weiß. Unsere Vorlieben und Talente sind immer ein Hinweis auf unseren zukünftigen Weg im Leben.
Gott hat uns aus Freude an der Schöpfung kreiert, und diese Schöpferfreude ist auch in uns. Es ist sein Wille, daß auch wir schöpferisch tätig sind und dabei von Glück erfüllt werden. Da Gott sich selbst nicht in Frage stellt, liebt er seine Schöpfungen bedingungslos. Seine Schöpfungen sind vollkommen. Wir selbst sind weit davon entfernt, unsere eigenen Schöpfungen als vollkommen zu betrachten oder sie bedingungslos zu lieben. Unseren Kindern gegenüber hegen wir beispielsweise Erwartungshaltungen, und wir kritisieren unsere eigenen Leistungen fortlaufend.
Die Quintessenz El Morya will uns einen Zugang zu der Energie der nie endenden Zuneigung und Liebe Gottes zur Schöpfung geben. Es geht dabei nicht um die äußere Form, sondern um den inneren Kern. Wenn wir für Freunde ein Essen kochen, haben wir etwas erschaffen. Es mag keinem Menü in einem 3-Sterne-Restaurant gleichen, aber wenn es im Geist der Liebe gekocht wurde, ist es gut. Wenn ein Kind mit noch unbeholfenen Strichen ein Haus malt, ist das ebenfalls ein schöpferischer Akt und in sich

vollkommen. El Morya ruft uns auf, hinzuhören, um zu erfahren, was wir erschaffen sollen, und uns dann mit Begeisterung, Hingabe und Liebe an die Arbeit zu machen.

Hinhören

El Morya fordert dazu auf, die äußeren Stimmen zunächst auszublenden und sich darin zu üben, den Kontakt mit der inneren Stimme aufzunehmen. Wir müssen wieder lernen zu hören, da wir zu stark auf visuelle Reize ausgerichtet sind. Wir erleben die Welt hauptsächlich durch unsere Augen.
Viele Menschen, auch der jüngeren Generation, hören heute schlecht. Wir überhören wichtige Botschaften oder hören gar nicht erst hin. Wir sind so damit beschäftigt, uns aufgrund von äußeren Erscheinungen ein Bild zu machen, daß wir wichtige Eindrücke auf der akustischen Ebene ausblenden. Viele spirituelle Traditionen berufen sich darauf, daß wir unser Gehör trainieren müssen, wenn wir zur Erkenntnis gelangen wollen. Aber es geht letztlich nicht um das äußere, sondern um das innere Gehör. In unserem Kopf findet ein ständiger Dialog statt. Wir sind unaufhörlich mit uns selbst im Gespräch. Aber sind wir wirklich in der Lage, die für uns sinnvollen Nachrichten aus diesem Strom von Mitteilungen herauszuhören? Können wir die wichtigen Botschaften von den unwichtigen filtern? Darin liegt die schwierigste Aufgabe für uns. Denn nur wenn wir ganz genau hinhören, erfahren wir den Willen Gottes für uns und unser Leben. Es ist wie der Empfang eines Radiosenders. Wir müssen unsere Antennen, unsere sensorischen Fähigkeiten, genau ausrichten, um einen klaren Empfang zu erhalten. Schwanken wir hin und her, dann empfangen wir eine Menge verschiedener Stationen, meist verzerrt und undeutlich. Erst wenn wir uns konstant auf die richtige Wellenlänge eingestellt haben, können wir klare Nach-

Farbtabelle POMANDER

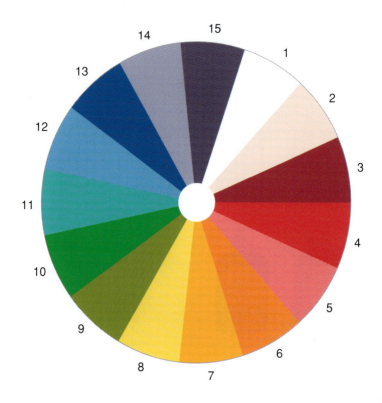

1 Weiß
2 Rosa
3 Dunkelrot
4 Rot
5 Koralle
6 Orange
7 Gold
8 Gelb
9 Olivgrün
10 Smaragdgrün
11 Türkis
12 Saphirblau
13 Königsblau
14 Violett
15 Tiefmagenta

Farbtabelle QUINTESSENZEN

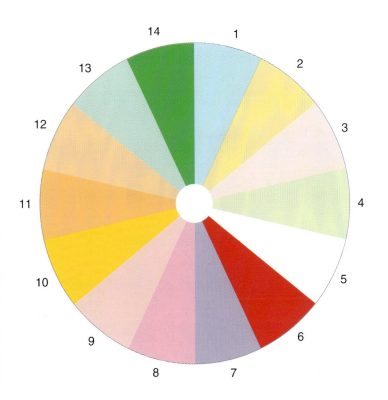

1. El Morya
2. Kuthumi
3. Lady Nada
4. Hilarion
5. Serapis Bey
6. The Christ
7. Saint Germain
8. Pallas Athena
9. Orion & Angelica
10. Lady Portia
11. Lao Tsu & Kwan Yin
12. Sanat Kumara
13. Maha Chohan
14. Djwal Khul

richten empfangen und dann entscheiden, wie wir weiter vorgehen.

Einklang zwischen dem göttlichen Willen und unserem freien Willen

Wenn wir es schaffen herauszuhören, in welche Richtung unser Leben verlaufen soll, und uns danach richten, werden wir schnell ein unglaublich tiefes Gefühl der inneren Ruhe, Gelassenheit und Sicherheit empfinden. Man spürt deutlich, wenn das Leben in Harmonie ist. Was wir tun, ergibt einen Sinn für uns und bringt uns auch Befriedigung. Wir handeln dann nicht mehr ständig gegen unsere ureigenen Interessen. Gelegenheiten kommen auf uns zu, und uns wird die Möglichkeit gegeben, zu zeigen, was wir können.

An diesem Punkt ist allerdings auch Vorsicht geboten. Es kann sein, daß Menschen in unserer näheren Umgebung uns von unseren Bemühungen zur Selbstverwirklichung abbringen wollen, vor allem wenn wir in ihren Lebensplan bisher eingebunden waren und nun eigene Wege gehen. Irgendein Drama kann sich dann plötzlich ereignen und uns die Rückkehr zum alten Leben scheinbar dringend ans Herz legen. Die Kinder sind beispielsweise aus dem Haus, und endlich hat sich eine Frau vorgenommen, ihrer Leidenschaft für die Philosophie in Form eines Fernstudiums nachzugehen. Da wird ihre Mutter schwerkrank und pflegebedürftig. So werden die eigenen Pläne beiseite geschoben, und die Mutter rückt in den Mittelpunkt. Doch vielleicht wäre das Studium der Philosophie für diese Frau genau das gewesen, wonach ihre Seele in diesem Leben gestrebt hat.

In solchen Fällen ist es wichtig, immer wieder in die innere Stille zu gehen und sehr genau darauf zu horchen, wer zu einem spricht. Ist es der höhere göttliche Wille oder ein ganz fremder Wille? Wir sollten dabei nicht vergessen, um Beistand und Hilfe zu bitten, damit wir die richtige Botschaft wahrnehmen und nicht auf Irrwege gelangen. Ein Gefühl von Sicherheit und Ruhe zeigt in der Regel, daß wir auf Gottes Stimme gehört haben.

Fazit: El Morya bringt Sie dazu, Vertrauen in sich selbst zu setzen. Sie finden Zugang zu Ihrer inneren Stimme und lernen, Ihre eigenen Ansprüche von denen anderer zu unterscheiden. Dabei geht es nicht um die Befriedigung äußerer Dinge, sondern darum, sich von innen heraus zu verwirklichen. Sie bekommen ein Gespür für Ihren Platz innerhalb des göttlichen Plans, und Sie streben danach. Dadurch fühlen Sie in sich Ruhe und Stabilität. Sie wissen, daß Sie auf dem richtigen Weg sind, und können Ihren eigenen freien Willen sinnvoll einsetzen. Der göttliche Wille und Ihr eigener Wille sind kraftvoll und in Liebe miteinander vereint.

Zusammenfassung der Quintessenz El Morya

- verbindet uns mit dem Willen und der Liebe Gottes
- hilft, den freien Willen mit dem göttlichen Willen zu vereinen
- läßt äußere Stimmen verstummen und öffnet für die eigene innere Stimme
- bringt ein Gefühl der Ruhe, Geborgenheit und Sicherheit
- unterstützt bei der Sinnfindung im Leben
- schärft das innere Gehör
- gibt tiefes Vertrauen in die göttliche Ordnung
- hilft, Freude zu empfinden, weil das Leben erfüllt ist
- läßt an Gottes Liebe zur Schöpfung teilhaben
- ermutigt, den eigenen Weg zu gehen
- stärkt das Selbstvertrauen in die eigenen Fähigkeiten
- hilft, die eigene Lebensaufgabe zu verwirklichen

Der saphirblaue Pomander

Positiver Zustand

- bei schwierigen Übergangsphasen den Glauben und das Vertrauen beibehalten, selbst wenn noch kein neues Land in Sicht ist
- in einen Zustand der inneren Ruhe und Sicherheit gelangen
- den Willen und die Kraft haben, Ideen und Träume in die Tat umzusetzen
- sich der göttlichen Führung anvertrauen
- sich in die harmonischen Klänge des Universums einstimmen

Negativer Zustand

- das Gefühl haben, steckenzubleiben oder wichtigen Entwicklungsprozessen davonzulaufen, weil sie angst machen und schmerzhaft sind
- mangelndes Vertrauen in andere und das Gefühl, alles allein machen zu müssen
- die eigenen Handlungen werden von Unsicherheit und Angst überlagert
- Flucht in Lethargie und leichte Depressionen
- krampfhaftes Festhalten an Dingen und Menschen
- ständig in Streitereien verwickelt werden oder Vorwürfen ausgesetzt sein

Einstimmung auf den saphirblauen Pomander

Ich verbinde mich mit dem saphirblauen Farbstrahl.
Ich vertraue darauf, daß alles im Leben zu meinem Besten geschieht und ich sicher geführt werde.
Ich bin bereit, mein altes Leben loszulassen und mich für neue Erfahrungen zu öffnen, die meinem Seelenweg entsprechen.
In mir stecken schöpferische Gaben.

Wann brauche ich den saphirblauen Pomander?

- wenn ich mich in einer schwierigen Übergangsphase befinde, bei der ich viel loslassen und verabschieden muß
- wenn ich aus Angst vor dem Unbekannten davonlaufe
- bei der Neigung, meine Ängste herunterzuschlucken oder zu verleugnen
- um Vertrauen zu fassen und in einer bestimmten Situation das eigene Leben in die Hände anderer zu legen
- um den Glauben an Gott zu stärken und sich seiner Führung anzuvertrauen, wenn es mir an Schutz und Geborgenheit mangelt
- um mit der inneren Stimme in Verbindung zu kommen
- um Raum zu schaffen und Kraft zu finden, kreative Ideen und Vorstellungen zu verwirklichen
- wenn es an der notwendigen Willenskraft fehlt, Vorhaben zu realisieren
- wenn ich überaktiv bin, mir innere Ruhe fehlt und ich eine langsamere Gangart einlegen sollte
- wenn ich darunter leide, daß es um mich herum ständig Streit gibt
- wenn ich mich wehrlos ständiger Kritik und verbalen Attacken ausgesetzt fühle

- in der Sterbebegleitung, um den Übergang zu erleichtern
- bei Schwangerschaft und Geburt
- um mich für die Welt der harmonischen Klänge zu öffnen
- wenn ich das Rauchen aufgeben will und mich dabei nicht so schutzlos fühlen möchte
- wenn ich ständig Hals- oder Bronchialinfekte habe oder an Erkältungen leide
- bei Problemen mit der Schilddrüse
- bei einer Abwehrschwäche des Körpers

Dieser Pomander gibt uns Zugang zu den feinstofflichen Bereichen unseres Lebens und umhüllt uns gleichzeitig mit einem energetischen Schutzmantel. Zu offen und grenzenlos zu sein kann uns den Boden unter den Füßen wegziehen.
Bei dem saphirblauen Pomander geht es sehr stark um die Qualität unserer Kommunikation und den Wahrheitsgehalt unserer Mitteilungen. Menschen, die zu Schwindeleien und Lügengeschichten tendieren, um sich aus unangenehmen Situationen herauszumogeln oder sich in einem besseren Licht darzustellen, erhalten von diesem Pomander Hilfe zu mehr Ehrlichkeit.

Geburtsprozesse

Wir beeinflussen mit dieser Farbe in erster Linie den Halsbereich. Der Hals als enge Verbindung von Rumpf und Kopf gleicht in vielerlei Hinsicht auch dem Geburtskanal, den ein Kind passieren muß. Lange Zeit ganz rund in der Gebärmutter aufgehoben, muß sich das Baby schließlich durch die Enge des mütterlichen Beckens hindurchzwängen, um zu leben. Zurückkehren kann es nicht mehr, es kann nur noch vorwärts ins Licht der Welt streben. Je mehr Angst und Verkrampfung vorhanden sind, desto schwieriger ist der Prozeß, bis das Kind auf die Welt kommt. Auch auf unserer spirituellen Reise geraten wir alle in eine solche Geburtssituation. Das alte Leben müssen wir hinter uns lassen, und obgleich wir nicht wissen, was auf der anderen Seite auf uns wartet, müssen wir den Gang durch den Tunnel oder über die Brücke wagen.

Viele Menschen brechen an dieser Stelle in Panik aus und bleiben buchstäblich stecken. Sie bleiben an alten Gewohnheiten, in Abhängigkeiten, in destruktiven Partnerschaften kleben. Diese Situation des Hängenbleibens ist jedoch unerträglich, und auf Dauer wird die Lebensenergie knapp. Auch ein Baby kann nicht zu lange im Geburtskanal verweilen, ohne dabei in Lebensgefahr zu geraten. Dann ist die Zeit gekommen, Hilfe zu erbitten. Wir müssen es nicht vollständig aus eigener Kraft schaffen, es können uns auch helfende Hände darin unterstützen, in eine neue Seinsebene hinüberzugleiten.

Wer sich zu dem saphirblauen Pomander hingezogen fühlt, befindet sich oftmals gerade in einem solchen Geburtsprozeß. Das gilt auch für kleine Kinder, die häufig an Hals- oder Mandelinfektionen leiden. Sie haben vielleicht auch Probleme mit ihrem Leben in dieser Welt, vor allem wenn es Disharmonien zwischen den Eltern gibt. Ebenso kann dieser Pomander ein Begleiter im Sterbeprozeß sein. Er hilft, sich vom Leben zu lösen und sanft in eine andere Daseinsform überzutreten.

Kein Land in Sicht

Es ist ein sehr beunruhigendes Gefühl, wenn wir kein Land mehr in Sicht haben. Die alten Ufer sind unserem Blick entschwunden, und wir befinden uns inmitten eines Ozeans mit großen Wellen, die unser Schiff hin- und herrollen lassen. Noch können wir unser angepeiltes Ziel nicht sehen. Es gibt viele Passagiere auf Segelschiffen, die in diesem Moment schwer seekrank werden. Sie haben keine Kontrolle über das Boot und kennen sich auch sonst mit Navigation und Steuerung nicht aus. Sie müssen sich dem Kapitän und der Mannschaft vollkommen anvertrauen und ihr Leben tatsächlich in deren Hände legen.

Diese Hingabe kann unter Umständen tiefe Ängste auslösen. Wenn die Wellen sich vor dem Schiff auftürmen, ist es schwer zu glauben, daß man jemals wieder gesund an Land kommen wird. Man ist den Naturgewalten hilflos ausgeliefert. Wer in so einem Moment nicht vertrauen kann, wird die dunkelsten Stunden seines Lebens durchmachen. Seekrankheit kann dramatische Auswirkungen zeigen, und es gibt Fälle von Selbstmord – Menschen, die über Bord gesprungen sind, um dem unerträglichen Elend ein Ende zu machen. Andere müssen mit Tabletten ruhiggestellt oder sogar angebunden werden, damit sie sich nichts antun. Das Gefühl, vollkommen hilflos und ausgeliefert zu sein, kann überwältigend wirken. Tiefste Ängste rühren dann das Innerste auf und nehmen jegliches Gefühl von Größe oder Souveränität. Dies kann jedoch auch ein Einweihungsweg sein.

Der Einweihungsweg der Schamanen

Auf seinem Weg zur Berufung als Schamane durchläuft der Schüler verschiedene Prüfungen, die teilweise sehr hart sind. Sie sollen seinen Körper und Geist prüfen und ihn von seinem alten Leben loslösen. Dieser Loslösungsprozeß gleicht vielfach einem rituellen Tod. Es gibt Rituale, bei denen der Prüfling mehrere Tage lang in die Wildnis geschickt wird und erst zum Stamm zurückkehren kann, wenn er bestimmte Symbole oder Zeichen erkannt und empfangen hat. Ein anderes Ritual besteht darin, in ein tiefes Erdloch hinabzusteigen und dort eine Nacht zu verbringen. Dieses Erdloch wird inmitten der Wildnis ausgehoben. Nackt steigt der angehende Schamane in den Schoß der Mutter

Erde hinein und muß sich eine Nacht lang seiner Angst stellen. Die Dunkelheit, die Geräusche der Tiere und die Einsamkeit können die Phantasie anheizen. Sekunden mögen sich dann wie Stunden anfühlen. Am nächsten Morgen steigt der Prüfling mit einem veränderten Bewußtsein aus dem Erdloch. Er hat seine Angst besiegt und erhält als Geschenk die Einweihung. Er ist nun Schamane, er hat eine Form der Wiedergeburt erlebt.

Diesen tiefen, angstvollen und dunklen Transformationsprozeß wollen viele Suchende in der heutigen Zeit umgehen. Wir tun alles, um keinen Schmerz zu erleiden. Die Vermeidungsstrategien sind vielfältig. Die New-Age-Bewegung macht es möglich, von einem »Erleuchtungsseminar« zum nächsten zu laufen und so der wirklich harten Arbeit am eigenen Wandlungsprozeß geschickt aus dem Weg zu gehen. Dabei kann man sich jahrelang vormachen, man habe große spirituelle Fortschritte erreicht und sei den anderen weit voraus. Irgendwann wird aber klar, daß man sich nur im Kreis bewegt hat, statt spiralenförmig nach oben Richtung Bewußtseinserweiterung zu klettern.

Auf jeder Stufe müssen wir bereit sein loszulassen: alte Gewohnheiten, negative Emotionen und Gefühle, materielle Anbindungen, manchmal auch Beziehungen. Es bedarf außergewöhnlicher Reife, um dabei nicht Schmerzen, Angst und Trauer zu empfinden. Auf dem Weg der Bewußtwerdung durchlaufen wir diese angstvollen Empfindungen und versuchen, sie nicht zu verdrängen oder herunterzuschlucken. Auf diese Weise erfahren wir unsere persönliche Einweihung. Wir durchlaufen den engen Geburtskanal, und unsere Sicht weitet sich.

Glaubenskraft

Je mehr Glaubenskraft wir in uns aufbauen, desto gestärkter können wir durch unser Leben gehen. Die Art und Weise, wie wir lernen, an uns und an andere zu glauben, hängt im wesentlichen von den Erfahrungen in unseren ersten Lebensjahren ab. Dieser Prozeß fängt bereits während der Zeit im Mutterleib an und schließt auch die Geburtserfahrung mit ein. Bin ich im Bauch meiner Mutter sicher gewesen, und ging es ihr und mir während dieser Zeit gut? Oder waren gesundheitliche oder andere Faktoren vorhanden, die beängstigend wirkten? Wie war das Erlebnis der Geburt für mich? Schwebte ich in Lebensgefahr? Kam ich zum errechneten Zeitpunkt zur Welt oder viel zu früh? Mußte meine Geburt künstlich eingeleitet werden? Wie eng ist der Kontakt nach der Geburt zur Mutter und zum Vater gewesen, und wie war diese neue Phase des Lebens für mich? Waren meine Eltern stolz auf mich oder vielleicht enttäuscht, weil sie sich ein Kind anderen Geschlechts gewünscht hatten? Werde ich geliebt, auch wenn ich vielleicht behindert oder krank bin?

Wenn wir diese frühkindliche Phase als sicher erleben und uns als erwünschtes und geliebtes Kind erfahren, so können Sicherheit und Stabilität in uns wachsen. Wir wissen, daß für uns gesorgt wird, und können dann ein gutes Fundament an Glauben und Vertrauen aufbauen.

Wenn wir in unserem Umfeld geschützt und geborgen sind, durchlaufen wir auch leichter schwierige Entwicklungsphasen, da an uns geglaubt wird und wir selbst an unsere Fähigkeiten glauben. Werden wir wiederholt enttäuscht oder verletzt, wird dieser Glaube erschüttert. Wir vertrauen dann nicht mehr vorbehaltlos und geben uns auch nicht vertrauensvoll in die Hände einer anderen Person oder Instanz. Geraten wir doch in eine Situation, in der uns nichts anderes übrigbleibt, als sich vertrauensvoll hinzugeben, kommen große Angst und Unsicherheit auf.

Glaube an Gott

Wenn wir in unserem Leben viele Schicksalsschläge erleben, kann auch unser Glaube an Gott ins Wanken geraten. Statt darauf zu vertrauen, daß Gott sich unserer Sorgen und Nöte annimmt, wenn wir um Hilfe bitten, fühlen wir uns im Stich gelassen. Es sind aber gerade die Menschen, die trotz härtester Prüfungen ihren Glauben nicht verloren haben, die so viel Stärke und Licht ausstrahlen.

Unser Lebensweg wird anstrengend und einsam, wenn wir das Gefühl haben, alles allein meistern zu müssen. Es ist dagegen ungemein erleichternd, Schutz und Führung auf unseren Wegen zu erfahren, und darauf zu vertrauen, daß wir sie auch jederzeit erhalten. Was im ersten Augenblick als schmerzhafte und enttäuschende Erfahrung erscheint, kann sich viel später im Rückblick als Segen entpuppen.

Der saphirblaue Pomander hilft uns, den Glauben an Gott oder eine höhere Macht wiederherzustellen, und er gibt uns ein Gefühl von Geborgenheit. In die Schwingung von Blau eingebettet kann uns nichts wirklich schaden. Blau legt sich schützend um uns.

Der Ton macht die Musik

Im Rachenraum formen sich unsere Laute zu Wörtern. Die Sprache ist eines unserer wichtigsten Kommunikationsmittel. Wörter können einen harmonischen oder einen disharmonischen Klang in sich tragen. Wir fühlen uns nicht nur durch den Inhalt der gesprochenen oder gesungenen Worte angezogen, sondern auch durch ihre Schwingung sowie durch die Tonlage der Stimme.

Mütter wissen, wie sie ihre Kinder mit melodischer Stimme beruhigen können. Bestimmte Laute haben Heilkraft und wirken bewußtseinserweiternd, zum Beispiel das Mantra OM (ähnlich

dem christlichen Amen). Wiederholt man dieses Mantra oft genug, kommen wir mit unserem Körper und unserer Seele in Resonanz dazu und erhöhen unsere Schwingung.
Wir gehen auch in ganz alltäglichen Situationen in Resonanz zu Tönen und Klängen und werden durch sie in unserem Wohlbefinden und Denken stark beeinflußt. Häßliche Töne können auf Dauer krank machen. Wenn wir keine liebevollen, harmonischen Töne hören, verlieren wir nach und nach an Glauben und Zuversicht. Wir können dann schwermütig und depressiv werden. Es ist also wichtig, sich bewußtzumachen, welcher Klang in unserem Leben gerade vorhanden ist. Und es steckt viel Wahrheit in dem Spruch: »Wie man in den Wald ruft, so schallt es auch aus ihm heraus.« Bemerken wir disharmonische Töne in uns oder um uns herum, dann kann der saphirblaue Pomander helfen, harmonischere Klänge in unser Leben zu bringen.

Starker Wille und innere Geborgenheit

Im Saphirblau vermischen sich sowohl die weiblichen Energien von Geborgenheit, Schutz und innerer Ruhe als auch die männlichen Energien von Aktivität, Willenskraft und Autorität. Beide Pole werden gebraucht, um Leben und Wachstum zu ermöglichen. Nur so können kreative Ideen umgesetzt und verwirklicht werden. Ein Künstler braucht einen Raum und Ruhe, um sein Werk zu erschaffen, und er braucht den Einsatz seines Willens und seiner Energie, um seine Idee umzusetzen. Ohne diese Faktoren bleibt es bei einer flüchtigen Inspiration.
Wenn Sie kreative Ideen im Kopf haben und es Ihnen aus den verschiedensten Gründen an Umsetzungskraft fehlt, dann kann der saphirblaue Pomander helfen, aus einem Traum Realität werden zu lassen. Sie signalisieren durch die Anwendung, daß Sie bereit sind, Raum, Zeit und Energie bereitzustellen. Sie

wollen Ihre Idee bis zur Realisierung gut schützen und behüten, ähnlich wie ein ungeborenes Kind. Sie werden in Ihrem Glauben gestärkt, und insofern Sie fest genug an Ihr Vorhaben glauben und es auch Ihrem Weg zum Besten dient, können Sie damit rechnen, daß sich dann Möglichkeiten der Realisierung zeigen. Manche Träume benötigen eine ganze Lebensspanne bis zu ihrer Verwirklichung und andere nur Minuten. Auf jeden Fall setzen Sie etwas in Bewegung.

Symptome auf der Körperebene

Chakra-Zuordnung: fünftes Chakra (Hals-Chakra).
Organzuordnung: Stimme, Kehle, Bronchien, Lunge, Schilddrüse, Nebenschilddrüse.

Besonderheit: Enthält Minze-Essenzen und ist deswegen bei einer homöopathischen Behandlung nur mit Absprache des Therapeuten zu benutzen.

Die Farbe Saphirblau wirkt vor allem auf den Hals- und Rachenbereich. Kindern und Erwachsenen, die häufig an Halsschmerzen oder an einer chronischen Mandelentzündung leiden, wird von diesem Pomander geholfen. In solchen Fällen sollte auch geprüft werden, wo in der näheren Umgebung disharmonische Töne vorkommen, es also viel Streit gibt. Auch ständiger Tadel oder grobe Zurechtweisung, denen ein Kind wehrlos ausgeliefert ist, kann das Energiezentrum am Hals beeinträchtigen.
Menschen, die mit dem Rauchen aufhören wollen, können durch den saphirblauen Pomander Unterstützung finden. In bestimmten Situationen ohne die gewohnte Zigarette auszukommen kann stark verunsichern. Dieser Pomander gibt ein Gefühl von Schutz und Kraft, das sonst die Zigarette bieten soll.

Probleme im Mundbereich sind ein Hinweis darauf, daß mehr blaue Energie benötigt wird. Kiefer-, Zahn- oder Zahnfleischprobleme können eventuell auf mangelndes Durchsetzungsvermögen hinsichtlich der eigenen Ideen und Vorhaben hindeuten.

Schilddrüsenerkrankungen, ob Unter- oder Überfunktion, zeigen eine Unausgewogenheit in dem Zusammenspiel von den eigenen weiblichen, passiven und den männlichen, aktiven Energien. Kehlkopferkrankungen lassen oft die eigene Stimme zeitweilig verstummen und fordern dazu auf, der inneren Stimme zu lauschen. Wer ständig mit Erkältungen oder bronchialen Infekten zu kämpfen hat, kann sein Abwehrsystem durch den saphirblauen Pomander stärken.

In Lebensphasen des Übergangs hilft dieser Pomander, den Glauben nicht zu verlieren, durchzuhalten und die Wandlung zu erreichen. Dabei kann es sich um Geburts- oder Sterbeprozesse jeglicher Art handeln: auf der körperlichen oder auf der emotionalen und geistigen Ebene.

Menschen, die an zehrenden und schweren Erkrankungen leiden, können sich durch diesen Pomander besser aufgehoben und geschützt fühlen. Wer in die totale Resignation zu fallen droht, kann durch Saphirblau aufgefangen werden.

Der königsblaue Pomander

Positiver Zustand

- in Verbindung mit der geistigen Ebene bleiben und dabei fest im Leben stehen
- hellsichtige und hellhörige Fähigkeiten, um dem Wachstum anderer zu dienen
- in Liebe und Demut die geistigen Gaben einsetzen, in dem Wissen: »Was man gibt, erhält man zurück«

Negativer Zustand

- sich in der geistigen Welt vollkommen verlieren und sich nicht mehr in der irdischen Welt zurechtfinden
- seine sensitiven Fähigkeiten brachliegen lassen
- die eigene Sensitivität wird zum Anlaß für Arroganz und Überheblichkeit
- sich aus Angst vor der geistigen Welt verschließen
- Rückzug und Isolation

Einstimmung auf den königsblauen Pomander

Ich verbinde mich mit dem königsblauen Farbstrahl.
Ich vertraue auf das, was ich sehe, höre und fühle und auch mit meinem sechsten Sinn erfahre.
Ich setze meine Sensitivität so ein, daß sie anderen Unterstützung bietet.
Ich fühle mich mit der geistigen Welt verbunden, lebe aber gleichzeitig sehr gern mein irdisches Leben und verstehe mich als Teil einer Ganzheit.
Das Leben offenbart sich mir in seiner grenzenlosen Pracht und Vielfalt.

Wann brauche ich den königsblauen Pomander?

- wenn ich auf der Suche nach dem für mich geeigneten spirituellen Weg bin
- um mich der spirituellen Welt zu nähern
- um in einen Zustand der tiefen Meditation und inneren Einkehr zu gelangen
- um Hellsichtigkeit und Hellhörigkeit zu fördern

Der Farbstrahl Blau

- wenn ich nicht weiß, wie ich meine Sensitivität sinnvoll einsetzen kann
- um mich nicht in geistigen Dimensionen zu verlieren
- um mich zu schützen, wenn ich meinen sechsten Sinn einschalte
- bei dem Gefühl, von der Außenwelt nicht verstanden zu werden und daher ausgegrenzt zu sein
- wenn mich die Menschen in meiner Nähe wegen meiner spirituellen Überzeugungen auslachen und ich mich deswegen immer mehr zurückziehe
- bei Verleugnung der eigenen Spiritualität aus Angst, ausgenutzt oder übervorteilt zu werden
- wenn ich auf andere abgehoben und realitätsfremd wirke
- bei dem Gefühl, den anderen geistig und spirituell überlegen zu sein
- bei Depressionen aufgrund unterdrückter Spiritualität
- für Kinder, die sensitiv sind
- bei Beschwerden im Bereich von Nase, Ohren und Augen
- bei Problemen im Bereich von Wachstum oder Fruchtbarkeit (Hypophyse)
- bei psychischen Problemen aufgrund geistiger Verwirrtheit, wenn zu viele Eindrücke auf die Sinne einstürmen und nicht verarbeitet werden können

Der königsblaue Pomander hilft, unsere Perspektive zu erweitern. Die Farbe Königsblau ist dem sechsten Chakra zugeordnet. Dieses Energiezentrum liegt zwischen den Augenbrauen über der Nasenwurzel. Seine Schwingung sorgt dafür, daß wir mit den geistigen Dimensionen verbunden sind und dabei die Erfahrungen, die wir in unserem irdischen Leben machen, so verarbeiten, daß sie uns zu Einsicht und Weisheit führen.

Wenn wir auf der energetischen Ebene die enge Passage durch das Hals-Chakra geschafft und die Dinge losgelassen haben, die sich für unseren weiteren Weg als Ballast erwiesen hätten, eröffnet sich eine neue Welt für uns. In Disneyland bei Paris gibt es das Modell eines Spaceshuttle, in dem die Besucher Platz nehmen. Über eine Leinwand wird dann eine kurvenreiche Fahrt durch das Innere des Raumschiffs suggeriert. Plötzlich öffnet sich eine Klappe, und man wird anscheinend in die unendliche Weite des Universums geschleudert. Der Unterschied zwischen der Fahrt innerhalb des engen Raumschiffes und der nun erlebten kosmischen Weite ist beeindruckend. Es eröffnet sich scheinbar eine vollkommen neue Dimension. So ähnlich verhält es sich auch mit unserer spirituellen Entwicklung.

Mit der Farbe Königsblau öffnet und weitet sich unsere Wahrnehmung für andere Realitäten, genauer: für die Wahrheiten des Lichts. Dem sechsten Chakra wird die Zirbeldrüse zugeordnet; die Yogis bezeichnen sie als »Sitz der Seele«. Ihre Funktion wird maßgeblich durch Licht gesteuert. Um zu wachsen, brauchen wir sowohl inneres als auch äußeres Licht.

Seinen spirituellen Weg finden

Alle spirituellen Praktiken haben letztendlich dasselbe Ziel: Wir sollen den Zugang zum Licht in uns finden und unser Bewußtsein von einem Zustand der Dunkelheit heraus erleuchten. Die Wege, die uns zum Tor der Erkenntnis und des Lichts führen, sind so vielfältig wie die Menschheit. Es ist völlig überflüssig, hierbei Wertungen oder Rangfolgen aufzustellen, denn was für den einen Schüler gut ist, erweist sich als Hindernis für den anderen. Jeder Weg hat seine eigene Energie, und der Suchende muß prüfen, womit er am meisten in Resonanz steht.

Es ist verständlich, daß wir am Anfang unserer spirituellen Suche dazu tendieren, wie in einem esoterischen Supermarkt einzukaufen: ein bißchen hiervon, ein bißchen davon. Wir haben selten von Anfang an gleich das Gefühl, den einzigen und allein wahren Weg gefunden zu haben. Es ist also in Ordnung, eine Zeitlang auszuprobieren, was uns anspricht und weiterbringt. So können wir ohne innere Zerrissenheit ein Tantra-Seminar besuchen, uns für Astrologie interessieren, uns einer Channeling-Gruppe anschließen, uns für Buddhismus begeistern, dabei den *Kurs in Wundern* absorbieren und Kundalini-Yoga praktizieren, zu einer Tarot-Beratung gehen und uns von einer Wahrsagerin die Zukunft deuten lassen. Allerdings sollte sich irgendwann ein Weg herauskristallisieren, bei dem wir bleiben und auf dem wir weitergehen. Das dauerhafte Hin- und Herspringen von einem Weg zum anderen bringt eher Verwirrung als Klarheit. Wir kommen dann nicht wirklich weiter, weil wir uns nicht vertiefen können. Es sollte also nach einer Zeit des Ausprobierens klar werden, welcher Richtung wir folgen wollen und welches die Hilfsmittel sind, die uns dabei am besten unterstützen.

Zugang zum inneren Licht

Der königsblaue Pomander hilft uns, jenen Blick zu schärfen, der für uns die Schleier der Illusion lüftet. Wie in der Meditation gelangen wir in einen Zustand der tiefen Ruhe und Entspannung, bei der wir den Zugang zu unserem göttlichen Kern finden. Wir treten in einen inneren Raum ein, der ohne räumliche oder zeitliche Begrenzung mit unserem spirituellen Selbst verbunden ist und aus dem wir Erkenntnisse und Wissen empfangen können. Wir sind dann offen für Eindrücke und Wahrnehmungen, die aus der geistigen Ebene kommen und uns oder anderen helfen können. Unsere Sinne empfangen Energien in Form von Gefühlen, Bildern oder Klängen. Dabei entsteht der Eindruck, daß wir uns ganz auf das Empfundene einlassen und darauf vertrauen können. Die Botschaften dienen unserem Wachstum.

Wenn wir uns regelmäßig die Zeit nehmen, in diesen inneren Raum einzukehren und zu hören, zu sehen und zu fühlen, wird es immer leichter, uns im Sinne des Lichts führen zu lassen. Die Verbindung verstärkt sich auf der energetischen Ebene, und wir sind dann in der Lage, auch in normalen, alltäglichen Situationen diese sensitiven Botschaften wahrzunehmen. Wir sind eindeutig in der irdischen Welt verwurzelt, stehen aber gleichzeitig mit der geistigen Ebene unseres Seins in Kontakt und können beide Aspekte in Einklang bringen. Eine solche Lebensweise bringt ein tiefes Gefühl des Friedens mit sich, denn wir haben gelernt, auf unsere inneren Eindrücke zu vertrauen. Sensitivität trägt jeder als Potential in sich. Schwierig wird es, wenn wir sie nicht ernst nehmen oder die Umwelt darauf negativ reagiert.

Der sechste Sinn

Menschen, die sich zu der Farbe Königsblau hingezogen fühlen, haben häufig einen ausgeprägten sechsten Sinn, oft schon seit der Kindheit. Der sechste Sinn befähigt dazu, über die körperlichen Sinne von Tasten, Riechen, Sehen, Hören und Schmecken hinaus einen feineren Eindruck zu bekommen. Mit dem sechsten Sinn können wir etwas auf einer höheren Ebene erfassen.

Man kann dabei auch von Intuition sprechen, beispielsweise wenn ein Partner mißtrauisch und eifersüchtig wird, obwohl es keinen äußeren Anschein für einen Treuebruch gibt, dieser aber tatsächlich stattfindet oder in nächster Zukunft geschehen wird. Hier spricht dann die Intuition. Wenn ich jeden Tag auf der Fahrt zur Arbeit eine bestimmte Route nehme, aber eines Morgens plötzlich beschließe, eine ganz andere Strecke zu fahren und dann im Radio von einem riesengroßen Stau auf meinem normalen Weg höre, dann habe ich auf meinen sechsten Sinn gehört.

Häufig meldet sich der sechste Sinn in Situationen, die Menschen, die wir lieben, betreffen. So haben Mütter oft eine ausgeprägte Hellfühligkeit in bezug auf ihre Kinder. Wenn wir diese intuitive Stimme hören, aber beiseite fegen, passieren häufig Mißgeschicke. Wir stehen dann da und beklagen uns über uns selbst. »Ich hab's ja gewußt«, sagen wir und sind wütend, weil wir nicht auf die innere Stimme gehört haben.

Unseren sechsten Sinn zu schulen ist ein ganz wesentlicher Bestandteil unserer spirituellen Entwicklung, denn je mehr wir ihn wahr- und ernst nehmen, desto mehr Umwege und Katastrophen ersparen wir uns. Der königsblaue Pomander kann uns dabei unterstützen.

Hellsichtigkeit oder sich selbst erfüllende Prophezeiung?

Es scheiden sich im allgemeinen an der Frage die Geister, ob man von echten sensitiven Prognosen ausgehen kann oder ob man besser von sich selbst erfüllenden Prophezeiungen spricht. Wenn wir in einer Situation das Gefühl empfinden: »Das wird nicht gutgehen«, kann es sein, daß wir mit unserem sechsten Sinn in die Zukunft blicken und auf einer feinstofflichen Ebene das Geschehen im voraus wahrnehmen. Es kann aber auch sein, daß unser Glaube, es könne nicht gutgehen, eine Energie in Bewegung setzt, die diese Vorstellung materialisiert. Wo also liegt der Unterschied zwischen der Intuition und einer negativen Einstellung, die sich dann auch bewahrheitet? Wie können wir lernen, zwischen beiden zu differenzieren und die richtige Stimme herauszuhören?

Im allgemeinen müssen wir ganz genau hinhören und hinspüren, ob eine Botschaft, die wir im Inneren empfangen, uns etwas sagt, um uns zu unterstützen (das kann auch eine warnende Nachricht sein), oder ob es sich generell um eine destruktive Stimme handelt. Die Eindrücke aus der geistigen Ebene sind in der Regel nicht so apokalyptisch und schwarz, sondern erscheinen eher ruhig und sanft. Wir denken zum Beispiel bei der Arbeit an unser Kind und haben das dringende Bedürfnis, bei der Tagesmutter anzurufen und einfach zu fragen, wie es ihm geht. Wir rufen an und hören, daß es vor einer halben Stunde beim Spielen vom Turngerüst gefallen ist und sich leicht verletzt hat. Die Tagesmutter hat es noch nicht geschafft, das Kind zu trösten. Unser Anruf kommt jetzt genau zum richtigen Zeitpunkt. Anders ist es, wenn wir am Arbeitsplatz sitzen und ständig die Angst verspüren, daß unserem Kind mit Sicherheit gerade etwas Furchtbares zugestoßen ist. Wir rufen dann fast jede Stunde an und erkundigen uns bei der genervten Tagesmutter, ob alles in Ordnung sei. Bei einer solchen Energie von Angst ist es dann eigentlich nicht verwunderlich, wenn irgendwann wirklich etwas Schlimmes passiert. Eine hellsichtige Botschaft würde zum Beispiel lauten: »Es wäre vielleicht besser, wenn du heute nicht aus dem Haus gehen würdest.« Eine sich selbst erfüllende Prophezeiung ginge eher in die Richtung: »Es wird dein Untergang sein, wenn du heute aus dem Haus gehst.«

Fühlen Sie den Unterschied dieser beiden Mitteilungen heraus. Die geistige Welt handelt immer in Liebe und will keine Panik in uns erzeugen. Sie wird eindringlich zu uns sprechen, aber nie etwas tyrannisch anordnen oder uns angst machen.

Sich in himmlischen Sphären verlieren

Sensitive Menschen müssen lernen, die Innenwelt vom äußeren Geschehen zu unterscheiden, sonst droht Verwirrung, was bis zur Desorientierung oder geistigen Erkrankungen wie Schizophrenie, Paranoia oder Psychose gehen kann. Wer in der Lage ist, über die Grenzen hinaus in andere Dimensionen zu blicken, muß sich auch aus diesen Welten wieder zurückziehen und in die Realität des irdischen Geschehens eintauchen können. Ein spiritueller Lehrer hat die Pflicht, seinen Schülern nicht nur bei der Bewußtseinserweiterung zu helfen, sondern vor allem auch darauf zu achten, daß dies einen normalen Rahmen im Alltag findet. Es droht sonst der Wahnsinn, weil das Wahrgenommene einfach nicht sinnvoll in das eigene Leben integriert werden kann. Man trifft nicht selten auf konfuse Menschen, die in ihrer Identität durcheinandergeraten sind, denn gezielte energetische Übungen machen es heute leichter, auch ohne Lehrer das Dritte Auge zu aktivieren und Zugang zu außersinnlichen Erfahrungen zu bekommen. Das Dritte Auge befindet sich im übrigen am gleichen Platz wie das sechste Chakra und wird ebenfalls durch die Farbe Königsblau beeinflußt.

Man braucht Führung und Schutz, um spirituelle Erlebnisse zu bearbeiten und in die richtigen Bahnen zu lenken. Teilweise ist es verständlich, daß wir unsere irdische Identität in Frage stellen, wenn wir besondere übersinnliche Erfahrungen machen. Wir werden aufgerüttelt und gehen ja auch in eine neue Richtung, wir erleben eine ganz neue Dimension des Daseins. Der *Kurs in Wundern* ist beispielsweise ein so umwälzendes Übungsprogramm, daß nach der Lektüre tatsächlich Schwierigkeiten auftreten können, das Leben überhaupt zu begreifen. Wir brauchen dann einen geschützten Raum und Menschen um uns herum, die dafür sorgen, daß wir uns nicht in geistigen Ebenen verlieren und dabei unseren eigentlichen Weg im Leben vergessen. Der königsblaue Pomander trägt dazu bei, indem er hilft, nur so viele hellsichtige Eindrücke durchzulassen, wie wir verkraften und verarbeiten können. Er öffnet die Grenzen unserer Wahrnehmung, macht uns aber nicht grenzenlos offen für das Außersinnliche.

Isolation und Depressionen

Es geschieht sehr leicht, daß man sich von der normalen Gesellschaft isoliert fühlt, wenn grenzüberschreitende Erfahrungen gemacht werden. Wenn wir über unsere außersinnliche Wahrnehmung einen erweiterten Blickwinkel bekommen, fühlen wir uns häufig von unserer Umgebung nicht verstanden, oder wir können unsere Umgebung mit ihrem Verhalten nicht mehr verstehen. Wir können uns mit unseren tiefen Empfindungen nicht jedem mitteilen, aus Angst, als verrückt oder abgehoben bezeichnet zu werden. Dieses Gefühl von Unverstandensein kann auch in eine Depression führen, weil wir mit unserer Gabe letztendlich nichts anfangen können und uns zurückziehen.

Einerseits geht von Wahrsagern, Mystikern und Geistheilern eine große Faszination aus, andererseits sind die Berührungsängste groß. Aus der Ferne schauen wir uns das Außergewöhnliche gern an, aber es ist etwas anderes, damit direkt konfrontiert zu sein. Hellsichtige Kinder werden sehr häufig so lange ausgelacht und nicht ernst genommen, bis sie verstummen und sich in ihre geistigen Welten zurückziehen. Es sind dann verträumte Kinder, die lieber mit imaginären Freunden als mit den Nachbarskindern spielen. Da sie offen und empfindsam sind, müssen sie sich tatsächlich zum eigenen Schutz zurückziehen. Meistens ist niemand aus der näheren Erwachsenenwelt vorhanden, der ihnen den richtigen Umgang mit ihren außersinnlichen Fähigkeiten beibringen könnte.

Selbst in dem Fall, daß wir mehr sehen oder hören als der durchschnittliche Mensch, dürfen wir trotzdem nicht vergessen, daß wir letztlich alle miteinander verbunden sind. Wir sind ein Teil des gesamtkosmischen Lebens. Wenn wir darum bitten, unsere erweiterte Sicht in geeigneter Weise der Welt als positive Energie zur Verfügung zu stellen, werden sich sicherlich Gelegenheiten ergeben, gehört und ernstgenommen zu werden.

Hochmut

Wir können dazu verleitet werden, uns als etwas Besseres zu verstehen, weil wir über besondere sensitive Gaben verfügen. Es entwickelt sich ein Machtgefühl, und wir glauben, den anderen voraus zu sein und selbst auf einer höheren Bewußtseinsstufe zu stehen. Doch es heißt: »Hochmut kommt vor dem Fall«, und es ist durchaus möglich, daß wir unsere Gaben verlieren, wenn wir damit angeben oder sie nutzen, um uns wichtig zu machen oder um persönliche Zwecke durch Manipulation zu erreichen. Wenn wir das Geschenk der Hellsichtigkeit, des Hellhörens oder Hellfühlens erhalten, dann sollten wir es nur zum allgemeinen Wohl einsetzen. Mit unserem Wissen und unserer Intuition können wir vorausschauend handeln und damit letztendlich anderen mit gutem Beispiel vorangehen. Es bietet sich die Möglichkeit, Dienst am Nächsten zu leisten – nicht mehr und nicht weniger.

Weil wir über besondere sensitive Gaben verfügen, stehen wir weder Gott näher, noch sind wir auserwählt. Wir sind lediglich offen dafür, mit Liebe und Hingabe zu helfen, und können gut wahrnehmen, wie wir dies am besten verwirklichen können, und zwar aus einem Akt der Demut und nicht der Herablassung heraus.

Es gibt auch eine Art verborgenen Hochmut, bei dem wir vielleicht denken: »Ich habe was, was du nicht hast, und du bekommst es auch nicht.« Das ist eine sehr kindliche und unreife Einstellung. Wir zeigen unsere sensitiven Fähigkeiten nicht und hüten sie eifersüchtig. Wir tun das aus Angst, jemand anders könnte Nutzen daraus ziehen. Auch hier besteht die Gefahr, unsere Gaben auf Dauer zu verlieren, denn was wir säen, werden wir ernten.

Symptome auf der Körperebene

Chakra-Zuordnung: sechstes Chakra (Stirn-Chakra, Drittes Auge).
Organzuordnung: Nase, Ohren, Augen, Gesicht, Kleinhirn, Hirnanhangsdrüse (Hypophyse).
Besonderheit: Enthält Minze-Essenzen und ist deswegen bei einer homöopathischen Behandlung nur in Absprache mit dem Therapeuten zu benutzen.

Vor allem der mittlere Kopfbereich wird durch den königsblauen Pomander angesprochen: Nase, Ohren und Augen, außerdem die Nebenhöhlen. Empfindsamkeit in der Wahrnehmung kann sich auch als Empfindlichkeit der äußeren Sinnesorgane ausdrücken. Wenn wir zuviel hören, es aber nicht verarbeiten oder ausdrücken können, kann es sein, daß wir anfällig für Ohreninfektionen sind. Wenn wir eigentlich hören könnten, uns aber dieser Gabe verweigern, ist es gut möglich, daß wir schwerhörig werden. Oder die Töne, die wir hören, sind so schmerzhaft, daß wir sie lieber ausblenden, also ebenfalls schlecht hören. Das kann vor allem bei sensitiven Kindern der Fall sein. Wer sich nicht gut von der geistigen Dimension und deren Botschaften abgrenzen kann, wird eventuell von ständigen Ohrgeräuschen (Tinnitus) geplagt. Weitsichtigkeit kann bedeuten, daß wir zwar zu Erkenntnissen gelangen, sie aber in unserem alltäglichen Leben nicht umsetzen. Kurzsichtigkeit kann die Verweigerung oder Angst, in einem größeren Rahmen zu denken und zu leben, symbolisieren. Wir verschließen lieber die Augen und haben eine Entschuldigung, nicht über unseren eigenen Tellerrand hinaus klar zu sehen.
Ständige Erkältungen und chronische Nebenhöhlenentzündungen sind ein Indiz, daß sich in uns etwas verfestigt hat. Die Energie fließt nicht. Entweder verdrängen wir unsere Gefühle, oder wir machen energetisch von vornherein dicht.

Im Fall von Depressionen und geistig verwirrten Zuständen, bei denen wir zu offen sind, kann dieser Pomander ebenfalls Hilfe bringen. Das Dritte Auge kann sich beruhigen und unsere Sicht der Dinge wieder ins Gleichgewicht kommen. Im Anschluß wäre allerdings der orangefarbene Pomander zu empfehlen, um eventuell noch vorhandene Energielöcher zu schließen.

Die Hypophyse hat vielfältige Funktionen und steuert vor allem unseren Hormonhaushalt über ein recht kompliziertes System. Sie ist unter anderem für die Ausschüttung von Wachstumshormonen, aber auch von Testosteron und dem Gelbkörperhormon sowie von Prolaktin, das die Milchbildung bei Müttern anregt, zuständig. Wenn wir in unserem Wachstum gehemmt werden und unsere Sensitivität aufgrund von Unverständnis oder Ängsten in der Umwelt keinen Ausdruck findet, kann sich dies auch als Fruchtbarkeitsproblem zeigen. Die Blockade bei der Manifestation unserer spirituellen Kinder spiegelt sich möglicherweise durch physische Unfruchtbarkeit und Kinderlosigkeit wider. Hier kann der königsblaue Pomander in Verbindung mit dem rosafarbenen Pomander helfen.

Der Farbstrahl Violett

Thema: Transformation und Verwirklichung der Aufgaben, die der spirituellen Weiterentwicklung von uns selbst und allem anderen Leben auf der Erde am meisten dienen. Die Bereitschaft, Gott und der Welt in Liebe zu dienen. Fürsorge, Achtung und Hingabe in unserem täglichen Leben. Heilung, die von innen kommt.

Thema der Farbe Violett ist die Vereinigung von Gegensätzen. Himmel und Erde suchen im Violett nach einer Verschmelzung. Violett steht für den Punkt in unserem Leben, an dem es uns nach einer höheren Erfüllung unseres Daseins geradezu dürstet. Wir wollen uns nicht mehr in den Banalitäten einer oberflächlichen Existenz verlieren, sondern unsere Seele strebt nach ihrer größtmöglichen Entfaltung zum Wohl aller, einschließlich unseres eigenen Wohls. Wir streben danach, uns mit Hingabe, Begeisterung und Liebe einer Aufgabe, die uns ganz und gar erfüllt und glücklich macht, zu widmen. Dabei kommt es uns in erster Linie auf die innere Erfüllung an. Materielle Reichtümer stehen nicht auf der Prioritätenliste, obgleich sie sich durchaus manifestieren können, wenn wir unseren inneren Reichtum in der äußeren Welt leben.
Unsere Gaben im Dienst des Nächsten und für Gott einzusetzen ist unser Ziel. Der Weg dahin ist nicht immer leicht, ja er kann sogar steinig und mühevoll sein. Aber auch das ist ein Reifungs- und Transformationsproseß. Im violetten Strahl lösen sich die Verstrickungen und Bindungen, und wir erleben ein tiefes Gefühl von Freiheit. Wer eine Aversion gegen diesen Farbstrahl hat, mag

Angst vor der Transzendenz haben und davor, nicht erlöst zu werden, sondern statt dessen die eigene Identität zu verlieren und sich im Nichts aufzulösen. Wer Violett zu seiner Lieblingsfarbe auserkoren hat, mag andererseits sich nach der Auflösung im Licht sehnen und das körperliche Dasein nur widerwillig ertragen. In jedem Fall hilft dieser Farbstrahl, Extreme zu einem harmonischen Zusammenwirken zu verbinden. Es findet eine Vereinigung statt, die uns dem Licht Gottes näher bringt.

Die Quintessenz St. Germain

Innere Einstimmung

Ich verbinde mich mit St. Germain.
Die Kraft der violetten Flamme reinigt negative Energien und Muster, die in mir auf Erlösung warten.
Schritt für Schritt transformiere ich Schatten in Licht, fühle ich mich innerlich frei.
Jeder Moment des Tages bietet die Chance, meine Liebe, meine Achtung und meine Hingabe zu zeigen.
Ich nehme die heilende Schwingung des violetten Strahls in mich auf.
Ich bin der Ich bin.

Wann brauche ich die Quintessenz St. Germain?

- um negative Energien oder Gewohnheiten loszuwerden
- um mich mit der transformierenden Kraft der violetten Flamme von St. Germain zu verbinden
- wenn dramatische Ereignisse in meinem Leben immer wieder drastische Veränderungen fordern

- bei fehlender Disziplin, im Alltag negative Muster zu ändern
- wenn in meinem Leben ständig etwas schiefgeht und ich überzeugt bin, daß nicht ich, sondern alle anderen um mich herum sich ändern müssen
- bei dem Gefühl, ein Gefangener der äußeren Umstände zu sein
- um eigenverantwortlich zu handeln
- um jeden Tag als wertvoll und wichtig anzunehmen und das Beste daraus zu machen
- wenn ich dazu neige, im Leben große Sprünge zu machen, statt Schritt für Schritt vorwärts zu gehen
- wenn ich mich in meiner neuen Haut nicht wohl fühle und lieber den alten Zustand wiederherstellen würde
- um mich darin zu üben, Liebe, Sorgfalt und Achtsamkeit in meine Gedanken, Taten und Worten zu bringen
- um in die Energie von ICH BIN einzutauchen

St. Germain ist neben The Christ eine der bekanntesten Meisterenergien. Es gibt viele Informationen über St. Germains angebliche Inkarnationen hier auf Erden. Er scheint vor allem viel in der Rolle des Botschafters und Vermittlers gearbeitet zu haben, und so fällt es auch heute den meisten Menschen leicht, Zugang zu ihm zu finden.

Es ist St. Germain sehr wichtig, uns Wege der Transformation zu zeigen, damit wir nicht so lange in alten Leidensmustern steckenbleiben. So gibt uns St. Germain die Möglichkeit der Erlösung von alten, negativen Energien. Wir können in einen Läuterungsprozeß eintreten und jeden Tag mit mehr Liebe und Bewußtsein erleben und daraus lernen und wachsen. Er will, daß wir aus unserem Schmerz herauskommen und Freude in unser Leben bringen. Seine heilenden Energien helfen uns und anderen.

Die Quintessenz St. Germain hat also vor allem mit positiver Transformation zu tun. Wir verändern uns in einer Art und Weise, die uns voranschreiten läßt. Wir gelangen auf eine andere Be-

Der Farbstrahl Violett

wußtseinsstufe und schwingen uns auf eine höhere Oktave ein. Dies gilt in erster Linie für innere Prozesse. Sobald diese abgeschlossen sind, zeigt sich das möglicherweise auch im äußeren Wandel unserer Lebensumstände.

Die inneren Veränderungen können schmerzhaft sein, weil sie eine Abkehr von bisherigen Lebensgewohnheiten und Denkweisen bedeuten und damit vielleicht so mancher Traum oder so manche Wunschvorstellung endgültig begraben werden muß. Zusätzlich können Konflikte mit den Menschen um uns herum auftreten, die uns nicht mehr verstehen und nicht nachvollziehen können, welche Prozesse wir gerade durchlaufen.

Ein solcher Wandlungsprozeß kann uns am Anfang begeistern, uns aber ab einem bestimmten Punkt mit Entsetzen erfüllen, so daß wir am liebsten wieder in den alten Daseinszustand zurückkehren würden. Wir sind sozusagen nicht mehr Fisch, aber auch noch nicht Fleisch, oder, um es alchimistisch auszudrücken, aus Blei ist noch nicht Gold geworden.

Irgendwann kommt dann der Punkt, daß wir sogar Existenzängste haben und nicht mehr wissen, woran wir uns orientieren und festhalten können. Das Gefühl, daß der Preis für diesen neuen Weg zu hoch ist, beschleicht uns. Sehr viele Menschen versuchen an dieser Stelle, abzubrechen und in den alten Zustand zurückzukehren, was meistens nicht gelingt. Es hat eben doch schon eine Veränderung stattgefunden, und diese kann nicht mehr rückgängig gemacht werden. An diesem Punkt aufzugeben kann sich später als äußerst frustrierend erweisen, weil wir schon nahe am Ziel sind. Wir würden uns dann immer wieder fragen, ob wir es nicht doch geschafft hätten, wenn wir weitergegangen wären. Um nochmals auszubrechen und einen Neuanfang zu wagen fehlt dann aber häufig der Mut, oder die Resignation überkommt uns, und wir fügen uns in ein Leben mit eng gesteckten Normen und Grenzen.

St. Germain reicht uns bei unserem persönlichen Transformationsprozeß eine stützende Hand. Er hilft uns, den Sprung ins Ungewisse zu riskieren und den Mut aufzubringen, eine Veränderung unserer Lebenseinstellung herbeizuführen. Dies sollte idealerweise auch in kleinen Schritten im alltäglichen Leben geschehen. St. Germain fordert dazu auf, konsequent loszulassen und Schattenbereiche dem reinigenden Feuer zu übergeben. Er verspricht uns, daß daraus etwas Neues und Lichtes entstehen wird.

Wachstums- und Veränderungsimpulse

Der Wunsch nach Veränderung entspringt in der Regel dem starken Gefühl, daß es für uns noch etwas Besseres gibt und der Status quo uns nicht zufriedenstellt. Wenn wir einem kleinen Kind vorlesen, wird es vielleicht von allein irgendwann den Wunsch haben, die Geschichte auch selbst lesen zu können. Es wäre dann nicht so abhängig von dem Wohlwollen des Vorlesers und könnte nach eigener Lust und Laune neue Geschichten kennenlernen. Der Drang entsteht, die Buchstaben zu verstehen, sie zusammenzusetzen und so zu begreifen, daß daraus Wörter und Sätze werden, und das Kind fängt an, lesen zu lernen. Die Wachstumsimpulse im Kind beinhalten immer eine Erweiterung des Horizonts. Durch das Laufenlernen erobert sich das Kind einen viel größeren Freiraum als durch das Sitzen oder Liegen im Kinderwagen. Durch das Sprechen kann es mit viel mehr Menschen in Kontakt treten.

Der Wunsch, sich und sein Leben zu verändern, drängt sich oft durch eine ernste Erkrankung oder einen anderen Schicksalsschlag auf. Plötzlich denken wir nicht mehr in gewohnten Bahnen, sondern erwägen die Möglichkeit, daraus auszubrechen. Äußere Gegebenheiten zwingen uns zu einer inneren Wandlung. Wir sind aufgefordert, unsere Denkmuster zu ändern und unsere

Lebenseinstellungen zu überprüfen. Wir lösen uns von festgefahrenen Strukturen und nehmen uns die Freiheit, nach Alternativen zu suchen. Das ist der Anfang vom Weg der Transformation.

Äußere Veränderung – innerer Wandel

Meistens sind es äußere Veränderungen, die uns dazu drängen, eine innere Wandlung zu vollziehen. Wenige Menschen gehen freiwillig den Weg der Bewußtwerdung. Meistens geschieht dies eher in der östlichen Kultur und Spiritualität. Beispiele sind tibetische Kinder, die im Kloster groß werden, oder Inder, die einem Guru folgen und zeitweilig in dessen Ashram leben.
In der Regel verläuft der Weg der Wandlung zunächst von außen nach innen und dann wieder nach außen, wobei die Umkehr die Phase der echten Transformation ankündigt. Nehmen wir als Beispiel einen erfolgreichen Unternehmer, der in einer großen Villa wohnt und mit einer wunderschönen, klugen Frau verheiratet ist. Ein Kind würde sein Glück komplett machen. Da wird seine Frau schwanger, und der Unternehmer schwelgt in Zukunftsträumen. Der Sprößling wird natürlich später seine Firma übernehmen und überhaupt das intelligenteste und schönste Kind sein. Nach der Geburt stellt sich heraus, daß das Baby am Down-Syndrom leidet. Alle Träume zerplatzen wie Seifenblasen. Das perfekt eingerichtete Leben des Unternehmers wird durch die Ankunft dieses behinderten Kindes, das alle Erwartungen enttäuscht, erschüttert. Der Mann ist gezwungen, sich mit der Situation und seinem eigenen Wertesystem, vor allem seinem Streben nach Perfektionismus, auseinanderzusetzen. Es folgt mit Sicherheit eine Zeit der Verdrängung und Verleugnung. Dann beginnt die Phase der Annahme der Realität. Nun ist der Punkt gekommen, an dem die innere Einstellung eine Wandlung erfahren kann. Entweder lehnt der Mann sein Kind ab, will keine nähere Bindung

eingehen und schämt sich für das Kind in der Öffentlichkeit. Er distanziert sich von seiner Frau und vergräbt sich in seiner Arbeit. Oder aber er erreicht eine völlig neue Daseinsebene. Er liebt sein Kind trotz dessen Behinderung. Er beginnt, sich mit dem Thema Down-Syndrom zu beschäftigen, fühlt sich in der schwierigen Lage seiner Frau noch enger verbunden und erlebt nach und nach einen viel tieferen Lebenssinn. Die uneingeschränkte Liebe und Freude, die sein Kind ihm gibt und die er nun annehmen kann, bekommt einen höheren Stellenwert als Erfolg in der Firma oder in der Gesellschaft. Dadurch entsteht ein befreiendes Gefühl. Oberflächliche Aktivitäten nehmen ihn nicht mehr gefangen. Sein Kind liebt er, ohne Leistungsansprüche zu stellen. Er macht die Erfahrung der bedingungslosen Liebe.

Der Punkt in unserem Leben, an dem wir unsere Einstellungen grundlegend und in der Tiefe ändern können, ist sehr empfindlich und muß behutsam behandelt werden. Wir haben immer unseren freien Willen, alles beim alten zu lassen. Wahrscheinlich wird dann eine andere äußere Veränderung in unser Leben treten, um uns nochmals die Gelegenheit zur Transformation zu geben. Diesmal ist der Aufruf wahrscheinlich lauter, denn irgend etwas in unserer Seele will diesen Reifungsprozeß erfahren.

Nutze den Tag

Ich kann jeden Tag eine Dose Kaviar essen und dazu eine Flasche Jahrgangschampagner schlürfen, und es befriedigt mich überhaupt nicht auf der inneren Ebene, wenn es aus Gewohnheit und Langeweile heraus geschieht. Wüßte ich jedoch, daß dies die letzte Portion Kaviar und das letzte Glas Champagner in meinem Leben wären, würde ich den Imbiß vermutlich mit einem ganz anderen Bewußtsein erleben. Genußvoll würde ich meinen Löffel eintauchen und den Geschmack des Kaviars im Mund voll auskosten. Das Prickeln der Champagnerperlen würde mir noch lange in Erinnerung bleiben.

Es wäre makaber zu verlangen, jeden Tag zu leben, als wäre er der letzte unseres Lebens. Vielmehr sollten wir versuchen, jeden Tag als den einzigen, tiefen Moment in unserem Leben wahrzunehmen. Wir verlieren sehr viel an Lebensqualität, weil wir unsere Gedanken und Sinne in alle Richtungen verstreuen. Wir sind kaum jemals richtig bei der Sache. Dadurch gehen uns viele Eindrücke verloren, und wir verpassen Momente, in denen wir wirklich beglückt sein könnten.

Tiefer Kummer kann daraus resultieren, daß ungenutzte Chancen nicht noch einmal zurückkommen. Wenn unser Partner aus dem Haus geht und wir uns kaum die Mühe machen, von der Zeitung aufzuschauen, um uns zu verabschieden, und dann später erfahren müssen, daß er bei einem Autounfall ums Leben gekommen ist, kann das Schuldgefühle und Bedauern bis ans Ende des eigenen Lebens bedeuten.

Wir sollten uns darin üben, jeden Moment bewußt zu erleben. Es geht um die Qualität, nicht die Quantität der erlebten Momente in unserem Leben. Wir können steinalt werden und am eigentlichen Leben völlig vorbeigelebt haben oder mit erst sieben Jahren schon ganz reif sein.

Qualität statt Quantität

St. Germain will uns dazu bringen, bewußter zu werden und damit mehr auf den Inhalt unseres Lebens zu achten. Wenn wir in Gewohnheiten feststecken, trübt sich häufig unsere Wahrnehmung. Am Anfang von neuen Erlebnissen nehmen wir noch viel auf, aber nach und nach verblassen die Eindrücke.

Staunend, voller Glück und als ein Wunder erlebt eine Mutter die Geh- und Sprechversuche ihres ersten Kindes, doch beim vierten

Kind wird so etwas kaum noch registriert und als selbstverständlich angesehen. Nach vielen Ehejahren kennen wir den Körper unseres Partners in- und auswendig, und Routine und Langeweile schleichen sich in die Sexualität ein. Statt neue Reize durch einen anderen Partner zu suchen, wäre vielmehr ein Transformationsprozeß innerhalb der vorhandenen Beziehung notwendig, um den Partner wieder bewußter zu erleben. Wann habe ich ihn zuletzt mit all meinen Sinnen gespürt? Was gibt es wiederzuentdecken? Auch mit Kindern können wir viel bewußter umgehen. Wann habe ich mich wirklich auf ein Spiel mit meinem Kind eingelassen, bin voll und ganz bei der Sache gewesen? Wann habe ich zuletzt Lob ausgesprochen? Es kommt nicht darauf an, jemandem zehnmal am Tag zu sagen, daß wir ihn lieben. Es kommt auf die Herzensqualität dieser Aussage an und wie wir es sagen.

Je mehr Liebe, Sorgfalt, Achtung und Hingabe wir im Leben zeigen, desto wohler werden wir uns fühlen. Wenn wir das Gefühl haben, in so vielen Momenten unseres Lebens wie möglich jeweils unser Bestes hineingegeben zu haben, sind wir gelöster und freier. Die Vergangenheit verbinden wir dann nicht mit Schuldgefühlen oder Selbstvorwürfen. Jede noch so scheinbar geringfügige Handlung oder Begebenheit bietet sich als Übungsfeld an. Begegnen wir einem Menschen und begrüßen ihn, können wir dies oberflächlich, distanziert oder freudlos tun. Oder wir können auf ihn zugehen und Freude über die Begegnung zeigen, über Augen, Mimik und Händedruck Kontakt aufnehmen und eine Verbindung herstellen. Es steckt manchmal mehr Liebe und Energie in dem Geschenk einer einfachen Blume als in einem Riesenstrauß Baccara-Rosen, der über die Sekretärin bestellt wurde.

Transformation im Alltag

Wenn wir uns darin üben, im Alltag Wandel zu ermöglichen, ist es wahrscheinlich, daß wir es uns ersparen, durch überwältigende Ereignisse zu plötzlichen großen Veränderungen gezwungen zu werden. Unser Wachstum, unser Weg zur Bewußtwerdung kann auch Schritt für Schritt ganz sanft vonstatten gehen, wenn wir uns darauf einlassen. Doch häufig sind wir zu bequem, uns zu verändern, oder wir machen einen Anlauf und verfallen dann wieder in unsere alte Lebensweise. Denn oft bewirkt eine kleine Veränderung etwas viel Größeres in unserem Leben, ähnlich dem berühmten Schmetterling, dessen zarter Flügelschlag einen Wirbelsturm auslöst. Wenn wir bereit sind, uns zu verändern, signalisieren wir auch, daß wir die Verantwortung für unser Leben übernehmen und unseren Willen einsetzen wollen.

Wir sollen nicht leiden und weinen, denn unser Leben ist eigentlich dazu da, Freude und Liebe auszudrücken, auf welche Art auch immer. An jedem Tag erhalten wir Gelegenheit, mehr Licht und mehr Liebe zu zeigen. Eine liebevolle Umarmung am Morgen kann uns den ganzen Tag erfüllen und mit guter Laune unseren Aufgaben nachgehen lassen. Durch eine Geste der Liebe kann sich ein bleierner Tag in einen goldenen Tag verwandeln. Genau diese Art der Transformation wird durch die Energie von St. Germain vermittelt.

Fazit: St. Germain hilft Ihnen bei der Überwindung von Schattenbereichen und bei wichtigen Wandlungsprozessen im Leben. Negative Gedanken und Energien können zugunsten einer positiveren, lichtvolleren Kraft aufgegeben werden, und Sie gewinnen dadurch an Lebensqualität. Sie werden dabei unterstützt, jeden Tag bewußt zu erleben und als Wachstumschance anzunehmen. Dabei kommt es auf die innere Einstellung an, die von Liebe und Achtsamkeit getragen sein sollte. Das Zeichen von St. Germain ist die violette Flamme der Transformation. Er gilt als Meister der Alchimie.

Zusammenfassung der Quintessenz St. Germain

- hilft, wichtige Veränderungen im Leben vorzunehmen, ohne dabei aus dem Gleichgewicht zu geraten
- öffnet für die Gegenwart und dafür, jeden Tag bewußt zu erleben
- hilft zu begreifen, daß es nicht so sehr darauf ankommt, was wir tun, sondern wie wir es tun
- gibt die Gelegenheit, aus äußeren Erlebnissen wirklich zu lernen und sich dadurch von innen heraus zu ändern
- befreit Stück für Stück von alten Verstrickungen und Mustern
- heilt alte Wunden, die an einer Weiterentwicklung hindern
- hilft, das Leben auch in kleinen Schritten zu transformieren, um nicht nur durch erschütternde Ereignisse dazu gezwungen zu werden
- hilft, Qualität statt Quantität zu suchen: lieber zwei Minuten lang aus dem Herzen heraus beten, als eine halbe Stunde verkrampft meditieren
- gibt das Gefühl, auch in schwierigen Lebenssituationen im Herzen frei und ungebunden zu sein
- hat eine allgemein heilende Wirkung auf das Chakra-System
- verbindet mit der Kraft des ICH BIN
- negative Energien und Schatten können symbolisch der violetten Flamme der Transformation zur Reinigung und Wandlung übergeben werden

Der violette Pomander

Positiver Zustand

- sich von Gott führen lassen
- Hingabe an eine höhere Ordnung und die Bereitschaft, im eigenen Leben dafür Änderungen vorzunehmen und gegebenenfalls Opfer zu bringen
- Verwirklichung der Seele auf der Erde
- Verwandlung von Schatten in Licht
- Inspiration und spirituelle Einsichten

Negativer Zustand

- Abwehrhaltung gegenüber einer spirituellen Verwirklichung und die Tendenz, in einen exzessiven Lebensgenuß auf der materiellen Ebene zu fliehen
- Verneinung von Gott und allem Spirituellem, aber auch Verneinung des Körpers und materiellen Alltags und Flucht in die geistige Dimension, vor allem durch bewußtseinsverändernde Drogen (zum Beispiel Alkohol)
- Körper und Geist bleiben getrennt

Einstimmung auf den violetten Pomander

Ich verbinde mich mit dem violetten Farbstrahl.
In mir ist ein Licht göttlichen Ursprungs, mit dem ich Kontakt aufnehme.
Ich wähle den Weg der Liebe und folge meiner Berufung in dieser Welt.
Etwaige Veränderungen in meinem Leben nehme ich an in dem

Wissen, daß mir dabei auch trotz aller Schwierigkeiten Gnade und Segen zuteil werden.
Ich diene Gott im Alltag.

Wann brauche ich den violetten Pomander?

- um mich mit meinem inneren Licht, dem göttlichen Funken, zu verbinden
- wenn ich mich verzweifelt und allein gelassen fühle
- wenn mir der Sinn und Zweck meines Lebens verborgen sind und ich auf der Suche nach Antworten bin
- bei dem Gefühl, meine Identität verloren zu haben
- wenn ich lieber in der geistigen Welt schweben würde, als auf der Erde in einem Körper zu leben
- um spirituelle Einsicht zu erhalten
- um meine Spiritualität im Alltag zu leben
- bei einem tiefgreifenden Wandel, um den Übergang zu erleichtern
- bei der Überzeugung, am Ende zu sein, die dunkelste Stunde meines Lebens zu erfahren
- zur Reinigung und Läuterung auf der spirituellen Ebene
- um mich besser auf eine Aufgabe zu konzentrieren
- um mich wieder auf mich selbst zu besinnen
- bei Depressionen
- bei Suchttendenzen (Alkohol, Drogen)
- bei Schlafstörungen
- unterstützend bei Krebserkrankungen

Dieser Pomander ist dem siebten Chakra, dem Kronen-Chakra, zugeordnet, das sich auf dem Scheitel befindet und nach oben öffnet. Es wird auch »Tausendblättriger Lotos« genannt und als Ort der Erleuchtung verstanden.

Im Violett vereinigen sich zu gleichen Anteilen die Farben Rot und Blau, Symbole für das Aktive und Passive, Himmel und Erde, Mann und Frau. Im Violett verschmelzen die Gegensätze zu einer Einheit, und so hilft diese Farbe uns Menschen, die Verbindung zu Gott zu finden und uns in das Licht zu versenken, um dort Gnade und Segen zu empfangen.

Violett ist die Farbe der Transzendenz, der Überwindung des Schattens und der Dunkelheit. Es symbolisiert die durchlebte und überstandene dunkle Nacht der Seele. Der violette Pomander bringt Ruhe und Entspannung in Lebenssituationen, in denen man am Rand der Verzweiflung ist und glaubt, vollkommen am Ende zu sein. Er hilft außerdem, sich in der Meditation zu vertiefen und für die geistige Welt zu öffnen. Er war der Lieblingspomander von Vicky Wall, der Begründerin von Aura-Soma, die ihn häufig benutzt hat.

Die Sehnsucht der Seele nach dem Licht

In uns allen lebt ein göttlicher Funke, der nie erlischt, den wir aber tief vergraben und vergessen können. Jeder erfährt im Lauf seines Lebens mindestens einmal dieses innere Seelenlicht. Diese Art Initiation kann durch unterschiedliche Erlebnisse ausgelöst werden: zum Beispiel durch eine atemberaubende Naturlandschaft, einen spektakulären Sonnenuntergang, die Liebe zu einem Menschen, die Geburt eines Kindes. Aber auch Krankheit, Unfall, Trennung, Konfrontation mit dem Tod können auslösende Momente sein, ebenso wie die Begegnung mit einem spirituellen Meister (zum Beispiel Mutter Meera, Sai Baba), mit Musik oder mit Farbe. Etwas erwacht in uns und läßt sich fortan nicht mehr verbergen. Wir können vor diesem inneren Funken davonlaufen oder ihn verleugnen, aber der Lichtfunke wartet voller Sehnsucht darauf, sich auszubreiten und ein Feuer in uns zu entfachen. Von nun an wird es aus der Tiefe unseres Seins auf uns einwirken.

Das innere göttliche Licht sucht die Verbindung zur geistigen Welt, es will zurück in die Einheit. Es findet seine Identität nicht in der äußeren, materiellen Welt, sondern in Gott. Je klarer wir dieses innere Licht wahrnehmen, desto tiefer werden wir meist in dem Glauben an unsere bisherigen Ziele und Lebensinhalte erschüttert. Unser Leben nach den Normen der Gesellschaft macht nicht mehr viel Sinn, und wir tasten uns in eine neue Richtung. Für manche Menschen kann dies eine radikale Änderung ihres Lebens bedeuten. Sie haben in der Innenschau eine so tiefe spirituelle Einsicht erhalten, daß sie sich von diesem Augenblick an von ihrem alten Leben verabschieden. Meist braucht es Zeit, um einen neuen Weg einzuschlagen, denn oft müssen wir vieles loslassen, an dem wir hingen.

Die Angst des Ego vor dem Licht

Für unser Ego kann es bedrohlich werden, wenn wir unser inneres Licht erkennen. Wenn wir das Gefühl haben, unsere Lebensrichtung ändern zu müssen, bringt das oft eine Abkehr von rein materiellen Werten mit sich. Unsere Erfüllung beziehen wir dann aus inneren Werten und nicht aus materiellem Eigentum. Diese Aussicht kann jedoch für manche Menschen auf einer unbewußten Ebene so unsinnig sein, daß sie in die entgegengesetzte Richtung laufen.

Nehmen wir als Beispiel einen Mann, der Zeuge eines Unfalls wird, bei dem es Schwerverletzte und Tote gibt. Im Augenblick des Erlebnisses öffnet sich etwas in ihm, und es wird ihm für den Bruchteil einer Sekunde bewußt, wie schnell das Leben vorbei sein kann. Das könnte ihn dazu bringen, den Unfall als Anlaß zu nutzen, um dem eigenen Leben mehr Sinn zu geben, mehr Qualität hineinzubringen und nicht so sehr nach Befriedigung auf der äußeren Ebene zu suchen. Andererseits könnte ihm sein Ego aber auch einreden, daß es jetzt erst recht angebracht wäre, sich alles Erdenkliche zu gönnen, da es ja schließlich jederzeit mit ihm plötzlich vorbei sein kann. Diese Angst kann in eine regelrechte Sucht nach Lebensgenuß ausarten. Der Betroffene versucht dann verzweifelt, die innere Stimme der Seele zu betäuben und mit dem Lärm der äußeren Welt zu überdecken.

Zwanghaftes Handeln entsteht, wenn wir auf das Ego hören und uns keinen Moment der Ruhe erlauben. Häufig besteht in dieser Situation eine Aversion gegen die Farbe Violett, und jemand wird alles tun, um dieser Farbe aus dem Weg zu gehen. In diesem Fall ist es besser, sich dem violetten Strahl über die Farben Rosa und Blau langsam zu nähern, um keine Panik entstehen zu lassen und die Abwehrhaltung nicht noch mehr zu verstärken. Nur mit unendlich viel Liebe und Geduld können wir dann Fortschritte machen und uns ganz sanft und langsam dem inneren Licht nähern. Menschen mit einer Aversion gegen Violett haben oft große Angst vor Gott, den sie als strafende, prüfende Instanz begreifen. Diese Angst wird häufig in der Kindheit geschürt und läßt sich nur über die Liebe erlösen.

Weltflucht

Für manche Menschen ist das Erlebnis des inneren göttlichen Lichts so überwältigend, daß sie nur noch in der Sphäre des Lichts verweilen wollen und jegliche Anbindung an irdische Realitäten vermeiden. Ihr Dasein empfinden sie als eine schwere Last. Es bereitet ihnen innere Qualen, und sie sehnen sich nach Erlösung. Zu verlockend erscheint die geistige Dimension mit ihren Engelscharen und göttlichen Klängen, mit ihrem Frieden. Aber auch dies ist ein Vermeidungsverhalten. Wir weigern uns dann, uns in unserem Leben zu verwirklichen und Gott hier auf Erden zu dienen.

Es ist den Mystikern vorbehalten, sich hauptsächlich auf die Innenschau zu konzentrieren und dann im Dienst der Menschheitsentwicklung lichtvolle Botschaften weiterzugeben. Alle anderen sollten sich den irdischen Aufgaben widmen und so ihren Beitrag leisten.

Der chronische Mißbrauch von Drogen wie Alkohol kann ein Indiz für den heimlichen Wunsch sein, die Erde zu verlassen und sich aufzulösen. Es ist bezeichnend, daß das inzwischen weit verbreitete 12-Schritte-Programm der Anonymen Alkoholiker darauf abzielt, den Weg zu Gott zu finden und gleichzeitig durch den Dienst am Nächsten, durch Liebe und Freundschaft die innere Heilung zu erfahren. Nur durch die Kombination der äußeren und inneren Arbeit kann wirkliche Heilung stattfinden. Suchtkranke Menschen brauchen Erdung, wobei sich die Farbe Rot als zu kräftig erweisen kann. Violett ist sanfter und hilft, Körper und Geist zu verbinden.

Wahre Berufung

In Verbindung mit unserem inneren göttlichen Funken zu stehen heißt meistens auch, ein Gefühl für unsere Lebensaufgabe zu haben. Wir wissen, wozu wir in diesem Leben berufen sind.

Unter Berufung versteht man im allgemeinen die göttliche Bestimmung, nach der wir unser Leben ausrichten sollen. Das kann sich in einem bestimmten Beruf ausdrücken oder auch eine spezielle Lebensart beinhalten. Jedes Lebewesen hat eine bestimmte Lebensaufgabe zu verwirklichen. Im Rahmen dieser Berufung sind wir begnadet, denn wir sind dann in Einklang mit einem höheren Willen. Dies muß nicht unbedingt mit einer äußerlich gelebten Spiritualität verbunden sein. Es gibt begnadete

Köche, Ärzte, Lehrer, Politiker, Schriftsteller, Handwerker, Eltern, Taxifahrer, Musiker usw., die der Welt ihr Licht schenken. Seiner Berufung nachzugehen bedeutet meistens, Erfüllung und Beglückung zu erleben, auch wenn wir viele Hürden überwinden müssen. Es fällt uns dann leicht, mit Hingabe und Leidenschaft tätig zu werden. Es fällt uns dann auch leicht, Opfer zu bringen und auf Dinge verzichten, die wir zwar gern hätten, die uns aber bei der Verwirklichung unserer Pläne aufhalten oder blockieren würden. Wenn wir aktiv unserer Berufung folgen, sind wir vital, schöpferisch und kreativ. Durch unsere Taten inspirieren wir unser Umfeld. Wir stehen im Dienst Gottes und im Dienst der Menschen. Seiner Berufung nachzugehen kann auch Strapazen und Mühsal beinhalten, es ist fast nie der leichteste und bequemste Weg und oft mit Prüfungen und Schwierigkeiten behaftet. Aber letztlich bringt er uns die meiste Befriedigung und Bestätigung, so daß sich alle Anstrengungen lohnen.

Es ist für uns wichtig zu lernen, uns mit unserem inneren Licht zu verbinden, ein Gespür für unsere wahre Berufung zu finden und sich von den Phantasien des Ego nicht ablenken zu lassen. Gerade in der New-Age-Szene gibt es viele »Gurus«, die sich fälschlicherweise dazu berufen fühlen, andere zu führen oder zu belehren. Wenn wir merken, daß wir eigentlich eine Position der Macht, die unser Selbstgefühl auf Kosten anderer stärken soll, anstreben, statt unserer Berufung zu folgen, sind wir nicht mit unserem göttlichen Licht in Einklang. Ganz gleich wie unbedeutend unsere Aufgabe nach äußeren Maßstäben erscheint, es sollte sich immer um einen Weg der Liebe und der Wahrheit handeln. Wir müssen uns zwar manchmal von Menschen und Dingen verabschieden, also bisherige Lebensabschnitte zu Ende bringen, doch können wir dies auch mit einem Minimum an Verletzung und einem Maximum an Fürsorge und Liebe tun. Der violette Pomander hilft – beispielsweise während der Meditation –, die Stimme der Seele zu hören und sich nicht verleiten zu lassen.

Spirituelle Krisen

Wenn wir nicht zu den Glücklichen gehören, die von Anfang an den Weg ihrer Berufung gehen, hören wir den inneren Ruf manchmal erst zu einem Zeitpunkt, an dem wir bereits mitten in Beruf, Beziehungen und Familie stehen. Wir haben einen bestimmten Status erreicht, auf den wir und schon gar nicht unsere Familien gern verzichten. Wir werden jedoch zum Schluß erkennen, daß es kein Opfer für uns darstellt, dem inneren Ruf zu folgen, und wir werden dazugewinnen, wenn wir bereit sind, etwas Geringeres zugunsten einer höheren Aufgabe aufzugeben.

Dieser Wandlungsprozeß in ein neues Leben kann von großem Schmerz begleitet sein, und es können uns viele Zweifel befallen, ob sich dieses Opfer auch wirklich lohnt. Denn sehr oft werden wir von außen große Widerstände erfahren. Wer seinen Managerposten hinwirft, um sich als Heilpraktiker ausbilden zu lassen, wird selten verstanden. Wenn wir uns absolut sicher sind, daß das Neue unsere wahre Berufung ist, werden wir diese negativen Stimmen annehmen, uns aber nicht durch sie beeinflussen lassen. Da wir mit unserem alten Leben gebrochen haben und noch nicht ganz in unserem neuen Dasein verankert sind, können große Ängste auftauchen. Unsere neue Identität ist noch nicht gefestigt, und wir haben vielleicht sehr viele materielle Dinge aufgegeben. Das ist der Moment, an dem wir aufgefordert sind, zu vertrauen und uns einer höheren Macht hinzugeben. Unsere Bereitschaft zur Hingabe wird manchmal hart geprüft, und wir haben dann das Gefühl, von Gott verlassen zu sein. Wir durchleben die dunkle Nacht der Seele, von der der Mystiker Johannes vom Kreuz geschrieben hat. Wir wissen nicht mehr, wer wir sind, wohin wir gehen und was unser Leben darstellt. In diesen Transformationsphasen bleibt uns nichts anderes übrig, als unser Leben einer höheren Instanz zu übergeben und uns dem Willen und der Führung Gottes demütig anzuvertrauen.

Wir lassen unser Ego los und verbinden uns mit dem Licht. Darin besteht unsere Neugeburt. Es ist unsere eigene Auferstehung, die Überwindung unserer Verzweiflung und Vernichtungsangst und ein Leben im neuen Licht. Der violette Pomander ist der Begleiter bei diesem Prozeß.

Verwirklichung des spirituellen Selbst auf Erden

Der violette Pomander unterstützt uns bei unserer Selbstverwirklichung. Mit Hilfe der violetten Schwingung können wir uns leichter mit unserem göttlichen Funken verbinden, können Einsichten gewinnen und spirituelle Erfahrungen durchleben, die uns heil und ganz machen. Wir fühlen uns erst dann wirklich erfüllt und befreit, wenn wir eine Ahnung haben, warum und wozu wir im Sinne der höheren Ordnung leben, und dies auch wirkungsvoll umsetzen. Wir können dabei Einsichten in die höhere Ordnung des Lebens und in das universelle Bewußtsein erhalten und andere mystische Erfahrungen machen. Aber das muß nicht sein. Die Farbe Violett will uns aus den Verstrickungen der Ego-Welt lösen, unsere Verbindung mit dem göttlichen Prinzip stärken und uns Gnade und Liebe zuteil werden lassen, damit wir unser Leben so hingebungsvoll, sinnerfüllt und lichtvoll wie möglich führen. In der Mitte zwischen passiver Innenschau und aktivem Tun in der äußeren Welt liegt unser Weg.

Symptome auf der Körperebene

Chakra-Zuordnung: siebtes Chakra (Kronen- oder Scheitel-Chakra).
Organzuordung: Großhirn, Schädeldecke, Zirbeldrüse.

Die Farbe Violett entfaltet ihre Wirkung primär im Kopfbereich. Wenn wir uns ständig Gedanken um den Sinn und Zweck unseres Lebens machen und über unsere Zukunft grübeln, können sich die Anspannungen auch in Form von Kopfschmerzen zeigen, die sich bis zu Migräneanfällen steigern können. Wenn wir verzweifelt sind und das Gefühl haben, von den Sorgen nicht loszukommen, geraten wir leicht in eine depressive Verstimmung. Die Welt erscheint uns dann unerträglich.

Wenn wir nachts nicht aufhören können, uns den Kopf zu zermartern, können wir Schwierigkeiten haben, ein- oder durchzuschlafen. Bei langem Wachliegen hilft der violette Pomander, wieder zur Ruhe zu kommen und loszulassen. Auch bei Konzentrationsstörungen ist er hilfreich.

Der violette Pomander kann sowohl bei körperlichen als auch bei psychischen Störungen allgemein unterstützend zur Heilung eingesetzt werden. Suchttendenzen, deren Wurzeln in einer Sehnsucht nach der geistigen Dimension bei gleichzeitiger Flucht vor dem realen Leben liegen, können durch die Farbe Violett bearbeitet werden.

Violett wirkt beruhigend auf das zentrale Nervensystem und ist damit hilfreich bei Hyperaktivität, Überreizung und nervösen Beschwerden. Violett verlangsamt das Zellwachstum und wird bei Krebserkrankungen eingesetzt, da es das Wuchern von Krebszellen eindämmen kann. Auch der violette Pomander kann in diesem Zusammenhang unterstützend wirken.

Der Farbstrahl Magenta

Thema: Verbindung von Körper, Geist und Seele, um Gottes Licht und Liebe im eigenen Leben zu verwirklichen und als schöpferische Energie in die Welt einfließen zu lassen. Die Überwindung von Schmerzen und Leid zugunsten der Erfahrung von Schönheit und einer allumfassenden Liebe zu allem Lebendigen als Teil des Göttlichen.

In der Farbe Magenta erblicken wir das Licht Gottes, das in der Dunkelheit zu uns strahlt. Wenn das Leben zu einer Last wird und wir von dem schweren Gewicht des Leidens so sehr niedergedrückt werden, daß wir nicht mehr den Himmel sehen können, erreicht uns aus ganz unerwarteter Richtung der magentafarbene Strahl der unendlichen, fürsorglichen Liebe. Wenn das Leben nur aus düsteren Momenten zu bestehen erschien, so offenbaren sich für uns jetzt erste Lichtstrahlen. Wir fangen an, uns für die Liebe Gottes und deren Manifestation auf Erden zu öffnen. Wir lernen, die Zweifel und Sorgen abzulegen, uns vom Mangel zu befreien, und entdecken in uns die Gaben des Lichts und der Liebe. Unsere kreativen Fähigkeiten drängen nach Ausdruck und Verwirklichung. Die heilende und segnende göttliche Kraft erreicht uns über vielerlei Kanäle, die zuweilen ganz unscheinbar sind.

Der magentafarbene Strahl bestärkt uns darin, jeden Tag unsere Liebe und Fürsorge einzubringen, damit wir gleichzeitig offen werden, diese Energien zu empfangen. Wir sind aufgefordert, um Hilfe aus der geistigen Welt zu bitten, damit sie uns auch gegeben werden kann. Magenta rettet uns mit seiner Schwingung der göttlichen Liebe aus Notfällen und scheinbar ausweglosen Situationen. Wir erfahren Einheit und die Harmonie von Körper, Geist und Seele. Es offenbart sich uns der Himmel auf Erden.

Die Quintessenz Pallas Athena

Innere Einstimmung

Ich verbinde mich mit Pallas Athena und Aeolus.
In mir ist unendliche Schöpferkraft, Schönheit und Licht, die ich mit Liebe und Freude weitergebe, um die Welt zu bereichern.
In mir ist Harmonie und Frieden.
Ich erlebe die Herrlichkeit und Vielfalt des Lebens.
Jeden Tag bin ich dankbar für die Gaben, die ich empfange.
Ich bin ein Teil dieser Schöpfung, die vollkommen ist.

Wann brauche ich die Quintessenz Pallas Athena?

- wenn ich im Armutsdenken feststecke und die guten Dinge in meinem Leben nicht mehr wahrnehme
- bei Mangel an Selbstwertgefühl, den ich aber vertusche und kompensiere
- um den Zugang zu meinen kreativen Talenten zu bekommen und sie im Alltag umzusetzen
- wenn ich mangels Disziplin meine Kreativität nicht realisiere
- wenn es mir schwerfällt, in meinem Leben Dankbarkeit und Freude zu empfinden
- um mich besser zu konzentrieren
- bei einem chaotischen Lebensstil, um mehr Ordnung und damit Freiraum zu gewinnen
- um mich mit meiner inneren Schönheit zu verbinden und sie dann zu zeigen

- um die Wunder der Natur und die Fülle des Lebens wahrzunehmen
- um mich mit den schönen Seiten des Lebens zu verbinden
- um mich lebendig und vital zu fühlen
- um mich daran zu erinnern, meine Aufgaben mit Sorgfalt und Liebe zu erfüllen
- wenn ich Zugang zu meinen Träumen habe und daraus sinnvolle Botschaften gewinnen will
- um ein Gefühl von Harmonie und Ruhe in mir zu spüren
- damit ich nicht vergesse, daß ich an der Fülle des Universums teilhaben kann
- um mich für den Segen und die Gaben Gottes zu öffnen

Pallas Athena hilft, unsere göttliche Kraft, unsere kreativen Gaben als Licht in die Welt zu senden. Pallas Athena erscheint zusammen mit dem männlichen Meister Aeolus, um uns an der Fülle und Schönheit des Lebens teilhaben zu lassen. Pallas Athena und Aeolus erinnern uns daran, daß wir zuerst unseren inneren Reichtum wahrnehmen und vor allem auch annehmen müssen, bevor wir im Sinne der göttlichen Schöpfung kreativ tätig sein können.

Sehr viele von uns leben in einem Gefühl inneren Mangels und sind im tiefsten Herzen davon überzeugt, daß sie eigentlich klein und unbedeutend sind. Nach außen hin können wir sehr erfinderisch sein, wenn es darum geht, diese Mangelgefühle zu vertuschen oder zu kompensieren, aber dadurch manifestieren wir in der Regel nur Oberflächlichkeiten und keine spirituelle Fülle. Erst wenn wir unsere inneren, göttlichen Werte angenommen haben, können sie sich als Bereicherung in der äußeren Welt manifestieren. Erst dann sind wir auch offen, den Reichtum des Universums selbst zu empfangen.

Wenn wir Schwierigkeiten haben, unseren inneren Reichtum anzunehmen, regen uns Pallas Athena und Aeolus dazu an, uns mit der Natur und ihrer Schönheit zu verbinden. Denn in ihr zeigt sich die Herrlichkeit und die Pracht des Lebens. Aus einem Gefühl der Fülle heraus sollen wir lernen, unser Leben zu meistern, und die Empfindungen von Armut, Mangel und Minderwertigkeit abstreifen.

Wenn wir Freude im Herzen haben, fällt es uns leichter, die schönen Seiten des Lebens zu sehen und Wärme und Liebe im alltäglichen Miteinander auszudrücken. Fühlen wir uns in unserer Haut wohl, dann haben wir die Kraft, das Beste aus unserem Leben zu machen. In der griechischen Mythologie ist Pallas Athena die Lieblingstochter von Zeus, erschaffen aus seinem Haupt, dem Sitz des göttlichen Denkens und weisen Rates. Mit Helm und Brustpanzer bekleidet, setzt sie sich als Kriegerin für Frieden und die höhere Ordnung ein. Kunst und Wissenschaft unterstehen ihrem Schutz.

Pallas Athena arbeitet zusammen mit dem Meister Aeolus an der Vollendung der Schöpfung Gottes, die sich dann manifestiert, wenn wir unsere wahre göttliche Natur und unser Zuhause im Licht erkennen. Wir sind ein Fragment der Ganzheit und leben so lange in der Zersplitterung, wie wir noch von einer anderen Welt träumen, in der wir Angst, Schicksalsschläge, Leid, Schmerzen, Mangel und Getrenntheit erfahren. Pallas Athena und Aeolus wollen uns wachrütteln, mal sanfter, mal heftiger – je nach der Tiefe unseres Schlafs. Wenn wir uns allzu weit von unserem ursprünglichen Lebensplan entfernt haben, kann der Weckruf durchdringend sein. Es scheint fast, als ob wir gezwungen werden müssen, das Glück als Seinszustand anzunehmen.

Viele Menschen sind so daran gewöhnt, in einen alltäglichen Überlebenskampf verwickelt zu sein, daß sie Schwierigkeiten haben, die schönen Seiten des Lebens zu erkennen und anzunehmen. Wer immer nur geschlagen worden ist oder bestraft wurde, wird mit einer liebevollen Umarmung und zärtlichen Worten wenig anfangen können, da er diese Sprache nicht beherrscht. Wir müssen wieder lernen, unsere Aufmerksamkeit auf die Fülle und Schönheit des Lebens zu richten, statt uns auf den Mangel zu konzentrieren und einer Untergangsstimmung nachzuhängen. Pallas Athena will unsere Augen öffnen und uns eine andere Welt zeigen, in der alles im Überfluß vorhanden ist. Sie regt uns dazu an, an der Schöpfung von Liebe und Schönheit teilzuhaben und wieder Lebensfreude zu empfinden.

Dankbarkeit empfinden

Wir tendieren dazu, unser Augenmerk auf das zu richten, was wir nicht haben, aber gern besitzen würden. Die Liste unserer Wünsche kann endlos lang sein. Wir wünschen uns vielleicht einen liebevolleren Partner, Kinder mit besseren Schulleistungen, einen schlankeren Körper, eine schönere Wohnung, ein größeres Auto, mehr Gehalt und Freizeit, einen interessanteren Arbeitsplatz usw. Es ist sehr in Mode gekommen, solche Wunschlisten gezielt zusammenzustellen und mit entsprechenden Affirmationen zu arbeiten, um möglichst viele Wünsche in Erfüllung gehen zu lassen. Es wird in manchen Ratgebern und Seminaren suggeriert, daß alles möglich sei, wenn wir nur unsere Vorstellungskraft intensiv genug aktivieren würden. Über bestimmte Techniken könnten wir lernen, diese gewünschten Dinge in unser Leben zu bringen.
Nur leider vergessen wir häufig, für das, was wir bereits haben, dankbar zu sein. Indem wir aber Dankbarkeit fühlen, verbinden wir uns mit dem Reichtum des Universums, denn wir sind uns unserer Gaben bewußt. Unser Blickwinkel verändert sich, und wir können viel genauer erkennen, was uns alles geschenkt wird. Wir gehen in Resonanz zu dem, womit wir uns gerade identifizieren. Vergleichbar wäre es mit einer Wüstenlandschaft, in der wir unterwegs sind. Wir schauen in die Ferne und sehen nichts

als Wüste. Unsere Kehle ist trocken, wir spüren unseren Durst und sind überzeugt, einen elenden Tod sterben zu müssen, da wir den Weg zurück zu unserem Lager nicht finden. Was wir nicht sehen, weil wir uns nicht umschauen, sondern nur in die eine Richtung starren, ist die Oase, die nicht weit entfernt liegt. Könnten wir unsere Augen für sie öffnen, wäre unser inneres Gefühl völlig anders. Die Wüste wäre nicht mehr nur eine Todeszone, sondern auch voller Leben.

Wenn wir anfangen, Dankbarkeit zu üben, erweitern wir unseren Blickwinkel für die freudvollen Dinge in unserem Leben. Statt immer nur Haß für unseren Körper zu empfinden, weil er zu dick ist, können wir dankbar sein, daß er gesund ist. Wir brauchen uns nicht ständig über unseren Partner aufzuregen und an ihm herumzunörgeln und können statt dessen dankbar sein, daß er ein Teil unseres Lebens ist und wir nicht allein sind. Anstatt genervt zu sein, daß wir einen Brief schreiben müssen, können wir uns darüber freuen, daß wir einen Freund haben, mit dem wir uns austauschen können. Es ist eine wirklich empfehlenswerte Übung, am Abend eine Liste von fünf Dingen zusammenzustellen, für die wir an diesem Tag dankbar sind. Es kann der Sonnenschein an diesem Tag sein, ein Telefongespräch, eine Umarmung oder eine Blume, die wir entdeckt haben.

Überhaupt einmal eine allgemeine Bestandsaufnahme der Dinge zu machen, für die wir in unserem Leben dankbar sein sollten, kann eine enorme Bereicherung bedeuten und unsere Lebenseinstellung komplett verändern. Wir nehmen zu viele Dinge als selbstverständlich an und sehen sie gar nicht als Geschenke. Wenn wir merken, daß wir in die Haltung von »Ich bin ja so arm dran« verfallen, dann reicht ein Blick in die Liste, um uns wieder mit dem in unserem Leben vorhandenen Reichtum zu verbinden.

Innerer Reichtum

Es ist bekannt, daß Reichtum oft Reichtum anzieht. Wer viel Geld besitzt, hat meist kein Problem, daraus noch mehr zu machen, während es für Menschen, die unter finanzieller Armut leiden, fast unmöglich ist, aus dem Muster auszubrechen und Wohlstand zu erreichen. Der Reichtum, mit dem Pallas Athena uns so gern verbinden möchte, hat jedoch nichts mit Geld zu tun. Es geht um inneren Reichtum, um die Erkenntnis unserer Schönheit, unserer Fähigkeiten und unseres kreativen Potentials. Nur zu häufig versucht jemand, mit äußerem Reichtum das Gefühl innerer Minderwertigkeit zu überspielen und zu verdecken. Wenn wir uns arm und fehl am Platz fühlen, dann geschieht das meist in dem Glauben, den Anforderungen der Außenwelt nicht gerecht zu werden.

Häufig reicht schon die Unzufriedenheit mit dem eigenen Aussehen, sich unsicher zu fühlen. Wenn wir zu klein gewachsen sind, zu dick sind oder sonstwie auffallen, dann haben wir es erwiesenermaßen schwerer, uns in der Gesellschaft durchzusetzen als jemand, der körperlich schön ist. Oder doch nicht? Es gibt genügend Beispiele, die im Gegenteil beweisen, daß es auf die innere Einstellung ankommt, die wir zu uns selbst haben. Wenn wir sicher sind, über eine Fülle von Gaben zu verfügen, die nur darauf warten, sich zeigen zu können, dann können uns scheinbare Defizite im Äußeren nichts anhaben. Wir haben unser inneres Licht gefunden.

Es fällt uns fast immer leichter, eine lange Liste mit unseren Mankos zu erstellen, als unsere positiven Eigenschaften aufzuschreiben. Doch wie sehen Ihre eigenen Talente aus? Überlegen Sie, über welches Potential Sie verfügen, und dann, wieviel Sie davon auch wirklich einlösen. Haben Sie eine schöne Stimme? Kochen Sie gern? Haben Sie Teamgeist? Oder vielleicht viel Humor? Wo schlummert noch eine unentdeckte Fähigkeit Ihnen?

Bei allem Nachdenken über die Versäumnisse im Leben ist es ganz wichtig, auch zu erkennen, wo wir unser Licht gezeigt haben. Wenn Sie am Ende eines Tages frustriert sind, weil Sie viel weniger als geplant erreichen konnten, dann wechseln Sie den Blickwinkel, und überlegen Sie, was Sie an diesem Tag geschafft haben. Wenn wir uns mehr mit unserem inneren Reichtum verbinden, können wir ihn auch besser in der äußeren Welt manifestieren. Benutzen Sie die Quintessenz von Pallas Athena, um herauszufinden, wo Ihre inneren Stärken und Talente liegen, und leben Sie im Bewußtsein dieses Reichtums.

Großzügig sein

Pallas Athena fordert dazu auf, auf geistiger Ebene Samen zu pflanzen, damit sie wachsen und sich vermehren. Leider wird das nur von einem geringen Prozentsatz der Menschen auch wirklich getan. Die Mehrheit setzt keine geistigen Kinder in die Welt, sondern physische, und ist somit auf lange Zeit mit Familienpflichten beschäftigt. Jeder von uns hat jedoch ein kreatives Potential, das darauf wartet, sich entfalten zu können. Wenn wir unsere Talente nicht pflegen, verkümmern sie. In dem Maß, wie wir sie aktivieren und konkret im Alltag manifestieren, sind wir mit der schöpferischen Fülle des Universums verbunden und werden für unsere Mühen reichlich belohnt.

Auch wenn Sie mit Arbeit, Haushalt und Familie bis an die Grenzen Ihrer Leistungskraft ausgefüllt sind, sollten Sie Ihre schöpferischen Talente pflegen und sie nicht vergessen. Niemand verlangt, daß Sie herausragende Kunstwerke erschaffen, obwohl es überraschend sein kann, zu welch großen kreativen Leistungen wir fähig sind. Auch ein mit Liebe gebackener Geburtstagskuchen ist ein Kunstwerk, das wir für jemanden erschaffen haben. Wir haben eine kreative Form gefunden, unser Licht weiterzugeben und Freude zu schenken. Jeder Tag bietet solche großen und kleinen Gelegenheiten.

Disziplin, Konzentration und Ordnung

Wenn wir ein Musikinstrument spielen, brauchen wir viel Zeit, um in der Übung zu bleiben. Doch fehlt es uns oft an Disziplin, um unser Talent wirklich zu entfalten. Wir fangen vielleicht mit etwas an, sind voller guter Vorsätze, aber nach kürzester Zeit finden wir jede Menge Ausreden, um nicht zu üben.
Pallas Athena vermittelt uns in dieser Situation eine ordnende Kraft. Sie hilft uns, die richtige Form zu finden, um uns kreativ auszudrücken. Wir lernen, unsere Aufmerksamkeit auf eine Sache zu konzentrieren. In ihrer Eigenschaft als Kriegerin weiß Pallas Athena um die Notwendigkeit der strategischen Planung und deren konsequente Umsetzung und Durchführung. Auch in der Natur herrscht eine Ordnung, nach der das Wachstum erfolgt. Gerät diese Ordnung aus den Fugen, entstehen Mutationen, und die Art wird in ihrer Erhaltungskraft geschwächt.
Wenn Sie also kreativ sein könnten, es aber an der Disziplin bei der Realisierung fehlt, verbinden Sie sich mit Pallas Athena. Sie unterstützt Sie dabei, Ihrem Leben die notwendige Struktur zu verleihen und Ordnung in das Chaos zu bringen. Sie sehen dann Disziplin nicht als notwendiges Übel, sondern als Chance zur Entfaltung der Gaben, die Ihnen auf dem Lebensweg mitgegeben wurden.

Offen sein für Schönheit und Harmonie

Die Natur bietet unzählige Möglichkeiten, uns an der Schönheit der Welt zu erfreuen. Allein schon die Jahreszeiten mit ihrem wechselnden Farbspiel und den verschiedenen Lichteinflüssen geben uns ein Gefühl für die Wunder des Lebens.

Der Auf- und Untergang der Sonne kann uns tief berühren. Barfuß am Strand entlangzulaufen, das Glitzern der Meereswellen in sich aufzunehmen oder eine Muschel zu betrachten befreit von den Lasten des Alltags und öffnet die Sinne. Die Fülle und Vielfalt des Lebens ist einzigartig. Sich mit der Harmonie der Natur zu verbinden gibt Kraft und vertieft die eigene innere Harmonie. Wir fühlen uns im Einklang mit der Welt und erreichen einen Zustand der Ruhe.

Pallas Athena und Aeolus wollen unsere Sinne für das Schöne im Leben öffnen. Innere Schönheit im Menschen strahlt nach außen und wirkt anziehend. Wir erfreuen uns an den schönen Dingen des Lebens. Ein lächelndes Gesicht hat eine andere Wirkung auf die Mitmenschen als eine wutverzerrte oder verbitterte Miene. Wir sollen uns natürlich nicht nur von unserer Sonnenseite zeigen, vor allem wenn uns ganz anders zumute ist. Aber wenn wir zu sehr im Leiden feststecken, kann es helfen, sich mit etwas zu beschäftigen, das Freude macht, damit wir uns wenigstens für einen Augenblick mit etwas Lichtvollerem verbinden.

Fazit: Pallas Athena und Aeolus öffnen unsere Wahrnehmung für die Schönheit, den Reichtum und die Vielfalt des Lebens. Immer mehr lösen wir uns von einem Armutsdenken und verbinden uns mit dem Prinzip von Fülle und Überfluß. Wir öffnen uns für unsere eigene Schöpferkraft und finden Wege, sie zu realisieren und weiterzugeben. Unser inneres Licht strahlt nach außen und erhellt unsere Umgebung. Wir lernen die notwendige Struktur und Disziplin, um unsere Gaben optimal zu entfalten. Diese Quintessenz hilft, Dankbarkeit für die vielen kleinen und großen Geschenke zu empfinden, die uns gegeben werden. Wir fühlen uns gesegnet und erfüllt.

Zusammenfassung der Quintessenz Pallas Athena

- hilft, den Blickwinkel zu erweitern und nicht nur zu sehen, was uns fehlt, sondern auch, was wir bereits haben
- verbindet mit dem Prinzip der Fülle und des Überflusses
- läßt uns Dankbarkeit für das Leben und seine Schönheit empfinden
- hilft, unsere verborgenen kreativen Talente zu entdecken und zu entfalten
- unterstützt uns dabei, Disziplin und Konzentration für die Lösung unserer Aufgaben aufzubringen
- hilft, Ordnung und Struktur in unser Leben zu bringen und damit Freiräume zur Selbstentfaltung zu schaffen
- hilft Menschen, die versuchen, mit materiellem Reichtum innere Mangelgefühle zu kompensieren
- öffnet unser Bewußtsein für hilfreiche Botschaften, während wir träumen
- hilft, unsere Träume zu verwirklichen
- läßt uns das Wunder der Natur wahrnehmen und genießen
- gibt uns die Sicherheit, daß wir das bekommen, was wir für unser Leben brauchen
- läßt unser inneres Licht, unsere innere Schönheit nach außen strahlen
- gibt uns ein intensives Gefühl des inneren Friedens und der Freude
- vermittelt Lebendigkeit und Vitalität
- wir erkennen, daß jeder Tag ein Neuanfang voller Möglichkeiten und Chancen ist

Der tiefmagentafarbene Pomander

Positiver Zustand

- ein gutes Gefühl für den eigenen Lebensweg haben, der sich nach dem göttlichen Plan entfaltet
- Harmonie zwischen Körper, Geist und Seele, die es ermöglicht, den eigenen Weg geradlinig zu gehen
- mit der göttlichen Liebe verbunden sein und sie in alle Handlungen, Worte und Situationen einfließen lassen
- vergeben und trotz vergangener Verletzung lieben können

Negativer Zustand

- Körper und Geist driften auseinander, und es findet kein Austausch mehr statt
- das Leben im Körper verläuft ohne Anbindung an das spirituelle Selbst
- die göttliche Liebe kann nicht durchdringen
- Vernachlässigung des eigenen Lebens und das von anderen
- mangelnde Fürsorge und Liebe
- das Gefühl, in einer dunklen, trostlosen und ausweglosen Situation festzustecken

Einstimmung auf den tiefmagentafarbenen Pomander

Ich verbinde mich mit dem tiefmagentafarbenen Strahl.
Körper, Geist und Seele kommen in Harmonie.
Ich erlebe die göttliche Liebe als heilende, regenerierende Kraft, die mein ganzes Sein durchströmt.

*Mit viel Liebe und Sorgfalt widme ich mich meinen täglichen Aufgaben.
Ich bitte um Hilfe bei der Heilung von Schmerzen und Leid und vertraue auf die Lösung meiner Schwierigkeiten.
In Liebe vergebe ich denen, die mir Leid zugefügt haben.*

Wann brauche ich den tiefmagentafarbenen Pomander?

- in Notfallsituationen als Erste Hilfe für Betroffene als auch Helfer, ähnlich der Rescue Remedy der Bach-Blütenessenzen
- bei leidvollen Erfahrungen, deren Schmerz kaum zu ertragen ist
- zur Vertiefung der Meditation und um in den individuellen Lebensplan Einblick zu nehmen
- wenn ich mich wegen eines traumatischen Erlebnisses von meinem Körper geistig abgespalten habe (zum Beispiel bei sexuellem Mißbrauch, Tod eines Kindes usw.)
- bei dem Gefühl, im Nebel umherzuirren und nicht mehr zu wissen, wozu und warum ich lebe
- wenn ich energetisch ausgelaugt und erschöpft bin
- um mehr Liebe in die kleinen, alltäglichen Dinge zu bringen
- um mich für die unscheinbaren Wege zu öffnen, auf denen mir göttliche Liebe geschenkt wird
- wenn ich das Gefühl habe, daß Körper, Geist und Seele in verschiedene Richtungen laufen
- bei dem Eindruck, negativen Energien wehrlos ausgesetzt zu sein
- wenn ich von jemandem verletzt worden bin und ich nicht verzeihen kann
- um ein Kanal für die heilende Energie der Liebe Gottes zu werden

- wenn ich aufgrund trauriger oder leidvoller Geschehnisse in tiefen Depressionen versinke
- wenn ich als Therapeut mit Meridianen und Energiepunkten arbeite (Akupunktur, Shiatsu, Reflexzonentherapie usw.), um die Endpunkte energetisch zu schließen
- zur Unterstützung bei der Behandlung von Geisteskrankheiten wie Schizophrenie und Multipler Persönlichkeit
- zur Begleitung, wenn ich an Epilepsie oder ähnlichem leide
- bei Empfängnisproblemen, wenn die Seelen von Mutter, Vater und Kind nicht in Einklang kommen

Der Pomander wirkt auf das achte Chakra, das sich oberhalb des Kopfes in unserem Ätherleib befindet. Laut Aura-Soma enthält dieses Chakra unseren Seelenstern, in dem Informationen bezüglich unserer vergangenen, jetzigen und künftigen Inkarnationen gespeichert sind. Hier liegt die Erinnerung an unseren Lebensplan, dem wir auf der Seelenebene vor unserer Geburt zugestimmt haben. Meistens vergessen wir nach der Geburt, warum wir hier sind und was wir in diesem Leben erreichen sollen, oder wir können es nur teilweise erahnen. Im Moment des Todes sehen wir diesen Lebensplan wieder ganz klar und können dann erkennen, wieviel wir davon umgesetzt und erreicht haben. Wir sind dann in der Lage, das Gelebte mit dem Plan zu vergleichen und Übereinstimmungen und Abweichungen zu sehen. Dies wird an mancher Stelle auch als eine Art Jüngstes Gericht dargestellt, bei dem uns Entsetzen über unsere verpaßten Chancen erfüllt. Aber die göttliche Weisheit, in der wir auf der Seelenebene schwingen, geht nicht urteilend und richtend vor. Es ist eher so, als ob unsere Hausaufgaben korrigiert, jedoch ohne Benotung wieder an uns ausgehändigt werden. Wir sehen, wo wir Fehler gemacht haben, lernen daraus und können dann bei der nächsten Hausaufgabe diese Fehler vermeiden. Wir können so lange in der Schule des Lebens verweilen, wie wir wollen, und so lange lernen, bis wir unsere Aufgaben gemeistert haben und bereit sind, in eine höhergeistige Schule einzutreten und die Inkarnationskette auf Erden abzuschließen.

Der tiefmagentafarbene Pomander wirkt auf den gesamten Körper und kann wie die Notfalltropfen der Bach-Blütenessenzen eingesetzt werden. In Situationen, die uns direkt mit dem Tod oder mit Sterbeprozessen konfrontieren und bei denen wir das Gefühl haben, von Gott verlassen zu sein, können wir durch diesen Pomander tiefgreifende Hilfe erhalten. Tiefmagenta hält die Verbindung von Seele und Körper und öffnet für die heilende Kraft der göttlichen Liebe. Wie eine Hülle legt sich diese Farbe um unsere Aura, sie schützt und behütet uns.

Wenn das Leben unerträglich erscheint

Die meisten Menschen erleben irgendwann in ihrem Leben eine Situation, die so ausweglos und düster erscheint, daß sie jegliche Lust am Leben verlieren. Jede Bewegung, jede Handlung kostet dann unendlich viel Kraft und erscheint dennoch sinnlos. Die Vorstellung, einzuschlafen und nicht mehr aufzuwachen, kann uns plötzlich verlockend erscheinen. Wir glauben, daß die Situation unsere Kräfte übersteigt und wir unterzugehen drohen.

Bei unerträglichem Leid besteht die Tendenz, sich energetisch zurückzuziehen, um dem Schmerz nicht so ausgesetzt zu sein. Die Seele versucht damit, dem Erlebnis auf der körperlichen Ebene auszuweichen. Diese Form der Flucht hat eine andere Qualität als die Verschiebung der Aura und das daraus resultierende energetische Loch, was unter dem Farbstrahl Orange beschrieben wurde. Es geht hier um eine Abtrennung des Geistes vom Körper. Wir können zwischen beiden keinen Kontakt mehr herstellen und wollen es ja unter den Umständen auch gar nicht. Der Körper schaltet auf eine Art automatische Steuerung um, und unser Leben läuft ohne Einbindung unseres spirituellen Selbst mechanisch weiter. Wirklich problematisch wird es, wenn die belastende Situation vorbei ist und wir vergessen, uns wieder mit unserem Geist zu verbinden.

Der tiefmagentafarbene Pomander verhindert diese Abspaltung von Körper und Geist. Wir erhalten Schutz, so daß wir dem Schmerz nicht so offen ausgeliefert sind. Aus der geistigen Dimension erreichen uns Liebe und Unterstützung, sofern wir darum bitten.

Verloren in Raum und Zeit

Wenn wir uns von unserem Körper abtrennen, um einer zu schmerzhaften emotionalen Situation aus dem Weg zu gehen, besteht, wie schon erwähnt, die Gefahr, daß diese Abspaltung beibehalten wird und wir nicht im Einklang von Körper, Geist und Seele weiterleben. In einem solchen Zustand kann es schnell geschehen, daß wir vom geplanten Lebensweg abkommen und nicht mehr zurückfinden. Wir irren dann wie im Nebel ohne Ziel umher und können uns nicht mehr orientieren.

Schmerzhafte Erlebnisse wiederholen sich, weil wir kein Gespür für unseren ursprünglichen Lebensplan haben. Die sogenannten Pechvögel, die von einer Katastrophe in die nächste schlittern, sind oft Menschen, die sich auf der geistigen Ebene irgendwann von ihrem Körper abgespalten haben und nicht mehr intuitiv wahrnehmen können, was sie eigentlich tun und wohin sie gehen sollten. Kinder, die wiederholt sexuell mißbraucht werden, spalten sich ebenfalls oft von ihrem Körper ab, um überleben zu können. Diese Abspaltung bleibt dann noch im Erwachsenenalter bestehen. Einerseits dient es dem Zweck, die unerträglich schmerzlichen emotionalen Wunden nicht zu fühlen, andererseits bleiben dabei auch jegliche Liebesgefühle abgetrennt.

Körper und Geist sind wie durch eine dicke Glasscheibe voneinander getrennt. Aus der geistigen Perspektive sehen wir unseren Körper im Leben, aber wir haben keinen direkten Kontakt zu ihm. Es ist so, als ob wir vor dem Fernseher sitzen und unseren Körper in einem Film sehen, in dessen Ablauf wir nicht eingreifen können. Es ist schwer, diesen Zustand verständlich zu beschreiben, aber er kommt öfter vor, als wir meinen, gerade weil wir in einem Jahrhundert leben, in dem zwei Weltkriege stattgefunden haben.

Kinder von Eltern, die im Krieg Furchtbares durchlitten und als Reaktion darauf Körper und Geist getrennt haben, erleben zwar Fürsorge, aber sie werden keine wirklich tiefe Erfahrung der Liebe machen können, da die Eltern selbst keinen Zugang mehr dazu haben. Das heißt nicht, daß wir in einem solchen Zustand kalt oder unbarmherzig sind. Wir spüren aber keinen tieferen Daseinssinn und gehen mehr oder weniger unbewußt durch das Leben. Es besteht heute daher eine große Sehnsucht nach einer Wiederherstellung der Einheit von Körper, Geist und Seele, nach Heilung. So ist es auch kein Wunder, daß der tiefmagentafarbene Strahl in der neuen Zeit so wichtig ist und zur Transformation dringend gebraucht wird. Er ist ein Heiler auf der globalen Ebene. Seine Energie bewirkt ein Erwachen und Wiederanknüpfen an die geistige und spirituelle Dimension.

Um Liebe und Heilung bitten

Magenta ist die Farbe, die uns in unserem irdischen Dasein wieder mit der göttlichen Liebe verbindet und uns Linderung und Heilung bringt. Wenn Körper und Geist erneut in Einklang sind, klärt sich unser Blick, und wir können wieder den Sinn und Zweck unseres Lebens spüren. Wir wandeln nicht mehr apathisch durch das Leben, sondern erwachen zu einer neuen Lebendigkeit.

Der göttliche Strahl der Liebe offenbart sich durch uns. Die Liebe, die in uns einströmt, läßt uns eine innere Freude empfinden, die nicht an äußere Formen gebunden ist.

Der Schlüssel zur Verbindung von Körper, Geist und Seele liegt in der Hinwendung an Gott und in der Bitte um Hilfe und Liebe. Wir können für uns selbst bitten oder es in einem Akt der bedingungslosen Liebe auch für einen anderen Menschen tun. Genau das unternimmt der Geistheiler. Doch stets muß die Bitte aus reinem, tiefstem Herzen kommen, wenn wir Segen und Heilung empfangen wollen. Wir brauchen uns keine Gedanken um die Form der göttlichen Hilfe zu machen, sondern wir sollen lernen zu vertrauen, daß sie uns gegeben wird, und dafür offen bleiben und bereit sein. Wenn wir unsere Aufmerksamkeit auf eine bestimmte Richtung konzentrieren, weil wir meinen, die Antwort zu kennen, kann es sein, daß wir die Heilung verpassen, die von anderer Seite angeboten wird.

Falls wir merken, daß jemand sich vor der Liebe verschließt oder hilflos durch sein Leben irrt, ist das größte Geschenk, das wir ihm machen können, aus bedingungsloser Liebe heraus Gott zu bitten, ihm Hilfe und Führung zu geben. Nicht immer ist es gut, sich selbst einzumischen und jemanden an die Hand nehmen zu wollen. Das kann noch weiter in die Abspaltung und Trennung führen. Gerade der magentafarbene Strahl arbeitet oft im verborgenen und bewirkt unerklärliche Wunder im Leben der Menschen. Heiler, die mit diesem Farbstrahl auf der Erde arbeiten, tun dies häufig unerkannt. Sie brauchen keine direkte Anerkennung und lassen in allen ihren Handlungen und Worten die Liebe Gottes hindurchfließen, manchmal ohne daß sie sich selbst ihrer Kraft bewußt sind.

Die Liebe offenbart sich im Detail

Die heilende Kraft der göttlichen Liebe kann in den kleinsten, alltäglichsten Begebenheiten aufblitzen und uns durchdringen. Es ist ein großer Irrtum zu glauben, daß nur Wunderheiler, religiöse Führer oder spirituell Erwachte die Fähigkeit besitzen, das Licht und die Liebe Gottes auf der Erde zu manifestieren, oder daß wir dazu große Rituale, Zeremonien oder besondere Hilfsmittel brauchen. Mit dem aus dem Herzen kommenden Gruß und Lächeln der Verkäuferin, bei der wir unsere Brötchen holen, kann sehr viel Licht in uns einfließen, wenn wir es bewußt wahrnehmen. Ein mit viel Liebe gebundener Blumenstrauß spricht eine andere Sprache als ein Strauß, der von einem mürrischen, unzufriedenen Floristen zusammengestellt wurde. Eine flüchtige Begegnung auf der Straße kann unser Leben entscheidend verändern, auch wenn uns dies in dem Moment überhaupt nicht bewußt wird. Wenn wir auf den großen Einschlag der göttlichen Liebe in unserem Leben warten, verpassen wir womöglich den stetigen, sanften Strom an Licht und Liebe, der uns täglich erreicht.

Auch bei unseren Handlungen und Worten können wir uns darin üben, Liebe und Bewußtsein einfließen zu lassen und so viel wie nur möglich mit dem Herzen dabeizusein. Unser Leben wird sich sofort positiv verändern.

Die Reifeprüfung

Sind wir uns unserer Herkunft als Kinder Gottes bewußt, ist unsere Sehnsucht nach der Heimkehr ins Licht erwacht, und wenn wir beginnen, die ersten Schritte in diese Richtung zu gehen, öffnet sich unser Herz immer mehr der Schwingung der Liebe.

Im Tiefmagenta erkennen wir Sinn und Zweck der Dinge aus

einer höheren Warte. Wir lösen uns aus der Gewohnheit des Kritisierens und Urteilens und fangen an, in Liebe zu erkennen, zu handeln und zu sprechen. Wir bekommen Einsicht und können schließlich nicht anders, als Liebe zu empfinden. Eine der größten Herausforderungen und Aufgaben auf unserem spirituellen Weg besteht darin, auch die Menschen lieben zu können, die uns auf irgendeine Weise verletzen. Diese unglaublich schwere Prüfung mag uns manchmal zur Verzweiflung treiben. Gerade in dem Moment, in dem wir uns unserer Erkenntnisse so sicher sind, wird mit größter Wahrscheinlichkeit jemand in unser Leben treten, der uns scheinbar Leid zufügt. Wie sieht es dann mit unserer bedingungslosen Liebe aus? Sind wir bereit, zu verzeihen und weiterhin offen und liebevoll zu bleiben? Sehen wir das Licht des anderen, oder verengt unser Schmerz unsere Sicht?

Wenn wir merken, daß wir in Haßgefühle abrutschen, im Leid steckenbleiben und nicht verzeihen können, ist der tiefmagentafarbene Pomander angebracht. Er hilft, die dunklen Gefühle zu überwinden und uns mit dem göttlichen Kern des anderen zu verbinden. Er schützt uns vor unseren negativen, zerstörerischen Energien, die uns davon abhalten, im eigenen Leben die Erfahrung der bedingungslosen Liebe zu machen.

Den göttlichen Plan erblicken

Der tiefmagentafarbene Pomander hilft uns, in der Meditation in einen Zustand der Leere und Stille zu gelangen und in diesem Raum einen Einblick in unsere geplante Lebensreise zu nehmen. Wie schon beschrieben, befinden sich die dazugehörigen Informationen in unserem Seelenstern, der im achten Chakra über unserem Kopf strahlt. Wenn wir darum bitten und die Zeit dazu reif ist, wird uns mit viel Glück gezeigt, was Gottes Wille für uns hier auf Erden ist. Es muß aber wirklich zum richtigen Zeitpunkt

geschehen, denn sonst würde dieser Einblick nur Verwirrung stiften oder Widerstände auslösen.
Meist wird uns nur ein Ausblick auf die nächsten Schritte gegeben. Nur sehr wenige Menschen könnten es ertragen, das ganze Ausmaß ihres Lebensplans enthüllt zu sehen. Jesus von Nazareth hat von seinem Lebensplan gewußt und ist dem Leid nicht aus dem Weg gegangen, weil es zu seiner Aufgabe gehörte. Aber ganz ehrlich, wie viele von uns würden nicht versuchen, lieber davonzulaufen und jeglichem Schmerz aus dem Weg zu gehen?

Symptome auf der Körperebene

Chakra-Zuordnung: achtes Chakra (im Ätherleib über dem siebten Chakra; schwebt wie ein Lichtpunkt über dem Scheitel).
Organzuordnung: wirkt auf den ganzen Körper, aber auch speziell auf die Geschlechtsorgane, das Hormonsystem und den Hypothalamus.

Der tiefmagentafarbene Pomander hilft bei allen extremen Erschöpfungszuständen und setzt dort ein, wo die Energie geschwächt ist. Er wirkt auf den gesamten Körper regenerierend. Aus diesem Grund wird er auch bei der Arbeit mit Meridianen und Energiepunkten empfohlen, wo er bei Akupunktur, Shiatsu oder der Reflexzonentherapie an den jeweiligen Endpunkten eingesetzt wird. Der Pomander gibt Energie und schließt gleichzeitig die Endpunkte.
Tiefmagenta schützt vor negativen Energien und Einflüssen. Wenn das Leben zu schmerzhaft wird, können wir depressiv werden und unser Dasein als sinnlos empfinden. Im Zuge einer Depression können beispielsweise auch Schlafstörungen, Kopfschmerzen und chronische Müdigkeit auftreten. Erkrankungen auf der geistigen Ebene wie Schizophrenie oder das Phänomen

der Multiplen Persönlichkeit können das Ergebnis der Abspaltung von Körper und Geist sein. Bei Epilepsie kann der Pomander ebenfalls unterstützend wirken. Generell wirkt er auf beide Gehirnhälften ausgleichend und bringt somit Intuition und Logik in Einklang. Das kann für Schüler hilfreich sein, die sehr begabt sind, aber so erscheinen, als wären sie unterdurchschnittlich intelligent.

Bei allen Notfallsituationen kann dieser Pomander ein Retter sein. Er kann sowohl beim Patienten als auch bei den Helfern oder Therapeuten eingesetzt werden und wirkt generell positiv auf Menschen, die in der Notfallmedizin arbeiten. Die Ausnahmezustände werden dann auf der körperlichen und energetischen Ebene besser verkraftet. Wir erhalten einen energetischen Schutz, der Traumata entgegenwirkt.

Da in der Farbe Tiefmagenta viel Rot enthalten ist, wirkt dieser Pomander auch auf die Fortpflanzungsorgane. Wenn Körper, Geist und Seele nicht harmonisch zusammenarbeiten, kann es für eine Seele schwierig sein, sich zu inkarnieren. Das Kind, das auf der geistigen Ebene wartet, findet keinen Zugang zum Körper der Mutter. Tiefmagenta kann bei der Vereinigung der Energien von Mann, Frau und Kind helfen und den Weg aus der Seelenebene in die Körperebene öffnen.

Der Farbstrahl Weiß

Thema: Leiden und schmerzvolle Erfahrungen in Erkenntnis wandeln, um mit verändertem Bewußtsein einen neuen Lebensabschnitt zu beginnen. Erkennen, welche Aufgaben wir verwirklichen sollen, und dabei die liebevolle Unterstützung der Engel annehmen. Eine klare, lichtvolle Ausstrahlung bekommen, die auf andere anziehend wirkt. Neuanfang in jeglicher Hinsicht.

Die Farbe Weiß verkörpert das klare Licht, bevor es durch die Brechung in einem Prisma sein Spektrum an Regenbogenfarben offenbart. Das Weiß steht auch für die gesamte Bandbreite unserer Erfahrungen: von der höchsten Glückseligkeit und Verschmelzung in dem Urlicht Gottes bis zum tiefsten Leiden und den schmerzvollsten Erfahrungen in einer scheinbar dunklen und trostlosen Welt.
Weiß steht für Freude, Liebe und Hingabe. Aber es kann auch der Schleier sein, der unseren Haß, unsere Angst und unsere Einsamkeit verdecken will.
Luzifer, der gefallene Engel, ist für uns der Inbegriff von Verführung und Verdammung. Sein Name heißt »Lichtbringer«, er ist der Erzengel, der ursprünglich dem Licht diente und sich in der Dunkelheit der Materie verloren hat. Er kann aber auch als Erlöser betrachtet werden, wenn wir verstehen, daß wir meist tief in die Finsternis hineingehen müssen, bevor wir bereit sind, uns auf die Suche nach dem Licht zu begeben. Solange unser Leben in Grautönen dahinplätschert, machen wir uns in der Regel nicht auf den Weg zurück in das Licht. Es reicht oft noch nicht, nur knöcheltief im Schlamassel zu stecken, um einen neuen Pfad zu

suchen. Wir waten dann einfach weiter, und erst wenn wir bis zum Hals feststecken, beginnen unsere ernsthaften Bemühungen, wieder herauszukommen. Wir hören beispielsweise nicht auf die leise Botschaft einer Erkältungsneigung des Körpers, sondern erst auf eine gravierende Erkrankung, die uns deutlich zu verstehen gibt, daß wir so nicht weiterkommen.

An diesem Punkt greift die Farbe Weiß. Sie zieht uns quasi aus dem Dreck, in dem wir feststecken. Sie befreit uns von alten Verkrustungen und Unreinheiten und gibt uns die Chance, von vorn anzufangen. Wir können unser Leben ganz neu gestalten und eine neue Einstellung zu den Dingen gewinnen. Wir sehen das Leben in neuem Licht.

Weiß symbolisiert die Unendlichkeit und Ewigkeit der Liebe innerhalb der göttlichen Schöpfung. Es ist die Quelle, aus der heraus sich das Universum in seiner Schönheit entfaltet. In der Farbe Weiß zerfließen wir und sind eins, um uns dann aus der erlebten Freude heraus über Farben und Klänge zu offenbaren und Teil der schöpferischen Kraft zu werden.

Die Quintessenz und der Pomander ähneln sich in ihrer reinigenden Wirkung. Die Quintessenz Serapis Bey verbindet uns mit der Engelwelt und hilft uns, in der tiefsten Dunkelheit wieder das Licht in unserem Leben zu erkennen. Der weiße Pomander hilft uns, auf allen Ebenen klar zu werden und zu erkennen, in welcher Form ein Neuanfang bevorsteht.

Die Quintessenz Serapis Bey

Innere Einstimmung

Ich verbinde mich mit Serapis Bey.
Im Licht bin ich auferstanden, erlöst von der Bürde des Kreuzes,
das so schwer und so lange auf mir lastete.

Befreit von meinem Kummer und Schmerz, spüre ich jetzt den Strom des ewigen Lichts Gottes.
Mein altes Gewand lege ich ab und erstrahle in neuem Glanz.
Mit den Engeln an meiner Seite bin ich Licht, bin ich Liebe, bin ich in Gott.

Wann brauche ich die Quintessenz Serapis Bey?

- wenn ich mehr Klarheit in meinem Denken und in meinem Leben gebrauchen kann
- um mich sowohl auf der physischen als auch auf der Gefühlsebene von Ballast zu befreien
- um den Mut für einen Neuanfang zu finden
- um durch den erlebten Kummer und das erlebte Leid zu lernen und dadurch eine Transformation einzuleiten
- damit ich mich daran erinnere, daß eine Perle einmal als Sandkorn begann, und nicht vergesse, daß auch aus mir etwas Wertvolles erwachsen kann
- um aus der Dunkelheit den Weg ins Licht wiederzufinden
- wenn ich das Gefühl habe, nicht das zu tun, was meiner wahren Bestimmung entspricht
- um endlich meinen Platz im Leben zu finden und einzunehmen
- um mich mit den Engeln zu verbinden, die mich schützen, begleiten und führen
- bei dem Wunsch, Ordnung ins Leben zu bringen, und zur Unterstützung bei dem damit verbundenen Reinigungsprozeß
- zur Erlösung von Kummer und Schmerz, die nicht vergehen wollen
- bei dem Gefühl, daß ein neuer innerer Wachstumsprozeß bevorsteht
- um verdrängten Kummer ans Tageslicht zu holen und aufzuarbeiten

- um sich mit dem Strom der göttlichen Liebe und des Lichts zu verbinden

Serapis Bey will uns zu mehr Klarheit verhelfen, und er läßt uns unseren eigenen Wert erkennen. Diese Quintessenz unterstützt uns bei Läuterungsprozessen und schärft unser Bewußtsein für den Weg, den wir einschlagen sollen. Wir erkennen, wo wir am richtigen Platz sind und was wir zu tun haben. In jedem Moment können wir uns dafür entscheiden, einen neuen Anfang zu machen.

Wie ein Kind, das das Licht der Welt erblickt, werden wir dann in einem neuen Licht geboren. Ein neuer Zyklus beginnt für uns. Serapis Bey will uns Mut zum Neuanfang machen und uns darin bestärken, Veränderung zuzulassen, damit wir den Weg zu Gott wiederfinden. Alle unerlösten Schmerzen, die auf unserer Seele lasten, können wir abgeben. Es stehen uns dabei die Helfer der höchsten Stufe in der Hierarchie der Engelscharen zur Seite, die Seraphim. Es wird gesagt, daß Serapis Bey in dieser Engelgruppe wirkt. Die Seraphim stehen Gott am nächsten, von ihnen hören wir die Sphärenklänge des Himmels, und sie wirken ordnend und strukturierend, damit die stetig ausströmenden neuen Schöpfungen ihren Platz innerhalb der göttlichen Ordnung finden. Sie sind nicht wichtiger als andere Engelchöre, aber sie haben den größten Überblick. Damit sind sie auch die Begleiter auf unserem Weg ins Licht und zu spirituellem Erwachen, denn wir verlassen dabei unseren alten Platz, unsere alte Realität und begeben uns auf den Weg in ein neues Dasein.

Jedesmal wenn eine Seele in diese Welt geboren wird, einen neuen Weg im Leben geht oder die Erde wieder verläßt, verschiebt sich ganz leicht das Gefüge der Schöpfung. Die Seraphim sehen, wo unser Licht hingehört, und lenken unsere Aufmerksamkeit auf diese Stelle. Sie sorgen dafür, daß die anderen Engelscharen uns dabei begleiten und unterstützen.

Serapis Bey ist ein Botschafter Gottes, seine Stimme hören wir auch in uns, denn sie ist Teil unseres inneren göttlichen Funkens. Die Quintessenz will uns von dem Gefühl, nicht am richtigen Platz zu sein, und dem damit verbundenen Leid erlösen und uns mit dem Licht Gottes in seiner Reinheit und strahlenden Liebe verbinden.

Durch Leid und Schmerz zum Licht der Erkenntnis

Es ist wichtig zu verstehen, daß wir *nicht* durch Leid und Schmerz gehen müssen, um zu erwachen und Läuterung zu erfahren. Aber wir können jedes Leid als Weg ins Licht nutzen. Eine schwierige Situation ist nicht ausweglos, sondern sie kann der Auslöser für eine wundersame Wandlung sein, aus der heraus etwas von großem Wert erschaffen wird. Aber manchmal ist unser Lebensweg so steinig und voller Schmerz, daß es unmöglich erscheint, daß daraus jemals etwas Sinnvolles entstehen könnte. Und wenn wir meinen, das Schlimmste liege hinter uns, kommt der nächste Schlag und zwingt uns in die Knie. Gerade spirituell Suchende erleben dies oft und fragen sich, was noch alles an Opfern von ihnen verlangt wird.
Es geht dabei um einen inneren Widerstand gegen unser Erwachen. Man könnte sagen, daß unser Ego der Ausdehnung des Lichts in uns Widerstand entgegensetzt. Die Offenbarung in der Bibel ist nichts anderes als eine Darstellung unserer inneren Auseinandersetzung zwischen unserer kreierten Realität und dem wahren Licht Gottes. Wenn wir anfangen, uns dem Licht zuzuwenden, kommen Herausforderungen auf uns zu. Doch selbst wenn die Schicksalsschläge von außen auf uns niederzuprasseln scheinen, so sind sie letztendlich nur ein Spiegelbild unserer eigenen inneren Rebellion. Das Gefühl, uns dem Licht und der Macht Gottes ergeben zu müssen, kann uns als so vernichtend

erscheinen, daß wir erst einmal unsere Zuflucht in emotionalen Katastrophen oder Krankheiten suchen. Wir leisten Widerstand, und dennoch haben wir uns auf einer unbewußten Ebene für den Weg ins Licht entschieden. So schwingen wir uns zwar nicht auf den Flügeln der Freude empor, aber dennoch gehen wir unserem Ziel entgegen.

Die Entstehung einer Perle

Bei Aura-Soma wird oft das Beispiel der Auster, die eine Perle hervorbringt, genannt, wenn es darum geht, die Essenz von Serapis Bey zu begreifen und zu zeigen, wie trotz Widerstand, Schmerz und Leid dennoch etwas Lichtvolles und Schönes in uns zu leuchten beginnt.
Die Auster ist ein lebendiger Organismus. Wenn sich beispielsweise ein Sandkorn zwischen Schale und Mantel der Auster einlagert, kann die Muschel den Fremdkörper nicht loswerden. Um sich vor ihm zu schützen, umschließt die Auster das Sandkorn mit dem Mantelepithel, das nach und nach Perlmutt ausscheidet. Mit der Zeit entsteht auf diese Weise eine Perle.
Das Bild von Auster und Perle enthält verschiedene Botschaften. Dringt in uns ein kleiner Bewußtseinsfunke ein, so können wir versuchen, ihn abzukapseln und auszugrenzen, aber letztendlich wächst er und dehnt sich aus, ähnlich dem Sandkorn, das zu einer Perle wird. Auch wenn uns dieser innere Lichtfunke irritiert und schmerzt, geschieht doch im Laufe der Zeit Transformation. Aus einem kleinen Sandkorn wird eine wertvolle Perle. Aus unserem Schattendasein erwachen wir zu unserem eigentlichen Wesen. Wir verfügen also immer über das Potential, aus unseren Schattenbereichen heraus die Wandlung ins Licht zu schaffen.

Transformation unserer Schattenbereiche

Was unseren Weg ins Licht meist irgendwann so schmerzhaft werden läßt, ist die Notwendigkeit, unsere Schattenbereiche zu erkennen, damit wir sie erlösen. Unsere Schattenbereiche kommen als Schwierigkeiten, Krankheiten oder problematische Personen auf uns zu, die uns zu Auseinandersetzung und Konfrontation zwingen. An dieser Stelle erfolgt oft die völlige Projektion der Schuld nach außen, statt zu erkennen, daß wir viel lernen und erlösen könnten, wenn wir die Verantwortung für unsere eigenen Anteile an dem Konflikt übernehmen würden.

Nehmen wir an, Sie haben einen Partner, der Sie ständig anlügt und betrügt. Die sehr menschliche Reaktion besteht darin, Schmerz und Kummer zu spüren, das Vertrauen zu verlieren und dem Partner die Schuld an unserem Leid zu geben. Dieses Leid kann endlos währen, nämlich so lange, wie wir uns mit den Schmerzen und der Verletzung identifizieren. Die andere Möglichkeit ist, zu prüfen, wo wir uns selbst im Leben anlügen und betrügen. Wo machen wir uns etwas vor? Wo sind wir noch unehrlich gegenüber uns selbst und anderen? Wo betrügen wir uns selbst auf unserem Weg ins Licht? Was verstecken und verheimlichen wir? Welche Schuldgefühle sind noch in uns, die wir nicht erlösen und vergeben wollen?

Erst wenn wir die äußeren Gegebenheiten als Teil unserer inneren Prozesse begreifen, können wir wirklich unser altes Leben abstreifen und ein neues Leben anfangen. Das erfordert sehr viel Reife, Bewußtheit und vor allem Verständnis. Es geht um Erlösung und nicht um Bestrafung. Serapis Bey greift sehr tief in diese inneren Reinigungsprozesse ein. Die Quintessenz hilft uns, innere Klarheit zu gewinnen.

Je nach innerer Bereitschaft zur Arbeit am eigenen Schatten kann es sein, daß wir in kürzester Zeit sehr viel lösen und große Veränderung erleben. Damit uns dieser notwendige Klärungsprozeß nicht zu sehr aus dem Gleichgewicht bringt, arbeitet Serapis Bey daran, negative Energien in unserem Energiekörper zu neutralisieren. Wir sind in dieser Läuterungsphase sehr verwundbar und offen, so daß wir Schutz und Begleitung gut gebrauchen können.

Wenn der Kummer tief sitzt

Manchmal sitzt unser Kummer so tief, daß wir Schwierigkeiten haben, ihn zu erlösen. Oder wir haben ihn begraben, weil das Leben weitergehen mußte und wir keine Möglichkeiten hatten, ihn zu verarbeiten. Vor allem Männer neigen dazu, ihre Sorgen, ihre Trauer und ihre Ängste so tief zu verdrängen, das sie kaum mehr den Zugang dazu finden. Männer werden in der Regel dazu erzogen, sich über ihre Nöte hinwegzusetzen, um stark und kraftvoll zu erscheinen. Sie lernen damit in frühen Jahren, sich von ihren Gefühlen zu distanzieren, und verdrängen dann auch jene Schattenbereiche, die dringend Heilung benötigen.
Die Gesellschaft fordert derzeit viel von uns. Die alten Rollenverteilungen sind nicht mehr gültig und neue Formen des Zusammenlebens noch nicht etabliert. Bis dahin sind wir als Allround-Talente gefordert. Als Frau sollen wir weiblich sanft, doch auch aufreizend und sexy sein, dazu intelligent, beruflich erfolgreich und als Mutter zärtlich und verantwortungsvoll. Außerdem sollte eine Frau möglichst auch finanziell auf eigenen Füßen stehen. Vom Mann wird eine knallharte Karriere, aber auch Gefühl und Einfühlungsvermögen verlangt. Er soll im Beruf seinen Mann stehen und daheim die Kinder mit erziehen und einen Teil der Hausarbeit übernehmen.
Für die meisten von uns bleibt sehr wenig Raum und Zeit, um sich darüber klar zu werden, wonach wir uns sehnen, wo unsere Schwachstellen liegen, wie wir unser Leben einrichten möchten.

Kollektiv gesehen beißen wir die Zähne zusammen und versuchen, das Beste aus unserem Leben zu machen. Nur eines erscheint uns wichtig: keine Schwäche zeigen und nicht unter der Last der Anforderungen zusammenbrechen.

Serapis Bey ist dann hilfreich, wenn wir durch unser Leben hetzen und nicht mehr anhalten wollen oder können, um uns bewußt zu werden, wo sich in uns Defizite aufbauen. Serapis Bey sollte zum Einsatz kommen, wenn wir verzweifelt versuchen, uns davon zu überzeugen, daß unser Leben wunderbar ist, und sich tief in uns dagegen Widerspruch erhebt. Die äußere Idylle ist eben nur Schein und nicht Wirklichkeit. Falls wir dazu erzogen wurden, immer nur eine äußere heile Welt zu zeigen und unsere Tränen zu verdrängen, dann ist es jetzt Zeit, auch Gefühle von Kummer und Versagen zuzulassen. Häufig erlaubt uns erst eine Krankheit, Schwäche zu zeigen und eine Überforderung zuzugeben. Es ist aber auch möglich, ein neues Bewußtsein zu entwickeln und zu erkennen, daß wir nicht immer nur auf dem Gipfel stehen können, sondern sowohl Aufstieg als auch Abstieg und die damit verbundenen Strapazen und Schwierigkeiten dazugehören. Wenn Sie das Gefühl haben, daß ein tiefer Kummer Sie lähmt, dann arbeiten Sie mit dieser Quintessenz. Sie kommen dabei auch in Kontakt mit Ihren Engeln und erhalten so Unterstützung und Begleitung.

Die Engel an unserer Seite

Die Engel freuen sich über unsere Aufmerksamkeit. Sie sind die Lichtwesen, die Gott entsandt hat, um uns Menschen bei der Rückkehr in das Licht zu helfen. Die Quintessenz Kuthumi kann uns ebenfalls dabei unterstützen, den Kontakt zur Engelwelt herzustellen, doch sprechen wir damit eine andere Gruppe von Engeln an, als wir es mit Serapis Bey tun. Die Engel, die zu uns durch Kuthumi sprechen, wollen auch zu den Elementarwesen der Natur Verbindung aufnehmen. Sie brauchen uns als Vermittler, und wenn sie spüren, daß wir eine besondere Affinität zu den Naturelementen haben, werden sie sich mit Freude an uns wenden und uns ihre Botschaften offenbaren.

Serapis Bey hingegen bringt uns die Engel näher, deren Aufgabe es ist, uns zu helfen, das Licht Gottes zu erkennen und uns damit zu verbinden. Sie wollen uns von unserem Leid und der Dunkelheit erlösen, denn sie sehen in uns nur den wahren lichtvollen Kern. Öfter als wir denken, helfen uns die Engel aus heiklen Situationen heraus, denn sie können Gedankenimpulse senden, die unser Bewußtsein lenken, und uns dadurch auf den richtigen Weg führen. Wir sind nie allein, stets begleiten uns die Engel, und wir können durch den bewußten Kontakt mit ihnen viel Klarheit, Licht und Freude in unser Leben einfließen lassen. Die Engel empfinden unendlich viel Liebe für uns, die wir annehmen sollten, denn sie trägt uns und erleichtert unser Dasein. Indem wir die Gaben der Engel annehmen, helfen auch wir ihnen bei der Evolution.

Fazit: Serapis Bey hilft Ihnen, Schmerz und Leid zu erlösen und ein entspanntes, liebevolles Leben zu führen. Sie können sich von den Bürden befreien, die Sie am Vorwärtsschreiten behindert haben. Sie finden den Mut, einen Neuanfang zu machen. Serapis Bey gibt Ihnen Klarheit und befreit Sie von dem Zwang, alte Muster zu wiederholen. Sie haben die Möglichkeit, karmische Verknüpfungen aufzulösen, um der Rückkehr ins Licht näherzukommen. Serapis Bey transformiert das Leid in Licht und verbindet Sie mit den Engelwesen, die Sie auf Ihrem Weg ins Licht begleiten.

Der Farbstrahl Weiß

Zusammenfassung der Quintessenz Serapis Bey

- hilft, an tiefsitzenden Kummer heranzukommen und dessen Ursachen zu heilen
- gibt den Mut für einen Neuanfang und die notwendige Veränderungen
- Schwierigkeiten zeigen sich als Chance zur Wandlung und Transformation
- hilft, sein Leben zu ordnen
- gibt ein Gefühl von innerer Klarheit
- läßt den eigenen Platz in der göttlichen Schöpfung finden
- unterstützt bei Reinigung und Läuterung auf allen Ebenen
- öffnet für die Dimension des Lichts
- verwandelt Leiden in Freude und Jubel
- verbindet mit den Engeln, die uns auf unserem Weg ins Licht begleiten, vor allem mit den Seraphim
- löst karmische Knoten
- symbolisiert die Auferstehung sowie die Einheit Gottes

Der weiße Pomander

Positiver Zustand

- die Fähigkeit, im Fluß zu bleiben und loszulassen, was keinen Platz mehr im Leben hat
- immer wieder innerlich und äußerlich Klarheit und damit Raum für Neues schaffen
- sich mit der Urquelle allen Seins verbinden, in das Licht und die Liebe Gottes eintauchen, um dann wieder den vorbestimmten Weg im Leben zu gehen
- um das eigene Licht wissen und auch erkennen, wie es sich in der Welt als heilender Strahl manifestieren soll

Negativer Zustand

- der heimliche Wunsch, sich zu vergeistigen und nicht in einem Körper leben zu müssen
- die innere Verweigerung, sich zu einem speziellen Farbstrahl zu bekennen und sich damit im Leben auf der Erde zu verwirklichen
- die Tendenz, vor notwendigen Übergängen in neue Lebensabschnitte an der Schwelle stehenzubleiben und nicht weiterzugehen oder das Alte nicht loszulassen und daher mit einem Gefühl der ständigen Überlastung zu leben

Einstimmung auf den weißen Pomander

Ich verbinde mich mit dem weißen Lichtstrahl.
Ich verbinde mich mit dem Licht Gottes, der Quelle allen Seins, dessen Strahlen und Liebe mich durchdringen, mich reinigen und mir Klarheit schenken.
Alle Bürden überlasse ich diesem Licht.
Ich bin bereit loszulassen, damit in meinem Leben Raum für Neues geschaffen wird.

Wann brauche ich den weißen Pomander?

- um unbelastet einen neuen Anfang zu machen
- wenn ich kein Gefühl dafür habe, was ich mit meinem Leben anfangen soll, und erst einmal Klarheit schaffen will
- wenn die vielen Möglichkeiten mich verwirren und ich mich nicht entscheiden kann, welche ich am besten ergreife
- bei der Tendenz, mich nur über andere zu definieren, da mir eine klar umrissene Persönlichkeit fehlt

- wenn ich sofort spüre, was andere wollen oder wünschen, ich selbst aber kein Gespür dafür habe, was ich für mich will
- bei dem Gefühl, mich in meinem Leben zu verzetteln und mir stets zu viele Aufgaben und Verantwortungen aufzubürden
- während einer Fastenkur, um den Reinigungsprozeß zu unterstützen
- bei ständigen Erkältungen oder Nasennebenhöhlenentzündungen
- bei allergischen Reaktionen auf Fremdstoffe (Pollen, Nahrungsmittel, chemische Verbindungen usw.)
- um die Wundheilung zu fördern
- um inneren Raum zu schaffen, damit auch größere Wunden von Körper und Geist ausheilen können
- zur Reinigung von Räumen, Kristallen oder Essenzen (zum Beispiel der Equilibrium-Öle von Aura-Soma)
- um die eigene Aura zu reinigen (zum Beispiel nach Krankenhausbesuch, Aufenthalt in verrauchten Räumen usw.)

Dieser Pomander riecht sehr medizinisch. Sein Duft ist für manche Menschen eher abstoßend als anziehend, und er erinnert sie an ein Desinfektionsmittel. In der Tat gilt der weiße Pomander als universeller Reiniger, denn in ihm ist das gesamte Spektrum der anderen vierzehn Pomander enthalten. Der weiße Pomander desinfiziert auf der energetischen Ebene, er befreit von negativen Energien, bringt Licht in Räume und Situationen, in denen die Energien abgestanden oder ausgelaugt sind. Er regeneriert von Grund auf, befreit von Schmutz und fördert die Wundheilung sowohl auf der körperlichen als auch auf der ätherischen und geistigen Ebene.

Dem weißen Pomander wird nachgesagt, daß er sich als Schutz eigne, aber das gilt eher in Zusammenhang mit der Ausheilung von offenen Wunden. Wir werden wieder ganz und sind daher den Unreinheiten der Umgebung nicht mehr schutzlos ausgeliefert.

Patienten mit schweren Hautverbrennungen müssen beispielsweise in einem keimfreien Raum gepflegt werden. Ihr Körper bietet wegen der nicht mehr vorhandenen Außenhaut eine offene Angriffsfläche für jegliche Arten von Krankheitserregern. Nur durch strengste Hygienemaßnahmen und Isolation von der Außenwelt haben diese Patienten die Chance, wieder gesund zu werden.

Stellen wir uns den weißen Pomander in diesem Kontext vor, wird seine kraftvolle Wirkungsweise nachvollziehbar. Er umhüllt uns mit seinem reinen Licht und verhindert das Eindringen von negativen Energien in unsere Aura. Er setzt an den Stellen an, die offen und wund sind und die sich schnellstmöglich wieder schließen müssen.

Gerade wenn wir dabei sind, innere Verletzungen und alten Kummer auszuheilen, brauchen wir einen Raum, der uns Schutz und Ruhe bietet. Der weiße Pomander vermittelt eine andere Form von Schutz als der rote oder der blaue Pomander. Der rote Pomander ähnelt einem Schutzwall gegen bedrohliche Energien. Der blaue Pomander läßt uns eine schützende Grenze ziehen, damit wir uns nicht in spirituellen Dimensionen verlieren, sondern trotz Grenzüberschreitungen stets bei uns bleiben. Dagegen öffnet der weiße Pomander einen Schutzraum zur Heilung unserer Wunden. Er hilft uns, ohne Störungen von außen die Fragmente wieder zusammenzufügen.

Farbe bekennen

Die Farbe Weiß hat zwei Aspekte. Sie verkörpert einerseits das gesamte Spektrum des Lichts, sie beinhaltet also alle Farben, und andererseits ist sie neutral. Im Weiß steckt alles und gleichzeitig nichts.

Wir können uns wunderbar hinter der Farbe Weiß verstecken.

Der Farbstrahl Weiß

Medizinisches Personal trägt meist weiße Kleidung, was in diesem Zusammenhang Sinn macht. Der Therapeut oder Pfleger behandelt Menschen mit einer Vielfalt von Erkrankungen, die auf der Chakra-Ebene ihre Zuordnung zu verschiedenen Farben haben. Tragen wir beispielsweise Rot in Gegenwart eines Patienten mit hohem Blutdruck, kann sich dies negativ auswirken und die Beschwerden verstärken. Andererseits muß der Therapeut oder Pfleger möglichst auf alle Patienten sympathisch wirken. Haben wir als Patient also eine Aversion gegen die Farbe Rot und unser Arzt trägt diese Farbe, kann sich unbewußt eine Antipathie entwickeln, die einem positiven Heilungsverlauf im Weg steht. Die Farbe Weiß hat also im Rahmen bestimmter Aufgaben einen positiven Einfluß.

Im privaten Bereich ist es allerdings wichtig, sich über Farbe zu definieren. Viele Menschen, die spirituell auf der Suche sind, meinen jedoch, sie müßten Wohnung und Kleidung komplett weiß gestalten, denn damit wären sie dem göttlichen Licht näher. Ein Haus, dessen Innendekoration hauptsächlich in der Farbe Weiß gehalten ist, hat tatsächlich etwas Lichtes an sich. Aber wir erfahren nichts über den Bewohner und können keine indirekten Botschaften über die Sprache der Farben wahrnehmen.

Spirituell Suchende mit einer Vorliebe für Weiß haben meist noch kein Gespür dafür, welche Lebensaufgaben und Themen sie zu ihrer Selbstverwirklichung angehen sollen. Sie können noch nicht erkennen, welche Farbstrahlen innerhalb des Lichtes für sie wichtig sind. Menschen, die bereits lange den Pfad der Bewußtwerdung beschreiten und immer noch die Farbe Weiß bevorzugen, zeigen womöglich indirekt, daß sie es vermeiden, notwendige Schritte zu unternehmen. Sie bekennen sich zu keiner Farbe und kommen dadurch aber auch nicht weiter.

Der weiße Pomander kann als Ausgangspunkt benutzt werden, um die für uns derzeit wichtigen Farben zu finden. Wir erhalten den Raum, um herauszufinden, was wir in unserem Leben wirklich brauchen und tun sollen. Wir richten unseren Blick durch das Prisma, um dahinter die Farbstrahlen zu erkennen, die für uns hilfreich sind.

Die Schöpfung aus dem weißen Licht

Weiß ist das noch unbeschriebene Blatt Papier. Es verlockt dazu, es mit Zeichnungen und Schrift zu füllen. Wir können einen Regenbogen darauf malen oder dunkle Sturmwolken. Wir können darauf zärtliche Worte schreiben oder eine Anklage formulieren. Auf jeden Fall lädt dieses weiße Blatt Papier dazu ein, sich auszudrücken.

Weiß ist der Ausgangspunkt, die Urquelle aller Schöpfung. Aus diesem weißen Licht Gottes offenbart sich in einem ewigen kreativen Strom die Liebe. Diese Liebe will sich zeigen und definieren, darin liegt ihre Bestimmung.

Stellen Sie sich vor, Sie gehen in einen dunklen, völlig leeren Raum und knipsen das Licht an. Sie betrachten den leeren Raum, und unwillkürlich beginnen Sie, den Raum in Gedanken einzurichten und zu gestalten. Dabei können Sie zwischen unendlich vielen Möglichkeiten wählen, den leeren Raum zu füllen.

Der weiße Pomander ist ein nützlicher Begleiter beim Start in ein neues Leben. Das Weiß steht für die Vielfalt der schöpferischen Möglichkeiten. Sie können die verschiedensten Dinge hervorbringen oder bewirken oder auch in der Leere und Stille verweilen. Letzteres kann allerdings auf Dauer unbefriedigend sein und nervös machen, denn Weiß will Farbe bekennen.

Neubeginn in Weiß

Es liegt nahe, daß wir viele Rituale anläßlich wichtiger Stationen in unserem Leben in weißer Kleidung vollziehen. Ob Taufe, Kommunion oder Hochzeit: In unserer Kultur wird bei diesen Anlässen die Farbe Weiß bevorzugt. In einigen Ländern wird auch zu Beerdigungen weiße Kleidung getragen. Bei all diesen Feiern handelt es sich um Segensrituale. Wir legen unsere alten Farben, unser bisheriges Leben, ab und überschreiten die Schwelle zu einem neuen Dasein. Es ist wichtig, diesen Schritt über die Schwelle so lichtvoll wie möglich zu gestalten, da wir jetzt wie ein Kelch sind, der den Segen aufnimmt. Je reiner und klarer wir sind, desto mehr Liebe und Segen kann in uns einfließen.

Frauen, die heiraten, tragen Weiß, um ihre Unschuld und Reinheit zu bezeugen. Wir verstehen dies zunächst auf der körperlichen Ebene im Sinn von Jungfräulichkeit, aber die tiefere Bedeutung liegt in der seelischen Reinheit. Symbolisch gesehen ist die Braut bereit, in eine neue Form des Lebens einzutreten.

Wenn sich in Ihrem Leben ein Neubeginn abzeichnet und Sie sich in letzter Zeit von vielen Dingen oder geliebten Menschen getrennt haben, dann kann es hilfreich sein, sich weiß zu kleiden, den Pomander zu benutzen und ein persönliches Ritual zu vollziehen, um den Übergang in den neuen Lebensabschnitt zu segnen. Stellen Sie sich vor, daß Sie das alte Leben abstreifen und nackt und rein in das neue Leben schreiten. Sie sind wie ein klares Gefäß, das mit Liebe, Kraft und Inspiration gefüllt wird. Auch in der Situation, daß der Fortbestand einer Beziehung auf Messers Schneide steht, kann durch ein solches Ritual etwas Heilendes geschehen. Die persönlichen Erwartungen und Ängste können dann für einen Moment losgelassen werden, und der gemeinsame Kelch des Lebens wird mit neuer Energie gefüllt, die sich dann später im Leben in den verschiedensten Farben zeigt.

Nur den erleuchteten Wesen unter uns ist es möglich, den reinen weißen Lichtstrahl permanent zu verkörpern, also als leeres Gefäß zu dienen, das sich je nach Notwendigkeit durch den jeweiligen Farbstrahl füllt. Das erfordert ein Bewußtsein, das stets in Gottes Liebe und Licht verweilt und dennoch mit einem Teil der Aufmerksamkeit auf Erden lebt. Wir nennen solche Menschen Avatare, was soviel heißt wie »Gott in einem Körper«.

Wenn wir unklar sind, was wir mit unserem Leben anfangen sollen, ist es empfehlenswert, daß wir uns mit dem reinen Licht, also mit der Farbe Weiß, verbinden und darum bitten, unsere Farben, unsere Lebensthemen, gezeigt zu bekommen. Das können wir in unserem inneren Raum tun oder über ein äußeres Medium wie die Equilibrium-Farböle (früher: Balance-Farböle) von Aura-Soma.

Schwarz und Weiß

Auch wenn uns Weiß dazu auffordert, es mit buntem Leben zu erfüllen, so führt uns diese Farbe auch in die innere Stille. Im Weiß ruht alles, und es ist letztendlich genauso beschaffen wie das Schwarz, die Dunkelheit, in der auch alles zur Ruhe kommt. Weiß und Schwarz durchdringen und erfassen uns auf einer sehr tiefen Ebene.

Schwarz wirkt energetisch abweisend und Weiß anziehend. Wenn wir in einem pechschwarz gestrichenen, unbeleuchteten Raum stehen, werden wir erdrückt. Automatisch ziehen wir uns zusammen. Bewegen wir uns dagegen in einem weißen Raum mit hellem Licht, lösen sich unsere Grenzen und auch unsere Orientierung auf. Wir werden geblendet.

Aus Weiß kann Farbe geboren werden. Schwarz dagegen schluckt das Licht. Es entstehen keine Farben, es sei denn, wir richten einen Lichtstrahl in die Dunkelheit hinein. Aus sich selbst heraus vermag Schwarz kein Licht zu spenden. Schwarz ist allerdings

zu einer Modefarbe geworden. Das zeigt zum Teil, wie sehr uns unser Leben auf der Erde verschlungen hat und wie wenig Freiraum wir zur Entfaltung unserer Farbenpracht haben.
Licht in die Welt zu bringen bedeutet zunächst, sich für das Licht zu öffnen, sich von der Dunkelheit abzuwenden. Dunkelheit droht dort überhandzunehmen, wo sich das Licht nicht definieren kann, wo es keinen Platz findet, um sich auszudrücken, wo es an Mitteln fehlt, die Lichtstrahlen leuchten zu lassen. Aus diesem Grund sollten wir nur kurzfristig im weißen Farbstrahl verweilen, um dann unser spezifisches Farblicht in die Welt zu bringen. Sind wir zu lange im Weiß, lösen wir uns auf und verlieren unsere Identität auf Erden.
Jesus von Nazareth brachte Erlösung über den roten Farbstrahl. Im reinen Weiß hätte er die Themen von Leid und Auferstehung nicht vermitteln können. Gehen Sie also über den weißen Pomander in das Licht, und prüfen Sie dann, welche Farbe für Sie jetzt wichtig ist. Der weiße Pomander stellt einen Anfang dar, auch wenn er hier am Ende der Beschreibungen der Pomander und Quintessenzen steht. Er ist der Ausgangspunkt für einen Neubeginn in Ihrem Leben, und zwar unmittelbar in diesem Moment.

Symptome auf der Körperebene

Chakra-Zuordnung: alle Chakras.
Organzuordnung: wirkt auf den gesamten Körper, da Weiß alle Farben in sich birgt.

Der weiße Pomander wirkt vor allem entgiftend und reinigend. Bei körperlicher Überlastung hilft er, uns wieder ins Gleichgewicht zu bringen. Wenn wir uns beispielsweise zuviel Streß und ein zu hohes Arbeitspensum über längere Zeit aufgebürdet haben, kann der Körper mit einer erhöhten Infektanfälligkeit reagieren.

Wir sind ständig erkältet und ausgelaugt oder leiden an wiederkehrenden Nasennebenhöhlenentzündungen. Wir sollten uns jetzt zurückziehen und unseren Alltag neu ordnen, Wege finden, die übermäßige Belastung zu verringern, und unserem Körper Zeit geben, sich in Ruhe auszuheilen und zu Kräften zu kommen. Der weiße Pomander bringt Körper und Geist wieder Klarheit. Er wird deshalb auch gern bei Fastenkuren benutzt, um Körper, Geist und Seele beim Abbauen und Ausscheiden von Überflüssigem zu unterstützen.

Der weiße Pomander hilft bei der Wundheilung und bei Insektenstichen. Menschen, die an Allergien leiden und deren Organismus ständig in Abwehrhaltung ist, können durch diesen Pomander Linderung erfahren.

Wer einer Umgebung ausgesetzt war, die das Gefühl hinterläßt, unsauber zu sein, kann mit dem weißen Pomander die Aura wieder klären, zum Beispiel nach einem Aufenthalt in geschlossenen Räumen, bei dem wir viele verschiedene Energien aufgenommen haben (Popkonzert, Kaufhausbesuch, Krankenhausbesuch usw.). Der weiße Pomander zieht die unreinen Energien aus der Aura und bringt klares Licht hinein. Er kann auch allgemein in Räumen zur Reinigung und Neutralisierung eingesetzt werden. Der weiße Pomander reinigt ebenso Kristalle und Edelsteine sowie die Flaschen der Equilibrium-Öle von Aura-Soma. Wenn Sie nicht sicher sind, wer sie vorher in der Hand hatte oder wie sie benutzt wurden, können Sie die Essenzen und Steine durch den weißen Pomander energetisch säubern und für die neue Anwendung vorbereiten.

TEIL II

Die Anwendung der
Quintessenzen und Pomander

Die Auswahl der richtigen Essenz

Nach den Beschreibungen der fünfzehn Pomander und vierzehn Quintessenzen im ersten Teil des Buches geht es im zweiten Teil um die praktische Anwendung der Essenzen. Sie verbinden sich viel intensiver mit den Schwingungen der Essenzen, wenn Sie sie gezielt auswählen und anwenden. Sie erhalten dadurch einen besseren Zugang zu ihrem eigenen Potential an Heilkraft. Behalten Sie stets in Erinnerung, daß das Licht und die Heilkraft in Ihnen selbst liegen und nicht in den Essenzen. Die Pomander und Quintessenzen sind lediglich Schlüssel, die die Tür dazu öffnen können. Nicht mehr, aber auch nicht weniger! Sie sind liebevolle Begleiter; sie ersetzen aber keine schulmedizinische oder naturheilkundliche Behandlung.

Quintessenz oder Pomander?

Die Übergänge zwischen den Essenzen sind teilweise fließend. Dennoch muß zwischen ihnen differenziert werden. Häufig fällt es schwer zu verstehen, wann wir am besten einen Pomander anwenden und wann eine Quintessenz. Allgemein läßt sich sagen, daß die Quintessenzen eine höhere geistige Ebene ansprechen als die Pomander, die ihre Wirkung näher am physischen Körper entfalten. Die Quintessenzen werden daher vorwiegend in Zusammenhang mit Meditation und Reflexion, innerer Einsicht und Bewußtseinserweiterung eingesetzt. Die Pomander bieten dagegen Schutz und unterstützen die Funktion der Chakras, des feinstofflichen Versorgungssystems.

- Bildlich ausgedrückt, verhält es sich bei einer *Quintessenz* so, als ob ein Kleinkind abends nach dem Baden in ein flauschiges Handtuch eingehüllt wird. Es wird von der Mutter abgetrocknet, dann auf ihren Schoß gesetzt und bekommt eine Geschichte vorgelesen. Der Meister hält das (energetische) Handtuch und hüllt uns damit ein. Wir stehen nicht mehr triefend naß da, sondern wir werden aus dem Regen und Sturm des Lebens herausgehoben und versorgt. Wir bekommen Zugang zu wertvollen Informationen, die uns weiterhelfen (wie ein Kind durch das Vorlesen einer Geschichte angeregt wird). Ähnlich einem geliebten Kind werden wir getragen, getröstet und aufgebaut.
- Ein *Pomander* dagegen ist wie ein Mantel, den wir anziehen, bevor wir aus dem Haus gehen. Je nach Witterung brauchen wir einen warmen Mantel (zum Beispiel den roten Pomander) oder eine leichte Jacke (zum Beispiel den gelben Pomander). Manchmal ist auch eine Mütze zum Schutz der Ohren angebracht (königsblauer Pomander), und wenn es sehr kalt ist oder schneit, dann brauchen wir vielleicht sogar einen dicken Overall (tiefmagentafarbener Pomander).

Beide Arten von Essenzen haben also eine unterschiedliche Funktion und ergänzen sich. Die Pomander sind daher genauso wertvoll wie die Quintessenzen. Wenn Sie also Hilfe und Unterstützung auf der körperlichen Ebene brauchen, sind es in der Regel die Pomander, die am besten wirken. Wollen Sie Sorgen und Probleme aus dem Weg räumen, also mehr Licht in Ihr Gemüt bringen, dann sind es meistens die Quintessenzen, die weiterhelfen. Aber dies ist keine starre Regel. Letztlich sollte Ihre Intuition entscheiden. Es kann durchaus sein, daß Sie mit einem bestimmten Farbstrahl arbeiten wollen und daher die Anwendung eines Pomanders vor einer Meditation besser geeignet ist, um sich auf die spezifische Schwingung einzulassen. Vertrauen Sie bei der Auswahl einer Essenz auf Ihr Gefühl.

Eine Wahl treffen

Bei einer Farbberatung von Aura-Soma wird Ihnen der Berater oder die Beraterin sagen, welche Essenzen für Sie wertvoll und hilfreich sind. Wenn Sie jedoch unabhängig von den Equilibrium-Ölen (frühere Bezeichnung: Balance-Öle) mit den Quintessenzen und Pomandern arbeiten wollen, wird es Ihnen erfahrungsgemäß schwerfallen, zwischen den einzelnen Essenzen zu differenzieren und sich das Richtige auszusuchen.

Nachfolgend mache ich Ihnen einige Vorschläge zur Auswahlmethode. Es gibt mehrere Wege, an ein Ziel zu kommen, und wir reagieren unterschiedlich auf Impulse. Manche Menschen sind mehr visuell ausgerichtet, für andere spielt der Geruchssinn eine wichtige Rolle bei der Auswahl, und wieder andere beziehen lieber ihren Verstand mit ein oder verlassen sich auf den Rat eines Beraters oder Therapeuten. Probieren Sie also ruhig verschiedene Vorgehensweisen aus, und finden Sie Ihren Weg, um sicher und bequem an die für Sie richtige Essenz zu gelangen oder um die passende Essenz für eine andere Person auszuwählen.

Sie finden die für Sie richtigen Quintessenzen und Pomander unter anderem

- im Rahmen einer Aura-Soma-Farbberatung (siehe Adressenteil)
- mit Hilfe der Farbtafeln
- über den Geruchssinn (wenn Sie direkten Zugang zu den Essenzen haben)
- mit Hilfe der eigenen Intuition (sich von der inneren Stimme führen lassen)
- durch Auspendeln (siehe die Pendeltafeln ab Seite 317)
- anhand des Registers ab Seite 350, das Beispiele für die Benutzung der Quintessenzen und Pomander für die Licht- und Schattenarbeit gibt

- aufgrund einer Beratung durch Ihren behandelnden Arzt oder Heilpraktiker, der auch mit den Aura-Soma-Essenzen vertraut ist

Die Aura-Soma-Farbberatung

Bei einer Aura-Soma-Farbberatung suchen Sie die vier Equilibrium-Farbflaschen aus, zu denen Sie sich am meisten hingezogen fühlen. Jede der rund hundert Flaschen enthält eine andere Farbkombination einer aus Öl auf Wasser bestehenden Flüssigkeit, angereichert mit den feinstofflichen Energien aus der Pflanzen- und Kristallwelt.

Die vier ausgewählten Farbkombinationen sind ein Spiegel Ihres Seins und geben Aufschluß über Ihren Lebensweg, Ihre Fähigkeiten, Ihre Stärken und Schwächen. Der Aura-Soma-Berater deutet und erläutert dann die in den Farbkombinationen enthaltenen Botschaften.

Die Quintessenzen und Pomander unterstützen die Wirkung der Equilibrium-Öle. In einem ganz einfachen Bild ausgedrückt, sind die Pomander wie die Stützräder an einem Fahrrad, auf dem das Kind lernt, zu radeln, ohne das Gleichgewicht zu verlieren. Sie geben Halt und verhindern, daß das Kind umfällt, wenn es eine Kurve zu schnell nimmt. Der Meister einer Quintessenz ist wie ein Erwachsener, der das Kind auf dem Fahrrad begleitet, der aufpaßt und auch mal lenkend eingreift. Die Quintessenzen vermitteln Führung und Hilfe. Haupttransportmittel bleibt jedoch das Fahrrad, auf dem das Kind sitzt, also das Equilibrium-Öl, das den Anwender in eine neue Richtung und in ein neues Bewußtsein führt. Die Pomander schützen bei diesem Prozeß, und die Quintessenzen geben zusätzlich Führung. Alle drei Elemente werden in dieser manchmal wackeligen Lernphase benötigt, mal für eine längere Phase, mal nur für kurze Zeit.

Die Auswahl der Farbkombinationen, das heißt der Equilibrium-Öle, weist darauf hin, welcher Pomander und welche Quintessenz im Moment am hilfreichsten sind. Vor allem die Farbkombination, die an erster Stelle ausgesucht wurde, ist von wesentlicher Bedeutung, speziell die untere Schicht. Diese Farbschicht gibt einen Hinweis auf den Seelenkern, jenes Licht, das ewig in uns strahlt. Sie deutet auf den Farbstrahl hin, in dem wir uns am meisten zu Hause fühlen. Die dazugehörige Quintessenz und der entsprechende Pomander verstärken die Identifikation mit diesem Farbstrahl und helfen, stärker in Resonanz mit dem eigenen inneren Licht zu treten (siehe die Tabelle auf Seite 304).

Ausnahmen bestätigen wie immer die Regel, und so wird eine andere Quintessenz benutzt, wenn sich in Ihrer Auswahl der vier Flaschen eines der Meister-Öle befindet. Das sind die Equilibrium-Öle mit den Nummern 50 bis 64. Haben Sie mehr als eine Meisterflasche ausgesucht, ist die Farbkombination am wichtigsten, die der dritten ausgesuchten Flasche (Gegenwart) am nächsten steht. Haben Sie eine Meisterflasche in zweiter und vierter Position ausgesucht, wählen Sie die Quintessenz, die der vierten Flasche (Zukunft) entspricht. Die Zuordnung der Meisterflaschen Nummer 50 bis 64 zu den jeweiligen Essenzen finden Sie in der Tabelle auf Seite 305.

Wenn einer Farbe zwei Quintessenzen oder Pomander zugeordnet sind, können Sie anhand eines der anderen nachfolgend erläuterten Auswahlverfahren die für Sie geeignetste Essenz aussuchen oder die Beschreibungen in Teil I nochmals durchlesen und nachspüren, welche Essenz Ihnen am meisten guttun würde.

Zuordnung der Quintessenzen und Pomander zu den Equilibrium-Ölen

Farbe der unteren Schicht der Equilibrium-Flasche	Pomander	Quintessenz(en)
Rot	Rot Dunkelrot	The Christ
Rosa	Rosa	Lady Nada Orion & Angelica
Koralle	Koralle	Sanat Kumara Lao Tsu & Kwan Yin
Orange	Orange	Lao Tsu & Kwan Yin Sanat Kumara
Gold	Gold	Lady Portia
Gelb	Gelb	Kuthumi
Olivgrün	Olivgrün	Hilarion Djwal Khul
Smaragdgrün	Smaragdgrün	Hilarion Djwal Khul
Türkis	Türkis	Maha Chohan
Blau	Saphirblau	El Morya
Königsblau	Königsblau	El Morya
Violett	Violett	St. Germain
Magenta	Tiefmagenta	Pallas Athena
Klar	Weiß	Serapis Bey

Ausnahmen: Equilibrium-Öle Nummer 50 bis 64.

Die Auswahl der richtigen Essenz

Zuordnung der Quintessenzen und Pomander zu den Meisterflaschen Nummer 50 bis 64

Equi-librium Nr.	Farbkombination	Quintessenzen	Pomander
50	Hellblau/Hellblau	El Morya	Saphirblau
51	Hellgelb/Hellgelb	Kuthumi	Gelb
52	Hellrosa/Hellrosa	Lady Nada	Rosa
53	Hellgrün/Hellgrün	Hilarion	Smaragdgrün
54	Klar/Klar	Serapis Bey	Weiß
55	Klar/Rot	The Christ	Rot/Dunkelrot
56	Hellviolett/Hellviolett	St. Germain	Violett
57	Hellrosa/Hellblau	Pallas Athena	Tiefmagenta
58	Hellblau/Hellrosa	Orion & Angelica	Rosa
59	Hellgelb/Hellrosa	Lady Portia	Gold
60	Blau/Klar	Lao Tsu & Kwan Yin	Orange
61	Hellrosa/Hellgelb	Sanat Kumara	Orange
62	Helltürkis/Helltürkis	Maha Chohan	Türkis
63	Grün/Hellgrün	Djwal Khul/Hilarion	Smaragdgrün
64	Grün/Klar	Djwal Khul	Smaragdgrün

Sie müssen sich nicht zwanghaft nach diesen Zuordnungen richten. Ihre Aufmerksamkeit kann auch auf andere Pomander gelenkt werden, oder Sie fühlen sich zu einer bestimmten Quintessenz magisch hingezogen. Sie wissen am besten, was gut für Sie ist und was Ihnen weiterhilft. Es ist viel besser, Ihrer inneren Wahrnehmung zu vertrauen, als starr an einer Vorschrift festzuhalten. Außerdem können Sie die Auswahl der Quintessenzen und Pomander nochmals durch eines der anderen Auswahlverfahren für sich überprüfen.

Der optische Eindruck der Farben

Wir leben in einer visuell ausgerichteten Welt. Die meisten Informationen nehmen wir über die Augen auf. Die anderen Sinne sind im Vergleich dazu wesentlich schwächer ausgeprägt. Doch die Augen sind nicht nur zum Sehen wichtig. Das durch die Augen einfallende Licht steuert wichtige Funktionen des Drüsen- und des Nervensystems.
Die Augen werden auch als »Fenster der Seele« bezeichnet. Mit einem Blick erhalten wir einen Eindruck, zum Beispiel wenn wir jemanden neu kennenlernen. Es sind diese ersten Sekunden, die entscheiden, ob wir jemanden sympathisch finden oder nicht.
Die Aura-Soma-Farbberatung baut darauf auf, daß wir mit den Augen unsere Farbpräferenzen aussuchen, und so ist es auch möglich, die Quintessenzen und Pomander über die Sympathie für eine bestimmte Farbe auszuwählen.
Für Menschen, die unter Farbenblindheit leiden, ist diese Auswahlmethode allerdings ungeeignet. Immerhin gelten zehn Prozent der männlichen Bevölkerung als farbenblind, bei Frauen ist es nur ein Prozent. Meistens werden die Farben Rot und Grün nicht wahrgenommen. Wenn Sie also unter Farbenblindheit leiden, empfehle ich Ihnen, die Auswahl anders vorzunehmen, denn auch wenn Sie beispielsweise die Farbe Rot nicht wahrnehmen, kann es sein, daß es Ihnen guttun würde, den roten Pomander zu benutzen.
Im Buch befinden sich zwei Farbtafeln zu den Pomandern und

Die Auswahl der richtigen Essenz

Quintessenzen. Da es nicht darum geht, Ihre Lieblingsfarben auszusuchen, sondern die Farben zu erkennen, die Ihnen jetzt am meisten Unterstützung bieten, sollten Sie bei der Betrachtung und Auswahl eine gezielte Frage stellen, beispielsweise:

- Welche Quintessenz unterstützt mich jetzt am besten?
- Welcher Pomander ist jetzt am hilfreichsten für mich?

Stellen Sie sich diese Fragen, während Sie auf die Farben der Quintessenzen und Pomander blicken, und entscheiden Sie dann ohne lange Überlegung. Ihre Intuition wird Ihren Blick sofort auf die entsprechende Farbe lenken. Nehmen Sie die Farbe an, zu der Sie sich als erstes hingezogen fühlen. Seien Sie achtsam bei kritischen Gedanken, denn das kann Widerstand gegen bestimmte Entwicklungsschritte bedeuten. Wenn Sie also spontan auf das Violett der Farbtafel der Pomander blicken und es dann als Auswahl verwerfen, weil Sie Violett nicht mögen, kann es sein, daß Sie sich selbst blockieren. Auf jeden Fall sollten Sie die Beschreibung der jeweiligen Essenz durchlesen und prüfen, ob die darin enthaltenen Botschaften auf Sie derzeit zutreffen.

Wichtig bei der optischen Auswahl einer Essenz sind die innere Einstellung und der leise oder laut geäußerte Wunsch, Unterstützung auf dem eigenen Weg zu erhalten. Manchmal sind es gerade die Farben, die wir nicht besonders mögen, die auf die zu erlösenden Schattenthemen in uns hindeuten. Seien Sie also offen für das Ergebnis, und vor allem grübeln Sie nicht lange bei der Betrachtung der Farben, sondern gehen Sie dem ersten Impuls nach. Das ist der Moment, in dem wir am ehrlichsten mit uns selbst sind.

Den Duft wahrnehmen

Es dürfte nicht ganz einfach sein, die geeignetsten Quintessenzen oder Pomander ausschließlich über den Geruchssinn auszusuchen, es sei denn, Sie können sich viele Düfte hintereinander merken. Wer einmal versucht hat, ein Parfum auszusuchen, weiß, wie schwierig es ist, zwischen Duftnoten zu differenzieren. Schon nach wenigen Proben ist unsere Aufnahmefähigkeit für neue Duftnoten erschöpft, und wir können weder Unterscheidungen treffen, noch uns daran erinnern, wonach die ersten Proben geduftet haben.

Erschwerend kommt hinzu, daß Sie ungestörten Zugang zu allen Essenzen brauchen. Am besten eignet sich diese Auswahlmethode, um unter den Pomandern und Quintessenzen, die in der engeren Wahl stehen, die richtigen auszusuchen. Schwanken Sie also zwischen den Quintessenzen Orion & Angelica und Lady Nada hin und her, kann der Duft ausschlaggebend sein und Sie auf die richtige Spur bringen. In der Praxis lasse ich dann oft Patienten die Augen schließen und den Favoriten über den Geruchssinn aussuchen. Manchmal muß man ein paarmal zwischen den beiden in Frage kommenden Flaschen schnuppern, aber dann kristallisiert sich eigentlich immer ein Lieblingsduft heraus.

Die Duftnoten der Pomander und Quintessenzen ändern sich teilweise im Laufe der Zeit und können deswegen nur schwer klassifiziert werden. Wer vor Jahren die Quintessenz The Christ benutzt hat und sich an den Duft erinnert, bemerkt womöglich einen Unterschied zu der gleichen Quintessenz jüngeren Herstellungsdatums. Das gilt auch für andere Essenzen, beispielsweise für den violetten Pomander, bei dem der beschriebene Veilchenduft nicht immer so hervorstehend ist. Dies sei lediglich als Beobachtung erwähnt, um besser zu erklären, warum es schwer ist, sich bei der Auswahl einer Essenz ausschließlich auf den Geruchssinn zu verlassen.

Die Auswahl der richtigen Essenz

Realistisch betrachtet, kann man bei einer Riechprobe höchstens zwischen vier oder fünf Essenzen unterscheiden. Danach verwischt sich der Eindruck zu sehr.

Am besten ist es, sich einen Helfer zu suchen und den Riechtest mit verbundenen Augen zu machen. Bitten Sie innerlich um Führung, daß Sie die für Sie hilfreichste Essenz erkennen. Lassen Sie sich dann das geöffnete Fläschchen vor die Nase halten, und nehmen Sie den Duft wahr.

Sagen Sie, ob Sie den Duft mögen oder ablehnen oder ob Sie keine spezielle Meinung dazu haben. Ihr Helfer notiert Ihre Beurteilung. Folgende Differenzierung ist empfehlenswert:

- Riecht gut
- Riecht unangenehm
- Neutrale Einstellung zum Duft

Es ist manchmal überraschend, welche Übereinstimmungen oder Abweichungen sich bei der Wahl über das Auge und über die Nase ergeben. Die Meister-Quintessenz, mit der wir am meisten in Verbindung zu stehen meinen, kann sich beispielsweise für unseren Geruchssinn als wenig attraktiv erweisen.

Machen Sie nach dem ersten Durchgang der Riechprobe eine kurze Pause. Das Fenster öffnen und gut durchlüften hilft, wieder aufnahmefähig zu werden.

Sie gehen mit den zuvor zusammengestellten Lieblingsdüften erneut wie beschrieben vor und versuchen, den Duft zu erschnuppern, der Ihnen am meisten zusagt. Empfehlenswert ist es auch, die Quintessenzen und Pomander an verschiedenen Tagen mit der Nase zu testen.

Haben Sie schließlich einen Lieblingsduft ausgewählt, dann lesen Sie nach, ob Sie sich mit der Essenz identifizieren können und sie Ihnen auch wirklich zusagt.

Beschäftigen Sie sich darüber hinaus auch mit den Essenzen,

deren Duft Ihnen am allerwenigsten zusagt oder die Sie vielleicht sogar kategorisch ablehnen. Das kann ein wertvoller Hinweis auf Schattenthemen sein, die Sie verdrängen und nicht angehen wollen. Manchmal sind die Dinge, vor denen wir am meisten davonlaufen und die uns am unangenehmsten sind, die wichtigsten Lernschritte und Erfahrungen in unserem Leben.

Die Intuition entscheiden lassen

Die vielleicht beste und direkteste Auswahlmethode besteht darin, nach innen zu horchen, welche Quintessenz oder welcher Pomander am hilfreichsten wäre. Voraussetzung dafür ist ein absolutes Vertrauen in die Antworten, die Sie erhalten. Sobald Sie zu zögern oder zu zweifeln beginnen, erhalten Sie kein klares Gefühl für das, was für Sie richtig oder falsch ist.
Es gibt genügend Möglichkeiten, sich am Anfang zusätzlich eine Bestätigung zu holen (zum Beispiel über das Pendeln). Jedesmal wenn Sie intuitiv das Richtige erspürt haben, wächst Ihr Vertrauen in die eigene Wahrnehmung, und die Abhängigkeit von äußeren Entscheidungsinstanzen wird abgebaut. Sie lernen, sich auf Ihre innere Führung zu verlassen und darauf zu vertrauen, daß Sie Ihr eigener Meister im Leben sind. Die Auswahl eines Pomanders oder einer Quintessenz bietet ein optimales Übungsfeld, denn letztendlich können Sie dabei keine Fehler begehen. Alle Essenzen arbeiten im Sinne des Lichts. Wählen Sie falsch, passiert schlimmstenfalls gar nichts. Treffen Sie das Richtige, kann sehr viel in Bewegung kommen.

Übung zur intuitiven Wahrnehmung
Nehmen Sie sich ein paar Minuten Zeit, um zur Ruhe zu kommen. Setzen Sie sich hin, und atmen Sie tief durch. Schließen Sie die Augen, und stellen Sie sich vor, wie Ihr Körper sich von Kopf bis

Die Auswahl der richtigen Essenz

Fuß entspannt. Alle Verkrampfungen lösen sich beim Ausatmen. Versuchen Sie, Ihre Gedanken und Sorgen für einen Moment loszulassen und in einen Zustand der Ruhe und Stille zu gelangen. Bitten Sie nun innerlich um Hilfe, zum Beispiel mit den Worten:

Ich verbinde mich in Dankbarkeit und Liebe mit meinem inneren Licht und bitte um Führung.

Bitte führe mich zu der Farbe des Lichtstrahls, dessen Meister mir jetzt durch eine Quintessenz Liebe und Begleitung schenken will.

Bitte zeige mir den Farbstrahl, der mir durch einen Pomander die meiste Energie und Heilkraft gibt.

Stellen Sie sich vor, wie Sie in ein Gebäude gehen. Es gibt dort einen Fahrstuhl, der Sie in die siebte Etage bringt. In dieser obersten Etage angekommen, stehen Sie nun in einem Flur, von dem links zwei Türen abgehen.

Sie betreten den Flur und stehen vor der ersten Tür, auf der Sie die folgende Aufschrift lesen: *Quintessenz*. Sie wissen, daß Ihnen hinter dieser Tür die Farbe des für Sie wichtigen Meisters gezeigt wird. Sie öffnen die Tür und stehen in einem von einer Farbe durchfluteten Raum. Sie sehen einen Tisch in der Mitte des Raums stehen und gehen dorthin. Auf dem Tisch liegt ein Blatt Papier mit dem Namen der Farbe, die den Raum durchflutet. Sie lesen den Namen der Farbe, gehen wieder hinaus und schließen die Tür.

Sie gehen nun zur zweiten Tür, auf der *Pomander* steht. Sie öffnen die Tür und betreten den Raum, der ebenfalls mit einer Farbe durchflutet ist. Auch hier gehen zu dem Tisch, der in der Mitte steht. Sie nehmen den Zettel, der dort liegt. Auf ihm ist die Farbe vermerkt, die den Raum erstrahlen läßt. Sie lesen ihn, gehen dann wieder hinaus auf den Flur und schließen die Tür.

Beide Farben sind Ihnen noch im Bewußtsein, und Sie haben die

erbetene Hilfe bekommen. Von der obersten Etage kehren Sie nun wieder ins Erdgeschoß zurück und verlassen das Gebäude.
Sie blicken kurz zurück und spüren Dankbarkeit für die Unterstützung, die Sie erhalten haben.
Richten Sie Ihre Aufmerksamkeit nun wieder auf Ihren Körper. Atmen Sie einmal tief durch, und öffnen Sie die Augen. Sie sind mit Ihrer Aufmerksamkeit wieder ganz in der Gegenwart.

Wenn Sie das Gefühl gehabt haben, daß der Raum leer und ohne Farblicht war, kann es ein Hinweis sein, daß Sie derzeit keine Essenz benötigen. Falls Sie aber eine Farbe gesehen, gespürt oder in anderer Form erfahren haben, können Sie nun die geeignete Essenz aussuchen. Bei einer Unsicherheit, welche Farbe es war, können Sie die Farbtabellen zu Rate ziehen. Leiden Sie an Farbenblindheit, konzentrieren Sie sich auf die Botschaft, die auf dem Zettel geschrieben stand.
Sie können diese Übung auch im Hinblick auf andere Personen durchführen. Öffnen Sie dabei Ihr Herz, und verbinden Sie sich auf der Herzensebene mit der betreffenden Person, bevor Sie darum bitten, die für diese Person relevanten Farben gezeigt zu bekommen.

Eine Essenz herausgreifen

Eine alternative Möglichkeit, sich intuitiv einen Pomander oder eine Quintessenz auszusuchen, ist die blinde Wahl. Sie brauchen dafür eine Kiste oder Schublade, in der Sie die Essenzen so hineinstellen, daß nur von oben die Verschlüsse zu sehen sind. Wie bei der zuvor beschriebenen Übung zur intuitiven Wahrnehmung ist es empfehlenswert, sich vor der Auswahl zu entspannen. Lösen Sie sich kurz vom äußeren Geschehen, und bitten Sie um Führung. Sie können die oben vorgeschlagenen Worte zur Einstimmung im stillen sagen oder nachempfinden.
Halten Sie dann Ihre linke Hand über die Essenzen, um zu

Die Auswahl der richtigen Essenz

erspüren, zu welcher Essenz Sie sich hingezogen fühlen. Sie nehmen das betreffende Fläschchen heraus und prüfen dann anhand der Beschreibung im Buch, ob es für Sie relevant ist.
Sie können die Pomander und Quintessenzen getrennt voneinander aussuchen oder beide gemeinsam in der Kiste oder Schublade zur Wahl stellen, um die eine für Sie jetzt wichtige Essenz auszuwählen.

Das Pendel als Entscheidungshilfe

Wenn Sie sich nicht sicher sind, ob Sie bei der Wahl der richtigen Essenz allein Ihrer Intuition vertrauen können, ist es möglich, das Pendel zu Rate zu ziehen.
Auch wer noch gar keine Erfahrungen mit dem Pendeln gemacht hat, sollte diese Methode einmal ausprobieren. Sie funktioniert! Allerdings sollte das Pendeln in Maßen eingesetzt werden. Ich habe erlebt, daß Menschen bei einem Mittagsbüffet über jedem Gericht das Pendel schwingen ließen, um so die richtige Zusammensetzung ihrer Mahlzeit herauszufinden. So etwas halte ich für absolut übertrieben, und es besteht die Gefahr, daß man ohne das Pendel handlungsunfähig wird. Je weniger Hilfsmittel wir im Leben benötigen, desto freier können wir uns bewegen.
Das Auspendeln kann jedoch eine wertvolle Entscheidungshilfe sein, um die richtige Aura-Soma-Essenz auszusuchen. Außerdem besteht die Möglichkeit, auch für andere Personen die geeigneten Pomander und Quintessenzen zu ermitteln. Wie bei den übrigen Auswahlverfahren ist es wichtig, die Beschreibungen zu den ausgependelten Essenzen in diesem Buch durchzulesen, um sich noch einmal zu vergewissern, ob die Wahl zutreffend ist.
Nachfolgend erhalten Sie eine kurze Einführung in die Pendeltechnik. Es gibt ausführliche Literatur zu dem Thema Pendeln, falls Sie in diese Methode tiefer einsteigen wollen.

Die Pendeltafeln

Sie finden ab Seite 317 drei Pendeltafeln, jeweils eine für Farbstrahlen, Quintessenzen und Pomander. Die Tafeln zu den Pomandern und Quintessenzen erklären sich von selbst. Die Tafel zu den Farbstrahlen soll Ihnen helfen, den übergeordneten Farbstrahl zu erkennen, zu dem Sie derzeit auf allen Ebenen Ihres Seins am meisten in Resonanz stehen, ähnlich dem Seelenstrahl der ersten ausgesuchten Equilibrium-Farbkombination. Hier können Sie eine Frage stellen wie: »Welcher Farbstrahl ist jetzt für mich wichtig?« oder »Über welchen Farbstrahl verbinde ich mich am besten mit dem göttlichen Licht?«

Die Farben und Essenzen sind auf den Pendeltafeln alphabetisch angeordnet, um keine Hierarchie der spirituellen Bedeutsamkeit aufzubauen. Alle Farben und alle Meister sind gleichermaßen ein Teil des Lichts. Um eine klare, ehrliche Antwort zu bekommen, kann es hilfreich sein, auf der jeweiligen Tafel die Beschriftung abzudecken, während Sie pendeln. Das hilft Ihnen, eine neutrale Einstellung zu bewahren.

Die Pendeltechnik

Ein Pendel besteht aus einem kleinen Gegenstand, der an einem Faden hängt und frei schwingt. Am besten läuft der Pendelkörper unten spitz zu, vor allem wenn Antworten über einer Pendeltafel gesucht werden. Pendel kann man kaufen, aber man kann sie ganz einfach selbst herstellen. Es reicht ein Nagel, der am Kopfende an einem etwa 20 cm langen Faden befestigt ist. Oder Sie verwenden eine Kette mit Anhänger als Pendel, wobei der Anhänger möglichst eine schmale ovale Form haben sollte. Man hält den Faden oder die Kette so, daß der Pendelkörper nach unten frei schwingen kann.

Bevor Sie mit dem Pendeln beginnen, sollten Sie Schmuck und Uhr ablegen, um energetische Störungen auszuschließen. Nehmen Sie Ihr Pendel in die Hand, stützen Sie die Ellbogen auf, und halten Sie das Pendel über einer der Tafeln. Die Spitze des Pendels soll wenige Zentimeter über der Mitte des Kreises frei schweben.

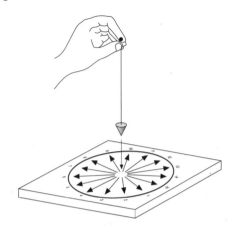

Stellen Sie Ihre Frage, beispielsweise bei der Farbstrahltafel: »Mit welchem Farbstrahl identifiziere ich mich jetzt am meisten?« Oder bei der Quintessenzentafel: »Mit welchem Meister soll ich mich verbinden?«
Halten Sie sich die Frage während des Pendelns im Bewußtsein, und bleiben Sie möglichst in einer neutralen inneren Haltung. Seien Sie ganz offen für das Ergebnis.
Es kann sein, daß das Pendel im Uhrzeigersinn leicht zu kreisen beginnt, bevor es in eine bestimmte Richtung schwingt und Ihnen eine Antwort gibt. Lassen Sie sich bei dem Vorgang Zeit.

Für eine andere Person pendeln
Sie gehen wie beschrieben vor, haben aber die betreffende Person während des Pendelvorgangs vor Ihrem inneren Auge. Noch besser ist es, ein Foto der Person neben die Tafel zu legen und es mit dem Pendel kurz zu berühren, bevor Sie mit dem Auspendeln beginnen.

Formulieren Sie mit klaren Worten die Frage, die Sie während des Pendelns im Bewußtsein halten wollen, zum Beispiel: »Welcher Pomander unterstützt jetzt die Heilung von …?«
Achten Sie auf eine neutrale innere Haltung, damit Sie das Ergebnis nicht unbewußt beeinflussen. Wenn Sie während des Pendelns denken: »Bestimmt braucht er/sie jetzt den saphirblauen Pomander«, dann ist es gut möglich, daß das Pendel auf diese Gedanken reagiert und keine brauchbare Antwort gibt.

Die neutrale Position auf den Pendeltafeln
Schwingt Ihr Pendel sich auf das Feld »Neutral« ein, dann gibt es keine definitive Antwort. Das kann mehrere Gründe haben. Vielleicht sind Sie mit Ihren Gedanken woanders und nicht richtig auf das Pendel konzentriert. Es kann auch sein, daß Sie weder einen Pomander noch eine Quintessenz benötigen oder daß Sie das Problem ohne Hilfsmittel lösen sollten. Das gilt auch für das Auspendeln einer Essenz für andere Personen.
Deutet das Pendel auf »Neutral«, ist es eventuell zur Zeit gar nicht erforderlich und unterstützend, mit Farben zu arbeiten. Sie sollen sich mit anderen Dingen beschäftigen. Sie werden selbst spüren, warum Sie keine konkrete Antwort erhalten haben. Möglicherweise waren Sie auch nicht konzentriert, oder die Pendelmethode ist in Ihrem Fall nicht geeignet, und Sie finden einen besseren Zugang über eine andere Auswahlmethode.

Die Auswahl der richtigen Essenz

FARBSTRAHL

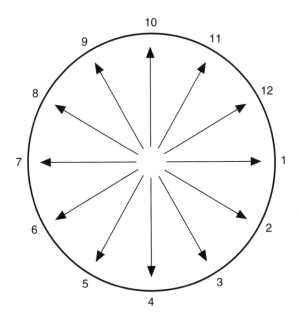

1	Blau	7	Rosa
2	Gelb	8	Rot
3	Gold	9	Türkis
4	Grün	10	Violett
5	Magenta	11	Weiß
6	Orange	12	Neutral

QUINTESSENZEN

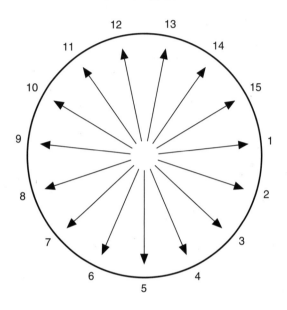

1 The Christ
2 Djwal Khul
3 El Morya
4 Hilarion
5 Kuthumi
6 Lady Nada
7 Lady Portia
8 Lao Tsu & Kwan Yin
9 Maha Chohan
10 Orion & Angelica
11 Pallas Athena
12 St. Germain
13 Sanat Kumara
14 Serapis Bey
15 Neutral

Die Auswahl der richtigen Essenz

POMANDER

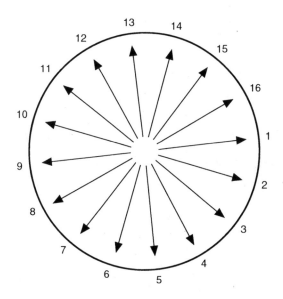

1	Dunkelrot	9	Rot
2	Gelb	10	Saphirblau
3	Gold	11	Smaragdgrün
4	Königsblau	12	Tiefmagenta
5	Koralle	13	Türkis
6	Olivgrün	14	Violett
7	Orange	15	Weiß
8	Rosa	16	Neutral

Anregungen zur Licht- und Schattenarbeit

Sie finden eine detaillierte Auflistung zur gezielten Anwendung der Pomander und Quintessenzen ab Seite 348, so daß Sie auch über das Nachschlagen in diesem Register die geeigneten Essenzen herausfinden können. Es handelt sich dabei jedoch lediglich um Anregungen. Die Hinweise ersetzen keine medizinische Therapie. Die Zuordnung von Quintessenzen und Pomandern zu bestimmten Krankheitsbildern und Gemütszuständen in diesem Buch erfolgt aufgrund der Informationen von Aura-Soma, eigener Praxiserfahrung sowie eines intuitiven Erfassens von energetischen Zusammenhängen.

Lichtarbeit

Wenn wir lernen, aus eigener Initiative notwendige Lern- und Entwicklungsschritte zu vollziehen, brauchen wir keine Impulse durch Krankheit oder Leid, die uns dazu drängen. Von daher kann der bewußte Umgang mit den Quintessenzen und Pomandern uns im Sinne der Lichtarbeit manche leidvolle Erfahrung ersparen.
Bei der Lichtarbeit suchen wir nach Wegen, um unseren Seelenzielen näherzukommen. Wo Liebe ist, ist auch Licht, und so versuchen wir, immer mehr unser Herz zu öffnen und aus einem Gefühl der Freude und Verbundenheit heraus unser Leben zu gestalten. Es gibt in diesem Zusammenhang einige Begriffe, die ich aus meiner Sicht erklären möchte, damit Sie die richtige Essenz gezielt aussuchen können.
Oft werden innerseelische Instanzen wie das *höhere Selbst*, das *innere Kind*, die *Intuition* usw. als identisch betrachtet. Meine Erfahrung mit den Quintessenzen und Pomandern hat mich jedoch gelehrt, hier genau zu differenzieren. So wie die verschiedenen Farben als Ganzheit unter dem Begriff »Licht« gesehen

werden können, so haben wir in uns verschiedene Aspekte, die auch unter dem Begriff »inneres Licht« verstanden werden, die aber unterschiedliche Ausdrucksformen unseres Selbst darstellen.

Der *Seelenstern* wird von Aura-Soma im Bereich des achten Chakras angesiedelt, also über dem Scheitel im Ätherleib des Körpers. Ihm zugeordnet ist die Farbe Magenta. Für mich ist der Seelenstern ein Teil unseres höheren Selbst, eine Art Bewußtseinsfunke, in dem die Erkenntnisse und Erfahrungen unseres Seins durch alle Zeiten hindurch enthalten sind, ähnlich einem Hochleistungsmikrochip im Computer. In unserem Seelenstern ist auch unser derzeitiger Lebensplan gespeichert, und zwar bezogen auf die Erkenntnisse, Lernaspekte und Gaben, für die wir uns in dieser Inkarnation entschieden haben. In welcher Weise wir diese Erfahrungen sammeln, unterliegt unserer freien Entscheidung während des Lebens, von daher können wir auch neue Wege einschlagen. Führen wir ein Leben, das zu sehr von unseren geplanten Lernzielen abweicht, werden wir in der einen oder anderen Form daran erinnert, daß wir unseren Plan nicht einhalten. Unser höheres Selbst bemüht sich dann um regulative Maßnahmen, in der Hoffnung, daß wir bereit sind, darauf einzugehen.

Unser *höheres Selbst* ist der Aspekt von uns, der aus einer höheren geistigen Warte auf unser irdisches Geschehen blickt. Man könnte auch höheres Bewußtsein dazu sagen. Unser höheres Selbst ist das Bindeglied zwischen der geistigen Welt, unserer eigentlichen Heimat, und unserem körperlichen Dasein auf der Erde. Dieser Aspekt von uns existiert jenseits von Raum und Zeit in der ewigen Liebe Gottes. Ein Kontakt mit unserem höheren Selbst geschieht nur selten direkt. Das sind dann wahre Erleuchtungsmomente, die uns durchdringen und von einer Sekunde zur nächsten verändern. Unser höheres Selbst meldet sich meist über unsere *innere Stimme.*

Die innere Stimme ist so etwas wie ein Nachrichtenredakteur, der die eingegangenen Meldungen sortiert, filtert und dann in der Reihenfolge der Wichtigkeit verliest. Diese innere Stimme weiß treffsicher, was wir für unsere spirituelle Entwicklung in uns aufnehmen sollen. Unser Problem ist das genaue, konzentrierte Zuhören, das eigentlich nur in der Ruhe und Stille gelingt. Es geschieht auch oft, daß unser Ego sich als innere Stimme maskiert und uns seine eigene Wahrheit verkündet. Der echten inneren Stimme zu folgen kann manchmal Veränderung und Loslassen bedeuten, was Schmerz mit sich bringt. Daher vermeiden wir oft, zu horchen und zu gehorchen; wir überhören dann die wertvollen Botschaften und konzentrieren uns auf die weniger wichtigen Aussagen.

Über unsere innere Stimme spricht auch unser *innerer Lehrer* zu uns. Er versucht, uns Erkenntnisse zu vermitteln, die wir zu einem gegebenen Zeitpunkt in unserem Leben benötigen, um die nächsten notwendigen Schritte zu tun. Das kann die Erkenntnis sein, daß wir eine falsche Entscheidung getroffen haben und besser eine andere Richtung einschlagen, aber auch die klare Botschaft, was wir tun sollen, oder ein Einblick in spirituelle Wahrheiten. Der innere Lehrer arbeitet mit uns auch auf der unbewußten Ebene, wenn wir schlafen. Er meldet sich aber nur, wenn es nötig ist. Meiner Meinung nach war es dieser Seelenaspekt, der sich bei Vicky Wall Gehör verschafft hat und ihr Auro-Soma-Farbsystem vermittelte.

Das *innere Kind* hat wiederum eine ganz andere Qualität. Es ist jener reine, bedingungslos liebende Aspekt unseres Selbst, der funkeln und strahlen möchte. Unser inneres Kind freut sich über ein Lieblingsessen oder schöne Kleidung und möchte auf spielerische, humorvolle Weise das Leben erfahren und genießen. In der Liebe blüht unser inneres Kind auf. Es will seiner tiefempfundenen Freude kreativen Ausdruck verleihen. Unser inneres Kind reagiert aber auch sehr emotional, wenn wir diese positiven

Seiten nicht genügend leben. Dann zeigt es sich trotzig, unausgeglichen, unzufrieden, mürrisch oder aus nichtigem Grund in Tränen aufgelöst. Wir müssen also auf die Bedürfnisse unseres inneren Kindes achten und ihm die Liebe und Geborgenheit geben, die es braucht. Auf diese Weise halten wir unsere Herzensenergie lebendig, ohne daß das innere Kind zu sehr an Dominanz gewinnt. Es geht also nicht nur darum, unser inneres Kind nach außen zu kehren.

Zwischen unserer *Intuition* und unserer inneren Stimme sind die Übergänge fließend, aber es gibt dennoch Unterschiede. Am besten ist es, wenn beide Aspekte zusammenarbeiten. Über unsere innere Stimme erhalten wir Führung, und wenn wir ihr folgen, bestätigt uns unsere Intuition, daß wir auf dem richtigen Weg sind. Die Intuition kann man auch als Bauchgefühl bezeichnen. Es ist das Gefühl, daß etwas ganz tief in uns sitzt und uns sagt, ob etwas richtig oder falsch ist. Es ist keine Stimme, die in unserem Kopf ist und uns etwas mitteilt, sondern eine Form von Gefühlsenergie. Werden wir durch unsere Intuition gewarnt, beschleicht uns vielleicht ein Unbehagen, wir fühlen uns nicht wohl in unserer Haut. Bestärkt uns unsere Intuition in einem Vorhaben, breitet sich eine Art Wärme in uns aus, wir fühlen uns angeregt und von innen heraus bestätigt.

Schattenarbeit

Unsere Schattenbereiche machen sich in unserem Leben meist als negative Energie auf der körperlichen oder geistigen Ebene bemerkbar. Wenn wir mit unseren Gefühlen aus dem Gleichgewicht geraten sind, können wir auch leicht körperlich erkranken. Wenn wir eine innere Wut in uns tragen, kann sich dies auch als Bluthochdruck auf der physischen Ebene manifestieren. Daher sind die negativen Zustände unter dem Begriff »Schattenarbeit«

gesammelt. In der Liste ab Seite 361 finden Sie Vorschläge zur Anwendung der Quintessenzen und Pomander beispielsweise bei psychischen Zuständen wie Angst, aber auch bei körperlichen Symptomen wie Ohrenentzündung.

Die Anwendung der Essenzen sollte immer nur begleitend zu notwendigen medizinischen Verordnungen erfolgen. Es gibt zwei Möglichkeiten, die Essenzen in diesem Zusammenhang zu benutzen:

- *Anwendung in einer akuten Situation:* Sie haben zum Beispiel Kopfschmerzen oder eine Erkältung und suchen sich die geeignete Essenz aus. Sobald die Beschwerden abgeklungen sind, hören Sie mit der Anwendung des Pomanders oder der Quintessenz auf.
- *Anwendung bei chronischen Schwierigkeiten:* Wenn Sie Probleme haben, die schon länger existieren, häufiger aufflackern oder sich mehren, können Sie prüfen, ob es nicht für alle Symptome eine grundlegende Heilfarbe gibt. Stellen Sie eine Liste Ihrer Beschwerden zusammen, und schreiben Sie daneben die Essenz, die am besten helfen würde. Vielleicht entdecken Sie, daß ein Pomander oder eine Quintessenz öfter vorkommt. Wenn das nicht der Fall ist, nehmen Sie das Symptom, das Ihr Gleichgewicht am meisten beeinträchtigt. Bei chronischen Beschwerden empfiehlt es sich, eine Quintessenz und einen Pomander so lange anzuwenden, bis Sie das Gefühl haben, daß sich der Knoten in Ihnen gelöst hat. Es geht letztlich darum, die Wurzel des Übels zu erkennen und zu erlösen, und nicht darum, nur das Symptom zum Verschwinden zu bringen. Es wird wenig helfen, bei einem chronischen Zustand der Erschöpfung und Enttäuschung einmalig einen Pomander zu benutzen. Es verlangt Geduld und Zeit, um die Wunden langsam, aber vollständig heilen zu lassen.

Die Auswahl der richtigen Essenz

Empfehlung durch einen Therapeuten

Das Gute an den Pomandern und Quintessenzen sind ihre vielfältigen Anwendungsmöglichkeiten. Sie ergänzen sich ausnahmslos mit allen Therapien und werden deswegen oft zur Unterstützung einer medizinischen oder naturheilkundlichen Behandlung eingesetzt.

Falls Sie in einer Praxis in Behandlung sind, in der die Essenzen benutzt werden, sollten Sie dem Urteilsvermögen des Behandlers bezüglich der richtigen Auswahl vertrauen. Oft sieht ein Außenstehender objektiver und klarer, was uns am besten unterstützt und weiterhilft, als wenn wir eine Selbstverschreibung vornehmen.

Hinweise zur Anwendung der Essenzen

Dosierung

Generell sollten Sie beim Einsatz der Quintessenzen und Pomander zwei Grundregeln beachten:

1. So oft wie nötig, aber sowenig wie möglich
Es sollte nicht sein, daß Sie von den Essenzen so abhängig werden, daß Sie scheinbar nicht mehr ohne deren Anwendung leben können. Wenn ich krank bin, gehe ich zum Arzt oder Heilpraktiker, aber nach der Genesung brauche ich ihre Dienste nicht mehr, zumindest nicht bis zum nächsten Krankheitsfall. Ich brauche zwar wie alle anderen Menschen auch zeitweilig besondere Unterstützung im Leben, aber die wirkliche Kraft und Stärke kommen von einem Gefühl der inneren Unabhängigkeit, aus dem heraus ich mich auf andere zubewegen kann.

Die Quintessenzen und Pomander bringen Licht in Ihr Leben und helfen Ihnen, eine Verbindung zur geistigen Welt aufzubauen. Wenn das erreicht ist, können Sie diese Energie direkt nutzen und benötigen dafür kein Medium mehr. Wenn Sie dann feststellen, daß Sie wieder einmal zu sehr von der Last des Alltags niedergedrückt werden und sich darin verlieren, ist es gut zu wissen, daß die Essenzen da sind, um sich wieder zu verbinden. Es ist wichtig zu lernen, den Zugang zur eigenen inneren Stimme auch ohne eine Quintessenz zu bekommen oder wieder in einen Zustand der Ausgeglichenheit zurückzufinden, ohne beispielsweise den orangefarbenen Pomander dafür einzusetzen. Es gibt Situationen im Leben, in denen Sie sich einfach ohne äußere Hilfe durchboxen müssen. Es ist dann unmöglich und unpassend, eine Essenz aus der Tasche zu ziehen und sie zu benutzen. In einem solchen Moment zu wissen, daß Sie die Situation auch ohne Ihr »Hausmittel« meistern können, ist ganz wichtig. Es stärkt Ihr Selbstvertrauen und gibt Ihnen Freiheit.

Die Gefahr im Umgang mit den Essenzen besteht im gewohnheitsmäßigen Gebrauch. Es gibt zwar dabei keine negativen Nebenwirkungen, aber Sie sehen nach einer gewissen Zeit die Quelle des Lichts und der Kraft in einer äußeren Instanz und vergessen, daß diese Quelle in Ihnen ist und die Pomander und Quintessenzen lediglich als Schlüssel zur inneren Tür dienen. Wenn Sie also eine Zeitlang mit einer Meister-Quintessenz in der Meditation gearbeitet haben, dann probieren Sie, ob es nicht auch ohne geht und Sie von allein die Verbindung bekommen. Das gleiche gilt für die Pomander.

2. Die Anwendung soll ohne Zwang erfolgen

Vielleicht haben Sie selbst phänomenale Erfolge im Umgang mit den Quintessenzen und Pomandern erlebt, sind vollkommen hingerissen und überzeugt, daß jeder davon profitieren wird. Es ist nur zu menschlich, in dieser euphorischen Stimmung andere überreden zu wollen, sich ebenfalls dafür zu begeistern. Doch Vorsicht: Wenn jemand eine Abneigung gegen die Essenzen hat, den Geruch abstoßend findet oder generell nichts damit anfangen kann, sollte dies respektiert werden. Dann ist entweder die Zeit nicht reif für die Anwendung, oder derjenige geht einen anderen Weg. Aura-Soma ist nur eine von vielen Möglichkeiten, Führung und Hilfe zu bekommen. Es ist nicht der ultimative, exklusive Weg ins Licht. Es ist ratsam, sich an die Weisheit zu erinnern: »Wenn die Zeit reif ist, findet der Schüler zum Lehrer.« Nicht umgekehrt. Der Lehrer steht zwar bereit und ist gegenwärtig, aber der Schüler muß zu ihm kommen.

Sie können die Essenzen also nur anbieten, und wer sich zu ihnen hingezogen fühlt, wird auch den Zugang finden. Wenn Sie jemandem die Anwendung aufzwingen, auch wenn es in bester Absicht geschieht, können Sie unter Umständen viel Schaden anrichten, und zwar dahingehend, daß sich nicht nur die Tür zu Aura-Soma erst einmal verschließt, sondern auch generell zur spirituellen Welt. Es kann passieren, daß jemand einen so großen Widerwillen entwickelt, daß er nichts mehr mit diesen Dingen zu tun haben will und jeglichen Kontakt meidet.

Die beste Werbung ist das eigene gute Beispiel. Wenn Sie Ihr Licht mehr und mehr zeigen und damit eine besondere Ausstrahlung entwickeln, werden sich unwillkürlich Menschen zu Ihnen hingezogen fühlen und fragen, wie Sie dies erreicht haben. Wenn Sie also durch Aura-Soma den Zugang zu Ihrem Licht gefunden haben, dann geben Sie entsprechend Auskunft.

Wirkungsdauer

Bei Aura-Soma geht man von einer Wirkungsdauer der Essenzen von etwas mehr als zwei Stunden nach der Anwendung aus. Das bedeutet jedoch nicht, daß Sie alle zwei Stunden einen Pomander oder eine Quintessenz neu anwenden sollen. Da die Quintessenzen vorzugsweise zur inneren Einkehr und meditativen Versenkung genutzt werden, ist die einmalige Anwendung vollkommen ausreichend. Die Pomander sind dazu da, der Aura feinstoffliche Energien zuzuführen. Auch hier reicht die einmalige Anwendung zu einem gegebenen Zeitpunkt, denn es geht »nur« darum, einen Impuls zu setzen.

Affirmationen verstärken die Wirkung der Essenzen in erheblichem Maß. Wenn Sie zum Beispiel einen roten Pomander anwenden, weil Sie sich in eine Situation begeben, die Ihnen nicht ganz geheuer ist, und Sie Schutz brauchen, dann erreichen Sie durch die Vorstellung, daß die Farbe Rot um Sie herum als Energiefeld vorhanden ist, eine Vertiefung des ursprünglich durch den roten Pomander gesetzten Impulses. Wenn Sie bei einem Langstreckenflug die Quintessenz Orion & Angelica zur Vorbeugung gegen Jetlag benutzen, dann reicht es ebenfalls aus, die Essenz beim Abflug einmalig anzuwenden, in dem Vertrauen, daß Sie damit um Geleit und Führung gebeten haben und sie Ihnen auch gegeben werden. Am Zielort angelangt, können Sie die Quintessenz noch einmal benutzen, dann aber aus dem Gefühl der Dankbarkeit heraus, daß Sie wohlbehalten angekommen sind. Es ist meiner Meinung nach also nicht nötig, während des Fluges die Essenz alle zwei Stunden zur Hand zu nehmen. Die Energien auf der feinstofflichen Ebene gehören einer anderen Dimension an und wirken unabhängig von Zeitbegriffen wie Stunde, Minute oder Sekunde. Viel wichtiger ist es, im richtigen Moment die passende Essenz zu wählen.

Was besonders zu beachten ist

Bei der Anwendung folgender Essenzen ist unter Umständen Vorsicht geboten:

- *Roter und dunkelroter Pomander, Quintessenz The Christ:* Diese Essenzen haben eine energetisierende Wirkung und sollten zu später Stunde nur mit Vorsicht benutzt werden. Manche Menschen können noch spätabends einen starken Kaffee trinken und haben keine Einschlafprobleme, während andere schon ab dem frühen Nachmittag keine koffeinhaltigen Substanzen mehr zu sich nehmen dürfen, weil sie sonst die halbe Nacht lang wach liegen. Es ist also individuell verschieden, wie sensibel wir auf bestimmte Impulse reagieren. Wenn Sie eine dieser Essenzen benutzen wollen, sollten Sie grundsätzlich die anregende Wirkung der Farbe Rot berücksichtigen.

- *Saphirblauer und königsblauer Pomander:* Diese Pomander enthalten Pfefferminze. Sie gilt innerhalb der klassischen Homöopathie als antidotierende Substanz, das heißt, sie hebt die positive, heilende Wirkung des verordneten homöopathischen Mittels auf oder vermindert sie. Es gibt Homöopathen, die ihren Patienten keine besondern Vorschriften nach der Mitteleinnahme machen, und andere, die sich ganz strikt an die Vorgaben von Samuel Hahnemann, dem Erfinder der Homöopathie, halten. Sie sollten also mit Ihrem behandelnden Homöopathen darüber sprechen, wenn Sie einen dieser Pomander für sich ausgesucht haben. Notfalls können Sie auf den weißen Pomander zurückgreifen, der ja alle Farben in sich trägt. Stellen Sie sich bei der Anwendung vor, wie die darin enthaltene blaue Farbschwingung besondere Wirkung entfaltet. Oder Sie wählen den tiefmagentafarbenen Pomander, der für den gesamten Körper verwendet werden kann.
- *Gelber Pomander:* Die Farbe Gelb wird unter anderem bei nervösen Beschwerden und Angstzuständen eingesetzt. Sind Nervosität oder Angst jedoch sehr stark ausgeprägt, sollte dieser Pomander mit großer Vorsicht benutzt werden. Es könnte sonst zu einer Reizüberflutung kommen, was die Beschwerden verstärken würde. Es wäre in einem solchen Fall besser, erst einmal die Gegenfarbe Violett als Pomander anzuwenden, damit Ruhe in das überreizte Nervensystem einkehren kann. Mit etwas Zeitabstand kann der gelbe Pomander dann seine Wirkung viel besser entfalten. Er sollte in diesem Fall sehr behutsam eingesetzt werden.

Die spezielle Wirkungsweise der Quintessenzen und Pomander

Beide Essenzen werden tropfenweise auf die Handregion gegeben und dann in die Aura eingefächelt. Es gibt dabei leichte Unterschiede in der Vorgehensweise, die noch beschrieben werden. Zunächst möchte ich kurz auf den Begriff Aura eingehen sowie die Bedeutung der Chakras für den Körper erklären.

Der feinstoffliche Körper

Seit Jahrtausenden arbeiten die Menschen mit den Energiesystemen des Körpers. Es wird dabei vorausgesetzt, daß es auf der feinstofflichen, also nicht physischen Ebene Einflüsse gibt, die unseren Gesundheitszustand maßgeblich steuern. Die chinesische Medizin stützt sich beispielsweise auf das Meridiansystem mit seinen Energiepunkten. Dabei werden Organe und Körperteile bestimmten Energiebahnen zugeordnet. Krankheiten werden als Stau oder Mangel an Lebenskraft (Qi) erklärt. Durch Reizung mit Akupunkturnadeln an bestimmten Stellen wird versucht, wieder Harmonie in den Energiefluß zu bringen. Die traditionelle indische Medizin arbeitet mit dem Chakra-System, das auch bei Aura-Soma eine wichtige Rolle spielt.

Die Aura ist ein Energiefeld, das sich um den Körper herum ausdehnt, so als ob wir in einem ovalen Ei stehen würden, dessen Schale oder Außenwand sich etwa 50 cm von unserem Körper entfernt befindet. Innerhalb dieses »Energie-Eies«, in dem wir stehen, befinden sich verschiedene Schichten, die jeweils spezifische Einflüsse und Wirkungen haben. Entsprechend unserem Wohlbefinden kann unsere Aura leuchten oder trüb sein, sich ausdehnen, zusammenziehen, löchrig werden oder eine ungleichmäßige Form annehmen. Geistheiler sind in der Lage,

Disharmonien in der Aura zu sehen, bevor sie sich körperlich manifestieren. Unsere Aura wird also zuerst krank, bevor unser Körper krank wird. Aber auch die Auswirkungen von vergangenen Leiden und Schocks können noch in der Aura gespeichert sein und so für Schwierigkeiten sorgen. Die Essenzen sollen wieder Harmonie in die Aura bringen. Bei einer gesunden Aura haben wir eine Ausstrahlung, die anziehend wirkt. Eine leuchtende Aura gibt lichtvolle Energie in unsere Umgebung ab und wirkt dadurch heilend.

Die drei wichtigsten Schichten unserer Aura in bezug auf die Essenzen sind das elektromagnetische Feld sowie der ätherische und der Astralkörper. Die Pomander zeigen Wirkung auf das *elektromagnetische Feld*. Es dehnt sich etwa 4 bis 5 cm um den Körper herum aus und spiegelt das momentane emotionale Befinden und den aktuellen Gesundheitszustand wider. Aus diesem Grund wechselt seine Farbzusammensetzung permanent. Die Quintessenzen wirken auf den *ätherischen Körper* und den *Astralkörper.* Der ätherische Körper beinhaltet das elektromagnetische Feld, das sich im Anschluß an den Astralkörper etwa 15 cm weit ausdehnt. Hier werden unter anderem Eindrücke aus der Vergangenheit gespeichert, die wir noch nicht losgelassen haben und die Ursache erheblicher Blockaden auf allen Ebenen sein können. Gemütszustände, die eine tiefere Ebene berühren, spiegeln sich im ätherischen Körper wider. Der Astralkörper reicht etwa 50 cm über den ätherischen Körper hinaus. Hier vollzieht sich die Verbindung zu den geistigen und feinstofflichen Dimensionen mit ihren Eingebungen und Visionen. Alle Schichten der Aura stehen in Wechselbeziehung zueinander und beeinflussen sich gegenseitig. Die Übergänge sind fließend.

Die Quintessenzen und Pomander verbinden uns mit dem Licht und helfen dadurch, unsere Aura zum Leuchten zu bringen. Je mehr Licht unsere Aura durchströmt, desto gesünder und kräftiger sind wir sowohl auf der körperlichen als auch auf der geistigen Ebene. Dann erfährt auch das spirituelle Selbst eine Öffnung.

Chakras und Farben

Die Chakras sind eine Art feinstofflicher Empfangsstationen des Körpers, denen jeweils eine spezifische Farbe zugeordnet wird. Die Chakras liegen entlang der Wirbelsäule des Körpers, wobei sich die Öffnungen wie Kelchblüten in der Aura zwischen dem elektromagnetischen Feld und dem ätherischen Körper befinden. Vielleicht ist auch der Vergleich mit kleinen Satellitenschüsseln geeignet. Wie sie nehmen die Chakras Impulse auf und leiten sie dorthin weiter, wo ihr Signal am stärksten empfangen wird. Je besser sie funktionieren, desto klarer kommen die Signale an.
Es gibt viele kleinere Chakras, aber in bezug auf Aura-Soma sind neun Haupt-Chakras von Bedeutung. Wenn Sie also einen der Pomander benutzen, entfaltet er seine Wirkung primär im Bereich des Chakras, dem die Farbe zugeordnet wird. So spricht beispielsweise der smaragdgrüne Pomander das vierte Chakra (Herz-Chakra) an, und der olivgrüne Pomander wirkt auf zwei Chakras, auf das dritte Chakra (Solarplexus-Chakra) sowie ebenfalls auf das vierte Chakra (Herz-Chakra).
Blockaden im Chakra-System ziehen Verstopfungen nach sich, so daß die Energie nur teilweise oder gar nicht durchkommt. Manchmal ist es gut, sich willentlich energetisch zu verschließen. Manchmal wäre es aber für unsere Gesundheit besser, mehr feinstoffliche Energie aufzunehmen. Die Pomander helfen, die Chakras wieder funktionstüchtig zu machen, so daß sich die Energiezufuhr in der richtigen Weise regulieren kann. Die einzelnen Chakra- und Organzuordnungen sind am Ende der jeweiligen Pomander-Beschreibungen in dem Abschnitt »Symptome auf der Körperebene« aufgeführt.

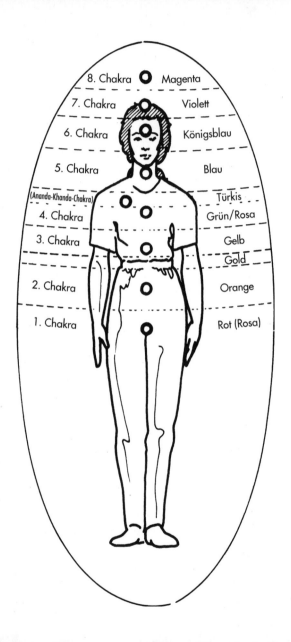

Die einzelnen Anwendungsschritte

Mit den Quintessenzen und Pomander bringen wir bestimmte Impulse in die Aura und das Chakra-System hinein. Auf diese Impulse reagieren Körper, Geist und Seele. Wie gut diese Signale aufgenommen werden, hängt unter anderem von unserer Einstellung während der Anwendung der Essenzen ab. Wir können mit Konzentration und Hingabe erheblich dazu beisteuern, daß die Energien sich in ihrer Wirkung kraftvoll entfalten. Das gilt auch, wenn wir eine Essenz bei jemand anders anwenden.

Vorbereitung

Bevor Sie einen Pomander oder eine Quintessenz in die Hand nehmen, sollten Sie versuchen, sich für diesen Augenblick von äußeren Einflüssen und Ablenkungen freizumachen, damit Sie sich ganz auf die Anwendung konzentrieren können. Schaffen Sie innerlich und äußerlich Raum, um die Energien auch aufzunehmen. Es bewirkt überhaupt nichts, sich einen Pomander in die Aura einzufächeln, während Sie telefonieren. Sie sind dann mit Ihrer Aufmerksamkeit nicht bei der Sache. Nur ein kleiner Moment der Konzentration ist nötig, um der geistigen Welt zu signalisieren, daß Sie um Hilfe bitten und auch bereit sind, Hilfe anzunehmen.

Falls Sie ständig von Ihren Kindern umgeben sind oder auch sonst keine ruhige Minute finden, dann gehen Sie notfalls ins Badezimmer. Sie schließen die Tür hinter sich und nehmen sich so etwas Zeit und Raum, auch wenn diese Umgebung nicht unbedingt optimal erscheint.

Stimmen Sie sich auf die Essenz ein, die Sie nun anwenden wollen, indem Sie sich ganz bewußt mit deren Energie verbinden. Richten Sie Ihre Aufmerksamkeit auf diese Essenz, und bitten Sie darum, daß Ihnen Unterstützung gegeben wird. Wenn Sie beispielsweise den türkisfarbenen Pomander benutzen wollen, um Ihr Lampenfieber vor einem Auftritt zu lindern, dann sagen Sie sich folgendes:

»Ich verbinde mich mit dem türkisfarbenen Strahl. Ich bitte darum, daß diese türkisfarbene Schwingung mir zu Gelassenheit und Ruhe verhilft und mir die Kraft gibt, jetzt bestmöglich aufzutreten. Für die mir gewährte Hilfe bin ich dankbar.«

Wollen Sie die Quintessenz Lady Nada benutzen, weil Sie Schwierigkeiten haben, jemandem zu verzeihen, dann sagen Sie sich vor der Anwendung zum Beispiel folgende Worte:

»Ich verbinde mich mit der Energie von Lady Nada. Ich bitte um Hilfe, damit ich ... vergebe und meine Liebe wieder frei fließen kann. Für diese Unterstützung bedanke ich mich.«

Sie können auch die vorgeschlagenen Texte zur inneren Einstimmung, die im ersten Teil des Buches am Anfang der Beschreibungen stehen, laut oder in Gedanken sprechen und sich so auf die Anwendung der Essenz konzentrieren.

Je klarer Sie formulieren, wobei die jeweilige Essenz Ihnen behilflich sein soll, desto besser kann die Energie in die entsprechende Bahn gelenkt werden und ihre Wirkung entfalten.

Geben und nehmen

Bei Aura-Soma empfiehlt man, sich vorzustellen, wie die Energien einer Essenz in die Welt fließen und dort ihren Segen entfalten, bevor wir anfangen, sie selbst aufzunehmen. Diese Vorstellung ist sehr kraftvoll, denn damit betonen wir den Überfluß an Energie, der uns zur Verfügung steht. Wir können schließlich nur etwas im Vorfeld abgeben, wenn wir glauben, daß noch genug für uns übrigbleibt und wir hinterher nicht mit leeren Händen dastehen.

Nachdem Sie sich einige Tropfen einer Essenz in die Hand gegeben und verrieben haben, breiten Sie die Arme so aus, daß die Handflächen nach oben zeigen. Sie stellen sich vor, daß sich die in der Essenz enthaltenen Energien wie ein Netz um den Erdball spannen und ihre positive Wirkung zum Wohl aller entfalten. Stellen Sie sich dies sowohl bei der Anwendung eines Pomanders als auch einer Quintessenz vor.

Mit der Vorstellungskraft arbeiten

Wie die Essenzen in die Aura eingefächelt werden, wird ab Seite 338 genau beschrieben. Beim Einfächeln sollten Sie versuchen, die in der Vorbereitungsphase aufgenommene Verbindung zu den Energien zu halten. Nutzen Sie hierbei Ihre Vorstellungskraft.
Bei einem *Pomander* stellen Sie sich vor, wie die Farbe Ihre Aura vollständig einhüllt. Sie baden sozusagen von Kopf bis Fuß in dieser Farbe; Sie tauchen ganz in sie ein. Stellen Sie sich innerlich vor, daß die Farbe dort am intensivsten wirkt, wo sie am meisten benötigt wird (Sie müssen nicht die genaue Stelle wissen, das kann die Intelligenz Ihres Körpers am besten entscheiden). Lassen Sie die Farbe und die Energien des Pomanders um Sie herum und durch Sie hindurch schwingen. Stellen Sie sich vor, wie die Farbe durch alle Schichten hindurch bis in die einzelne Zelle eindringt. Sie *sind* für einen Augenblick diese Farbe.
Falls Sie beispielsweise den weißen Pomander während einer Fastenkur benutzen, um auch auf der energetischen Ebene eine Reinigung herbeizuführen, dann stellen Sie sich vor, wie Ihre Aura und Ihr physischer Körper von weißem Licht durchflutet werden und alle dunklen Stellen verschwinden. Diese Vorstellung können Sie noch lange nach der Anwendung ab und zu im Geist aufblitzen lassen. Damit verlängern und vertiefen Sie die Wirkung des Pomanders ganz erheblich. Verblaßt die Vorstellung

allmählich, dann hat der Pomander seine Wirkung erreicht, und Sie sind entweder in der Aufnahme der Energien gesättigt, oder Sie brauchen vielleicht eine erneute Anwendung. Das werden Sie selbst spüren können.

Bei der Anwendung einer *Quintessenz* nehmen Sie eine innere Verbindung auf, statt sich wie bei den Pomandern von der Energie durchdringen zu lassen. Die Quintessenzen geben uns die Möglichkeit, über unser höheres Selbst eine Verbindung zu der geistigen Welt herzustellen und uns insbesondere der Führung der Meister und Meisterinnen anzuvertrauen.

Wenn Sie eine Quintessenz anwenden wollen, dann fragen Sie sich zunächst einmal grundsätzlich, ob Sie wirklich bereit sind, sich der Führung aus der geistigen Welt anzuvertrauen. Keine Sorge, Sie müssen sich nicht vollständig aufgeben und der Alltagsrealität entsagen. Aber wenn die Quintessenzen tatsächlich wirken sollen, ist es wichtig, für eine Verbindung mit der spirituellen Welt offen zu sein.

Stellen Sie sich vor, wie sich durch die Anwendung der entsprechenden Quintessenz eine Art Kanal nach oben öffnet. Von Ihrer Schädelmitte geht es wie in einem Aufzug nach oben. Dieser Aufzug führt in einen Raum, in dem sich der Meister der benutzten Quintessenz befindet. Sie haben nun Zugang zu diesem Meister, und er findet auch den Weg zu Ihnen. Wir müssen allerdings den Kontakt wirklich wollen, also quasi auf den Knopf im Fahrstuhl drücken, der nach oben führt. In den Fahrstuhl zu steigen und dann dort stehenzubleiben, das bewirkt gar nichts.

Die Quintessenzen werden vorzugsweise in der Meditation benutzt. Sie stellen sich also bei der Anwendung der Quintessenz vor, wie Sie in den Aufzug steigen, hochfahren und in dem Raum des jeweiligen Meisters ankommen. Dort erhalten Sie die Unterstützung, die Sie benötigen – verbale Botschaften, symbolische Antworten, Zeichen, Ideen, Energie. Diese Gaben nehmen Sie dann mit und fahren in dem Fahrstuhl wieder nach unten in Ihre irdische Realität.

Wenn Sie ein leichteres Problem beschäftigt, dann reicht es vielleicht aus, nur einmal Kontakt aufzunehmen, um die wichtigen Impulse zu erhalten. Bei schwierigeren Angelegenheiten müssen Sie öfter in die Meisterenergie eintauchen, bis sich eine Lösung gefunden hat.

Sie können sich auch lediglich in die Energie der jeweiligen Quintessenz einhüllen. Lassen Sie dann die Schwingung einfach nur wirken, ohne die bewußte Verbindung zu einem Meister zu suchen. Diese Vorgehensweise ist empfehlenswert, wenn die Quintessenz bei anderen Menschen oder in einer Gruppensituation (beispielsweise Seminar) benutzt wird.

Nach der Anwendung

Es kann nicht oft genug gesagt werden, daß es sinnvoll ist, uns für das zu bedanken, was uns gegeben wurde, auch wenn wir noch gar nicht so recht abschätzen können, was uns an Gaben zuteil wurde. Indem wir uns bedanken, öffnen wir uns für die Möglichkeiten der empfangenen Energie. Wir gehen also von vornherein davon aus, daß uns etwas gegeben wurde. Der Dank sollte von Herzen kommen und nicht pro forma geschehen. Wir sollten aber auch nicht aus einer unterwürfigen Haltung heraus unseren Dank aussprechen. Schließlich geht es darum, unser Licht, unsere Stärke, zu entwickeln und zu zeigen und nicht darum, sich klein und unwürdig zu fühlen. Die Meister sind uns im Bewußtsein um Lichtjahre voraus, aber genau wie wir sind sie ein Teil der Einheit. Seien Sie also dankbar wie zu einem Bruder oder einer Schwester.

Einen Pomander anwenden

Der Pomander wird auf der Handfläche verteilt, während die Quintessenz auf die Innenseite des Handgelenks getropft wird. Warum das so ist, kann ich nicht erklären, aber es hilft, in der Anwendung zwischen den beiden Arten von Essenz zu unterscheiden und sich auch innerlich unterschiedlich darauf einzustellen.

Sie geben drei Tropfen des Pomanders auf die linke Handfläche und reiben dann beide Handflächen aneinander. Breiten Sie nun wie oben beschrieben Ihre Arme aus, und geben Sie von der Energie ab, bevor Sie die Essenz in Ihre Aura einfächeln.

Sie beginnen mit dem Einfächeln über Ihrem Kopf und stellen sich vor, Ihre Hände wären wie eine Dusche, aus der die Pomander-Energie auf Sie herabfließt. Ihre Hände streichen nun die Essenz von Kopf bis Fuß in einigen Zentimetern Entfernung vom Körper in Ihre Aura ein. Spüren Sie dabei, wie die Energien von Ihren Händen in Ihre Aura fließen. Vergessen Sie nicht, auch die Körperseiten und den Rücken, soweit möglich, einzubeziehen.

Wenn Sie unten an den Füßen angekommen sind, stellen Sie sich vor, daß auch die Erde von dieser heilenden Energie profitiert. Dann richten Sie sich wieder auf, führen Ihre Hände vor Ihr Gesicht und atmen den Duft des Pomanders dreimal tief ein.

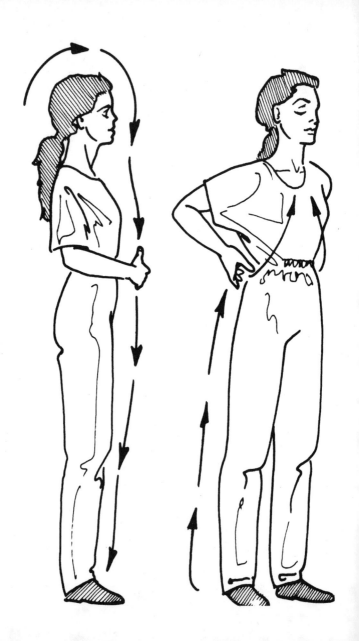

Eine Quintessenz anwenden

Sie geben drei Tropfen der Quintessenz auf den Pulsbereich Ihres linken Handgelenks und legen dann Ihr rechtes Handgelenk darüber, um die Substanz zu verreiben. Sie heben nun Ihre Arme in die Höhe und stellen sich vor, wie Sie von der Kraft der Quintessenz etwas an die Welt abgeben. Danach machen Sie sich daran, die Essenz in Ihre Aura einzufächeln. Die Bewegung ähnelt jetzt nicht so sehr einem Streicheln, sondern mehr einem Einhüllen. Stellen Sie sich vor, Ihre Arme wären Flügel, die sich immer wieder in einer langsamen Vorwärtsbewegung in der Mitte treffen.
Zum Schluß halten Sie Ihre Hände vor das Gesicht und atmen den Duft der Quintessenz in drei tiefen Zügen ein. Lassen Sie dabei die Energie in sich hineinströmen.

Falls Sie einmal in Eile sind, reicht es bei beiden Essenzen, nur kurze Fächelbewegungen zu machen. Wichtig ist aber, daß Sie konzentriert vorgehen, auch wenn Sie nur ein paar Sekunden Zeit erübrigen können. Sie müssen durch Ihre Aufmerksamkeit die Wirkkraft der Essenz wecken, sonst ist der energetische Effekt gleich Null, und Sie sind nur in einen angenehmen Duft eingehüllt.

Die praktische Arbeit mit den Essenzen

Die Einsatzmöglichkeiten für die Quintessenzen und Pomander sind vielfältig; der Intuition, Phantasie und Kreativität sind dabei keine Grenzen gesetzt.

Therapeuten benutzen die Essenzen auf sehr unterschiedliche Weise. Die Quintessenzen und Pomander wirken generell unterstützend und sind daher eine hervorragende Begleitmaßnahme, um den angestrebten Heilungseffekt zu verstärken. Es sollte lediglich darauf geachtet werden, daß der Klient die Anwendung der Essenzen auch bejaht und ihr nicht mit einer ablehnenden Haltung gegenübersteht.

Wer mit Kristallen arbeitet, wird den positiven Einfluß der Essenzen auf die heilsamen Wirkungen der Steine erleben. Ab Seite 348 sind unter »Lichtarbeit« einige Anwendungsmöglichkeiten aufgelistet.

Aura-Massage

Jemandem mit den Essenzen eine Aura-Massage zu geben ist ein schönes Geschenk. Sie dauert nicht lange, zeigt aber eine eindrucksvolle Wirkung. Oft erlebt man danach auch eine sehr herzliche und liebevolle Verbindung zueinander.

Sie suchen eine geeignete Essenz für den Empfänger der Aura-Massage aus und bitten die Person, sich mit geschlossenen Augen vor Ihnen hinzustellen. Dabei sollte rings um die Person genug Platz zur Verfügung stehen, damit Sie um sie herumgehen können.

Stimmen Sie sich innerlich auf die in der Essenz enthaltenen Energien ein. Nehmen Sie nun einige Tropfen der Essenz in Ihre Handfläche, und fächeln Sie die Essenz mit langsamen, sanften Bewegungen in etwa 5 bis 20 cm Entfernung vom Körper in die Aura der Person ein: rund herum, von oben nach unten. Stellen sich dabei vor, wie die Farbe und andere Energien aus Ihrer Handfläche in die Aura der empfangenden Person strömen.

Wenn Sie fertig sind, machen Sie eine glättende Streichbewegung von unten nach oben. Dann berühren Sie die Person sanft an der Schulter, um das Ende der Aura-Massage zu signalisieren.

Meditation

Die Quintessenzen werden primär zur besseren Einstimmung auf die Meditation eingesetzt. Mit dem regelmäßigen Meditieren tun sich viele Menschen schwer, und die Anwendung einer Quintessenz kann helfen, sich den nötigen Raum zu schaffen. Die Anwendung ist dann wie ein Ritual, das ein Signal setzt, von der Außenwelt und ihrem Geschehen Abstand zu nehmen und in die innere Stille zu gehen.

Bei einer Meditation kommt es nicht auf die Dauer an, sondern auf die Qualität der Vertiefung. Es ist wirklich besser, drei Minuten mit absoluter Konzentration zu meditieren, als eine halbe Stunde dazusitzen, wobei einem die Einkaufsliste für das Wochenende und sonstige Dinge durch den Kopf gehen. Meditation ist eigentlich nichts anderes, als ganz im Hier und Jetzt anzukommen und das Bewußtsein auch dort zu halten. Es ist für den streßgeplagten westlichen Menschen sehr schwer, dies auch nur für einige Momente zu erreichen.

Immer mehr Menschen, auch Mediziner, entdecken die positiven Wirkungen der Meditation. Wissenschaftlich gesehen bringt die Meditation das Gehirn zur Ruhe und versetzt seine Wellen in den

Alpha- oder Thetazustand. Während der Meditation verlangsamen sich auch der Stoffwechsel sowie Herzschlag und Atemfrequenz. Der Blutdruck sinkt. Gleichzeitig werden durch die verlangsamten Gehirnwellen Endorphine freigesetzt, die normalerweise vom Körper zur Herabsetzung des Schmerzempfindens ausgeschüttet werden. Die Endorphine lassen ein Gefühl von Ruhe und Wohlbefinden entstehen.

Eine kurze tägliche Meditation, wenn möglich zu einem festen Zeitpunkt, zentriert uns und kann Wunder bewirken. Morgens ist eine gute Zeit zum Meditieren, weil wir dann für den Rest des Tages ganz anders auftreten. Und wie bereits gesagt, wenn es gar nicht anders geht, kann man auch im Badezimmer eine kurze Meditation durchführen.

Wenn Sie die Quintessenzen dazu benutzen möchten, erste Erfahrungen mit der Meditation zu machen, empfehle ich Ihnen, den jeweiligen Text zur inneren Einstimmung auf den Meister laut oder in Gedanken zu sprechen, die Quintessenz wie beschrieben anzuwenden und sich dann hinzusetzen. Atmen Sie einige Male tief durch, und schließen Sie die Augen. Sie lassen alle Anspannungen von Ihrem Körper abfließen und Ihre Gedanken ziehen. Versuchen Sie, in einen Zustand der Leere zu kommen und nichts Bestimmtes zu denken. Es kann hilfreich sein, sich einfach nur auf den Atem zu konzentrieren. Halten Sie diesen Zustand des Nichttuns und Nichtdenkens für einige Minuten aufrecht. Sobald Sie merken, daß Ihre Gedanken wieder verstärkt in Ihr Bewußtsein drängen, lösen Sie sich und kommen wieder in Ihren Alltag zurück.

Die nachfolgenden Empfehlungen ersetzen keine im Fall einer Erkrankung notwendigen medizinischen oder therapeutischen Maßnahmen. Die Essenzen wirken unterstützend auf den Heilungsvorgang und können ergänzend eingesetzt werden.
Abkürzungen: P = Pomander, Q = Quintessenz

Lichtarbeit

Astrologie: Djwal Khul Q
Balance siehe Harmonie
Baumenergien: smaragdgrüner P
Begabung fördern: goldener P
Begeisterung
- für das, was wir tun: The Christ Q
- über die Fülle des Lebens: orangefarbener P
- für unser eigenes Potential: goldener P
- für die unendliche Vielfalt des Universums: Djwal Khul Q

Berufung
- ein Licht in der Welt sein: goldener P
- die wahre B. erkennen: violetter P
- an die eigene B. glauben: gelber P
- den richtigen Weg erkennen: Hilarion Q
- Was ist Gottes Wille für mich?: El Morya Q
- Farbe bekennen: weißer P

Bewußtseinserweiterung
- Blickfeld erweitern: Maha Chohan Q
- Reifeprüfungen durchstehen: saphirblauer P
- durch Meditation: königsblauer P
- durch innere Wandlung: St. Germain Q

Brücke
- zum Licht: Serapis Bey Q
- zwischen Meistern, Engeln, Menschen und Naturgeistern: Kuthumi Q
- zu den Wassergeistern: Maha Chohan Q
- für die Gratwanderung vom alten in ein neues Leben: saphirblauer P
- den Himmel auf Erden finden und ganz werden: Sanat Kumara Q

Christus-Energie: The Christ Q

Dankbarkeit: Pallas Athena Q
Delphine: Maha Chohan Q
Demut: königsblauer P
Disziplin
- bei eigenen Vorhaben: orangefarbener P
- bei der Entfaltung des Potentials: goldener P
- um sich kreativ auszudrücken: Pallas Athena Q

Ego
- Egoansprüche langsam loslassen: Hilarion Q
- den höheren Willen im Leben verankern: El Morya Q
- Transformation des E.: violetter P

Einssein
- mit allem verbunden sein: Sanat Kumara Q
- globales Bewußtsein: Maha Chohan Q
- im Mikrokosmos den Makrokosmos sehen: Djwal Khul Q
- Teil der Energie ICH BIN sein: St. Germain Q
- in der Schöpfung Gottes: Pallas Athena Q
- im Licht: Serapis Bey Q

Elfen: Kuthumi Q

Engel
- Schutzengel, Engel, die uns begleiten: Orion & Angelica Q
- die mit Menschen und Naturgeistern arbeiten: Kuthumi Q
- des Lichts: Serapis Bey Q

Erde/Erdung
- Verbindung mit der Erdenergie: roter P
- Verbindung mit den Naturgeistern: Kuthumi Q
- E. als Lebewesen: Hilarion Q
- in der Meditation nicht zu sehr abdriften: königsblauer P

Erkenntnis
- von Sinn und Zweck unseres Daseins: El Morya Q
- des Lebensplans: tiefmagentafarbener P
- durch Meditation: königsblauer P
- wissen, wer man ist: Kuthumi Q

- wissen, was für einen selbst gut und richtig ist: Hilarion Q
- innere Weisheit finden: Lady Portia Q
- Suche nach E., Neugierde und Wissensdurst: Djwal Khul Q

Fasten: weißer P

Feenwelt
- allgemein Kontakt bekommen: Kuthumi Q
- Verbindung mit den Wasserfeen: Maha Chohan Q

Flexibilität
- Hochs und Tiefs im Leben annehmen: roter P
- notwendige Veränderungen vornehmen: Hilarion Q
- grenzüberschreitend leben: Maha Chohan Q

Freude
- am Leben und am Sein: Sanat Kumara Q
- am Ausdruck des Körpers (zum Beispiel in der Sexualität): orangefarbener P
- an der Entfaltung des eigenen Potentials: goldener P
- an den eigenen schöpferischen Möglichkeiten: El Morya Q
- an Spiel, Humor, Lachen: Kuthumi Q
- in der Kommunikation miteinander: Maha Chohan Q
- an der Natur: Hilarion Q
- an der Herrlichkeit und Fülle des Lebens: Pallas Athena Q
- nach erlöstem Leid: Serapis Bey Q

Führung
- vertrauen, daß Gott weiß, was für uns richtig ist: Lady Portia Q
- Selbstvertrauen: gelber P
- Ego loslassen und einer höheren F. vertrauen: Hilarion Q
- durch Gott (»Dein Wille geschehe«): El Morya Q
- den richtigen Weg finden: Djwal Khul Q
- Kurskorrekturen vom inneren Lehrer: Maha Chohan Q
- in der Meditation F. erhalten: königsblauer P
- durch Träume: Pallas Athena Q
- durch die Engel des Lichts: Serapis Bey Q

Fülle
- an Liebe: The Christ Q
- des Lebens: orangefarbener P
- der Natur: Kuthumi Q
- und Vielfalt der Kulturen: Maha Chohan Q
- an Schöpferkraft: El Morya Q
- des Universums erkennen: Pallas Athena Q

Fürsorge
- für den Körper: roter P
- und Liebe in allen Dingen: rosafarbener P
- für Pflanzen, Tiere und Mineralwelt: Kuthumi Q
- im Alltag: tiefmagentafarbener P

Gebet
- um Liebe und Heilung bitten: tiefmagentafarbener P
- zur Erlösung von Schmerzen und Leid: Serapis Bey Q
- um Hilfe bei Transformationsprozessen bitten: St. Germain Q

Geborgenheit
- geliebt sein: Lady Nada Q
- von Gott geführt und getragen werden: El Morya Q
- wiederfinden: saphirblauer P

Gefühle zeigen: Maha Chohan Q

Gegenwart
- kraftvoll und leidenschaftlich leben: The Christ Q
- jetzt das eigene Licht strahlen lassen, nicht erst morgen: türkisfarbener P
- den Tag nutzen: St. Germain Q
- mit Klarheit erleben: Serapis Bey Q

Gelassenheit: Djwal Khul Q

Gemeinschaft leben
- im kleinen: olivgrüner P
- global: Maha Chohan Q

Geschenk
- zum Verschenken eignen sich allgemein: rosafarbener P, smaragdgrüner P

Glauben
- in die Führung Gottes: Lady Portia Q
- in sich selbst und die eigenen Fähigkeiten: gelber P
- »Ich bin der Weg, die Wahrheit, das Licht«: Hilarion Q
- »Dein Wille geschehe«: El Morya Q
- Glaubensstärke bei Schicksalsschlägen: saphirblauer P

Gleichgewicht siehe Harmonie

Gnade, göttliche
- auf Erden verankert: The Christ Q
- das Leben nehmen, wie es ist: Lady Portia Q
- »Dein Wille geschehe«: El Morya Q
- Erlösung: Serapis Bey Q

Harmonie
- in der Beziehung: Orion & Angelica Q
- im Urteilsvermögen: Lady Portia Q
- in der Kommunikation miteinander: türkisfarbener P
- in der Natur/kosmische Harmonie: Pallas Athena Q
- energetisches Gleichgewicht finden: smaragdgrüner P
- Mittelweg gehen: orangefarbener P

Heilung
- durch den Strom der göttlichen Liebe: The Christ Q
- durch sanfte, bedingungslose Liebe: rosafarbener P
- von tiefen seelischen Wunden: Sanat Kumara Q
- eines verletzten Herzens: smaragdgrüner P
- von Weltflucht: violetter P
- von Leid und Schmerz: Serapis Bey Q

Hellhörigkeit: königsblauer P

Hellsichtigkeit: königsblauer P

Herzensenergie
- in der Liebe: Lady Nada Q

Die praktische Arbeit mit den Essenzen

- Herzenswünsche erspüren: rosafarbener P
- das Herz öffnen: Hilarion Q
- mit dem Herzen sprechen: Maha Chohan Q
- Verbundenheit von Herz zu Herz: türkisfarbener P, rosafarbener P
- Schmerzen und Lasten des Herzens heilen: smaragdgrüner P

Hilfe und Unterstützung
- bei Problemen: Lao Tsu & Kwan Yin Q
- auf Reisen: Orion & Angelica Q
- bei tiefen seelischen Verletzungen: Sanat Kumara Q
- bei Veränderungen und Neuanfängen: Hilarion Q
- bei einem gebrochenen Herzen: smaragdgrüner P
- bei Geburten jeglicher Art: saphirblauer P
- bei der Transformation: St. Germain Q
- vom inneren Lehrer: Maha Chohan Q
- von den Engeln des Lichts: Serapis Bey Q
- Ego loslassen und Gott die Führung übergeben: El Morya Q

Himmel auf Erden
- Brücke zwischen Himmel und Erde herstellen: Sanat Kumara Q
- spirituell erwachen: St. Germain Q

Hingabe
- an das Leben: The Christ Q
- an Gott: Hilarion Q
- hinhören, was Gott von mir will: El Morya Q
- seiner Berufung folgen: gelber P

Höheres Selbst
- Sicherheit bei Entscheidungen: Hilarion Q
- Gottes Wille geschehe durch mich: El Morya Q

Horizont erweitern
- Zugang zur Welt der Engel und Naturgeister: Kuthumi Q
- Zugang zum Wasserelement: Maha Chohan Q
- grenzüberschreitend denken und handeln: Maha Chohan Q

- durch Meditation: königsblauer P
- Lebensplan erkennen: tiefmagentafarbener P

Identität
- sich selbst vertrauen: Lady Portia Q
- den richtigen Weg beschreiten: Djwal Khul Q
- sich zur eigenen Wahrheit bekennen: olivgrüner P
- Ego-Identität durch Hingabe an göttlichen Willen ersetzen: El Morya Q
- Transformation zulassen: St. Germain Q
- Farbe bekennen: weißer P

Innere Stimme
- eigene Bedürfnisse erkennen: Orion & Angelica Q
- die eigene Wahrheit sehen: Djwal Khul Q
- sich belehren lassen: Maha Chohan Q
- in der Meditation: königsblauer P

Inneres Kind
- Zugang zu: Orion & Angelica Q
- spielerisch leben: Lao Tsu & Kwan Yin Q

Intuition
- Zugang zu: Djwal Khul Q
- Bauchgefühl bei Entscheidungen: orangefarbener P
- bei der Selbstverwirklichung: goldener P

Klang
- allgemeiner Zugang: saphirblauer P
- liebevolle Worte, schöne Musik: Lady Nada Q
- der inneren Stimme lauschen: El Morya Q

Klarheit
- Selbsterkenntnis: Kuthumi Q
- des eigenen Wesens: Serapis Bey Q
- der richtige Weg: Hilarion Q
- was zu tun ist: Djwal Khul Q
- durch Transformation: St. Germain Q

Die praktische Arbeit mit den Essenzen 357

Kommunikation
- fördern: saphirblauer P
- mit den Naturgeistern: Kuthumi Q
- mit der Erde als lebendigem Wesen: Hilarion Q
- mit den Engeln des Lichts: Serapis Bey Q
- in der Gemeinschaft: olivgrüner P
- auf globaler Ebene: Maha Chohan Q
- und Nähe: türkisfarbener P
- von Herz zu Herz: Maha Chohan Q

Körper
- als Tempel der Seele: roter P
- als Ausdruck von Lebensfreude: Maha Chohan Q
- mit Fürsorge und Liebe behandeln: rosafarbener P
- mit Geist und Seele verbinden: tiefmagentafarbener P

Kreativität
- die inspiriert: türkisfarbener P
- und Freude: El Morya Q
- offenbart sich als Licht in der Welt: Pallas Athena Q

Lebensaufgabe
- Zugang zur Intuition: goldener P
- erkennen, was gut für mich ist: Hilarion Q
- hören, was Gott von mir will: El Morya Q

Lehrer, innerer: Maha Chohan Q

Leidenschaft für das Leben: The Christ Q; siehe auch Begeisterung

Licht
- durchflutet unser Sein: Serapis Bey Q
- eigenes Seelenlicht entdecken (wie eine Initiation): violetter P
- inneres L. nach außen strahlen lassen: goldener P
- das eigene L. weitergeben: türkisfarbener P
- das eigene L. nicht verleugnen: olivgrüner P
- in der Dunkelheit erkennen: tiefmagentafarbener P
- Klarheit in trübe Situationen bringen: weißer P

- Verbindung mit der violetten Flamme: St. Germain Q
- »Ich bin der Weg, die Wahrheit, das Licht«: Hilarion Q

Liebe
- allumfassende: The Christ Q
- bedingungslose: Lady Nada Q
- von Herzen kommend: smaragdgrüner P
- zum Leben: Maha Chohan Q
- zur Natur: Kuthumi Q
- zur Erde als Lebewesen: Hilarion Q
- im richtigen Verhältnis geben und nehmen: rosafarbener P
- sich selbst von innen heraus lieben: Sanat Kumara Q
- und Selbstachtung: gelber P
- in den kleinen Dingen des Lebens: tiefmagentafarbener P

Loslassen
- von alten Belastungen, Gedanken, Sorgen: Lao Tsu & Kwan Yin Q
- des Ego: El Morya Q
- um Platz für einen Neuanfang zu schaffen: Hilarion Q
- um Transformation zu ermöglichen: St. Germain Q
- um aufatmen zu können: smaragdgrüner P
- ohne zu wissen, was an Neuem auf mich zukommt: saphirblauer P

Lust
- als Schaffenskraft: dunkelroter P
- als körperlicher Ausdruck der Liebe: orangefarbener P
- und Freude am Leben: Maha Chohan Q

Meditation
- zur Vertiefung: königsblauer P
- um sich für die geistige Welt zu öffnen: violetter P

Meridian-Punkte energetisch schließen: tiefmagentafarbener P

Mineralreich
- Verbindung zu: Serapis Bey Q
- Zugang zu über kollektives Energiefeld: Maha Chohan Q

– energetische Reinigung von Kristallen: weißer P

Natur
– Verbindung aufnehmen: Hilarion Q
– Verbindung mit den Naturgeistern: Kuthumi Q
– Verbindung mit Baum-/Waldenergien: smaragdgrüner P
– Verbindung mit Wasserenergien: Maha Chohan Q

Naturgeister
– Kontakt zu Erdgeistern: Kuthumi Q
– Kontakt zu Wassergeistern: Maha Chohan Q

Neuanfang
– jederzeit dazu bereit sein: weißer P
– Platz für N. schaffen: Hilarion Q
– Altlasten loslassen: Lao Tsu & Kwan Yin Q
– Mut haben, ein Außenseiter zu sein: olivgrüner P
– im Licht stehen/Erlösung: Serapis Bey Q

Offenbarung
– des Himmels auf Erden: Sanat Kumara Q
– meines Weges, meiner Wahrheit und meines Lichts: Hilarion Q
– des Lichts Gottes durch mich: olivgrüner P
– der Schöpferkraft in mir: Maha Chohan Q
– Gottes Wille geschehe durch mich: El Morya Q
– in der Meditation fördern: königsblauer P
– Zugang zum eigenen Lebensplan: tiefmagentafarbener P
– des kosmischen Lichtstroms: Serapis Bey Q

Raum
– zur inneren Einsicht: Hilarion Q
– für Leichtigkeit, Spiel und Freude: Maha Chohan Q
– um auf innere Fragen Antworten zu bekommen: Djwal Khul Q
– um offene Wunden auf allen Ebenen auszuheilen: weißer P
– um in die violette Flamme der Transformation einzutauchen: St. Germain Q

- sich in R. und Zeit zurechtfinden: tiefmagentafarbener P
- zur energetischen Reinigung eines R.: weißer P
- zur harmonischen energetischen Aufladung eines R.: rosafarbener P
- zwischen therapeutischen Behandlungen R. schaffen: smaragdgrüner P

Reinigung
- durch die Kraft der violetten Flamme: St. Germain Q
- sich erlöst und erleichtert fühlen: Serapis Bey Q
- der Energie von Räumen: weißer P

Ruhe finden
- allgemein: saphirblauer P
- trotz Verzweiflung und Erschöpfung: violetter P

Schönheit
- der Natur: Hilarion Q
- der Schöpfung: Pallas Athena Q

Schutz
- in negativen Situationen: roter P, dunkelroter P
- in Notfallsituationen (auf allen Ebenen): tiefmagentafarbener P
- energetischer Schutzmantel: saphirblauer P
- zur Heilung von offenen Wunden: weißer P
- auf Reisen: Orion & Angelica Q
- bei Veränderungen: Orion & Angelica Q
- in Gott ruhen: El Morya Q

Seelenstern: tiefmagentafarbener P

Selbstverwirklichung
- im täglichen Leben: St. Germain Q
- das eigene Potential leben: goldener P
- in Einklang mit dem göttlichen Willen: El Morya Q
- erkennen, wo ich in meinem Leben richtig oder falsch liege: Hilarion Q
- liebevoll mit sich selbst umgehen: The Christ Q

- Verbindung mit dem eigenen inneren göttlichen Funken: violetter P

Sensitivität schulen: königsblauer P

Sicherheit
- in bedrohlichen Situationen: roter P, dunkelroter P
- und Schutz: saphirblauer P
- in Notfällen: tiefmagentafarbener P
- getragen sein: El Morya Q

Stabilität: roter P

Stille
- um Antworten zu finden: Djwal Khul Q
- um dem höheren Willen zu folgen: El Morya Q

Symbolwelt
- in Träumen: Pallas Athena Q
- in der Meditation: königsblauer P
- in Astrologie, Tarot usw.: Djwal Khul Q
- altes Wissen neu ans Licht bringen: Maha Chohan Q

Toleranz: Lady Portia Q

Transformation
- Bereitschaft zur: Lao Tsu & Kwan Yin Q
- das innere Licht nach außen kehren: goldener P
- der Schattenbereiche: Serapis Bey Q
- Erlösung von alten Mustern/Reinigung: St. Germain Q
- Schutz im Wandlungsprozeß: saphirblauer P

Träume
- Zugang zu: Pallas Athena Q
- Symbolsprache: Pallas Athena Q
- in Erinnerung behalten: Orion & Angelica Q

Übergänge
- geographisch (Umzüge, Reisen, Zeitzonen): Orion & Angelica Q
- Brücke zwischen Engel, Mensch und Natur: Kuthumi Q
- Schutz: saphirblauer P

- ohne Angst bewältigen: St. Germain Q

Veränderung
- vornehmen: Lao Tsu & Kwan Yin Q
- dauerhaft zulassen: St. Germain Q
- sicher bewältigen: Orion & Angelica Q
- Mut und Risikobereitschaft: gelber P
- im Sinne des eigenen Lebensplans: Hilarion Q

Vergangenheit
- loslassen, um einen neuen Weg einzuschlagen: smaragdgrüner P
- Schocks, Verletzungen heilen und loslassen: Sanat Kumara Q

Vergebung
- auf allen Ebenen: tiefmagentafarbener P
- von Schuld und Schamgefühlen: Lady Nada Q
- von Enttäuschung und Verletzungen: smaragdgrüner P

Verletzungen heilen
- allgemein: tiefmagentafarbener P
- alte: Lao Tsu & Kwan Yin Q
- tiefe, emotionale: Sanat Kumara Q
- des Herzens: smaragdgrüner P

Verwirklichung siehe Selbstverwirklichung

Vorbild sein: Maha Chohan Q

Wahrheit
- göttliche: Hilarion Q
- eigene: Djwal Khul Q

Wasserelement: Maha Chohan Q

Weisheit
- der inneren W. vertrauen: Lady Portia Q
- Zugang zur inneren W.: Djwal Khul Q
- Zugang zur höheren, übergeordneten W.: Maha Chohan Q

Wissen
- Zugang zu kollektivem W.: Kuthumi Q
- in Sinne von Selbstbewußtheit: Kuthumi Q

- um den richtigen Platz im Leben zu finden: Hilarion Q
- was Gottes Wille für mich ist: El Morya Q

Zeit
- für die Herzensliebe: Lady Nada Q
- für Veränderung: Lao Tsu & Kwan Yin Q
- zum Spielen: Maha Chohan Q
- um Kummer und Wunden zu heilen: smaragdgrüner P
- Zeitzonenwechsel gut verkraften: Orion & Angelica Q
- sich in Raum und Z. zurechtfinden: tiefmagentafarbener P
- Zeitqualität: St. Germain Q

Schattenarbeit

Abgrenzung, Probleme mit
- mangelnde Standfestigkeit: roter P
- und Gefahr der Bedrohung: dunkelroter P
- mal zu offen, mal zu verschlossen sein: türkisfarbener P
- in himmlische Sphären »abheben«: königsblauer P
- sich mit Aufgaben überlasten: weißer P
- als Therapeut gegenüber Klienten: smaragdgrüner P

Abhängigkeit
- vom Zuspruch anderer: Sanat Kumara Q
- von Suchtmitteln siehe Suchterkrankungen

Abszeß
- in der Entzündungsphase: saphirblauer P
- zur Ausleitung: weißer P

Abwehrschwäche
- bei Mangel an Vitalität: roter P
- Überlastung des Organismus: weißer P
- zur Stärkung der Abwehrkräfte: smaragdgrüner P

- zur Regeneration: tiefmagentafarbener P
- bei HIV-Infektionen: türkisfarbener P

Adenoide Wucherungen (Polypen): saphirblauer P

Agoraphobie (Platzangst): dunkelroter P

Aids
- zur Stärkung des Immunsystems: türkisfarbener P
- zur Regeneration, für Kraft/Schutz: tiefmagentafarbener P

Akne
- entzündungshemmende Wirkung: weißer P
- in der Pubertät: violetter P

Alkoholismus
- bei Selbsthaß: The Christ Q
- bei exzessiver Genußsucht: roter P, dunkelroter P
- bei dem geheimen Wunsch, den Körper zu zerstören: Sanat Kumara Q
- bei der Tendenz, sich in der Selbstverwirklichung zu blockieren: goldener P
- um dem irdischen Dasein zu entfliehen: St. Germain Q, violetter P

Allergie
- allgemein: weißer P
- empfindsame, nervöse Menschen: goldener P

Altersschwerhörigkeit: königsblauer P

Altersweitsichtigkeit: königsblauer P

Alzheimer-Krankheit: violetter P

Amenorrhoe: rosafarbener P

Amnesie: violetter P

Angina pectoris
- zu wenig Freiraum: smaragdgrüner P
- stiller Herzschmerz: türkisfarbener P

Angst
- generell: gelber P
- vor bevorstehender Veränderung: Lao Tsu & Kwan Yin Q

- vor derzeitiger Transformation: St. Germain Q
- den äußeren Ansprüchen nicht gerecht zu werden: Lady Portia Q
- den falschen Schritt zu tun: Djwal Khul Q
- enttarnt zu werden: olivgrüner P
- vor Nähe: türkisfarbener P
- Panik: saphirblauer P

Apathie
- mangelnde Vitalität: dunkelroter P
- bei Trägheit/Faulheit: gelber P
- als Ausweichmanöver: goldener P

Aphten: weißer P
Appetitlosigkeit: gelber P
Armutsdenken siehe Geiz
Arroganz/Hochmut: königsblauer P
Arterienverkalkung: violetter P
Arthrose: violetter P

Asthma bronchiale
- bei nervösen, ängstlichen Menschen: olivgrüner P
- chronisch-entzündlich: smaragdgrüner P

Aszites (Neigung zu Ödemen)
- bei Leberschäden: gelber P
- bei sonstigen Insuffizienzen: olivgrüner P
- zur allgemeinen Ausleitung/Reinigung: weißer P

Atemwegserkrankungen
- wenn sie chronisch sind: türkisfarbener P
- wenn die Bronchien betroffen sind: smaragdgrüner P
- wenn nur die oberen Atemwege betroffen sind: saphirblauer P

Augenprobleme: königsblauer P
Aura, geschwächt nach Unfall, Operation, Schock: orangefarbener P

Ausdauer, mangelnde
- körperlich: roter P

- bei der Durchsetzung von Vorhaben: gelber P
Ausfluß: weißer P
Autismus
- Verbindung von Herz zu Herz: Maha Chohan Q
- Förderung von Kommunikation: türkisfarbener P

Autoimmunkrankheiten
- mangelnde Selbstliebe: rosafarbener P
- bei HIV-Infektionen: türkisfarbener P

Bänderriß: tiefmagentafarbener P
Bandscheibenvorfall: smaragdgrüner P, roter P
Basedow-Krankheit: türkisfarbener P
Bauchfellentzündung: tiefmagentafarbener P
Bauchspeicheldrüsenerkrankungen: gelber P
Bechterew-Krankheit
- unflexible Haltung: rosafarbener P
- zu nachgiebig, nicht genug innere Stabilität: smaragdgrüner P

Bettnässen: orangefarbener P
Bindegewebsschwäche: roter P
Bindehautentzündung: königsblauer P
Blähungen: goldener P
Blasenerkrankungen: orangefarbener P
Blinddarmreizung/-entzündung
- im akuten Stadium: königsblauer P
- zur Nachbehandlung: orangefarbener P

Blutarmut: roter P
Bluterguß: violetter P
Bluterkrankheit: tiefmagentafarbener P
Bluthochdruck: smaragdgrüner P
Blutniederdruck
- mangelnde Vitalität: roter P
- mangelnde Lebensfreude: gelber P
- mehr Lebenslust: orangefarbener P

Blutvergiftung: weißer P

Borreliose: orangefarbener P
Bronchitis
- im akuten Stadium: smaragdgrüner P
- chronische Form: türkisfarbener P
- leichte Form: saphirblauer P

Brustfellentzündung: türkisfarbener P
Brustkrebs
- zuwenig Liebe im Leben: smaragdgrüner P
- nach einer Trennung: olivgrüner P
- um das Zellwachstum zu verlangsamen: violetter P

Bulimie
- Mangel an Liebe im Leben: rosafarbener P
- selbstzerstörerische Tendenz: Sanat Kumara Q
- Schwierigkeiten zu genießen: olivgrüner P

Burnout-Syndrom
- auf der körperlichen Ebene: dunkelroter P
- wegen andauernder emotionaler Verletzung: smaragdgrüner P
- bei totaler Resignation: saphirblauer P
- sich verloren fühlen: violetter P
- vollständige Erschöpfung: tiefmagentafarbener P

Cholesterinspiegel, hoher: smaragdgrüner P
Colitis ulcerosa: goldener P, rosafarbener P
Darmerkrankungen: goldener P
Depression
- wegen mangelnder Liebe: rosafarbener P
- das Gefühl, ein völliger Versager zu sein: goldener P
- das Gefühl, nirgends zu Hause zu sein: Hilarion Q
- keinen Lebenssinn sehen: El Morya Q
- weil sensitive Gaben keinen Ausdruck finden: königsblauer P
- Winterdepression: gelber P
- und Verzweiflung: violetter P

Dermatitis: saphirblauer P
Destruktives Verhalten siehe Zerstörungstendenz

Diabetes mellitus: gelber P, rosafarbener P
Disziplinmangel
- weil es an Eigenliebe fehlt: rosafarbener P
- bei fehlender Zentriertheit: orangefarbener P
- wegen ständiger Ablenkung: tiefmagentafarbener P
- bei negativen Gewohnheiten: St. Germain Q
- als Flucht vor der Selbstverwirklichung: goldener P
- dadurch die Kreativität nicht realisieren: Pallas Athena Q

Distanziertes Verhalten: türkisfarbener P
Down-Syndrom: tiefmagentafarbener P
Durchblutungsstörungen: violetter P
Durchfall
- allgemein: königsblauer P
- bei Angst und Nervosität: goldener P

Durchsetzungsvermögen, mangelndes
- wegen Unsicherheit: Lady Portia Q
- wegen Ablenkung durch andere: El Morya Q

Egoismus
- das Leben nur oberflächlich genießen wollen: Hilarion Q
- Gefühllosigkeit: Maha Chohan Q
- offene Ablehnung der geistig-spirituellen Welt: königsblauer P
- zu starke Identifikation mit dem Körper: tiefmagentafarbener P

Eierstockerkrankungen: rosafarbener P
Einsamkeit
- sich nirgends zugehörig fühlen: Sanat Kumara Q
- Sehnsucht nach der geistigen Welt: Kuthumi Q
- Wunsch nach Gemeinschaft: olivgrüner P
- Schwierigkeiten, sich mitzuteilen: Maha Chohan Q
- das Gefühl, von Gott verlassen zu sein: saphirblauer P
- das Gefühl, abgeschnitten zu sein: tiefmagentafarbener P
- und große Verzweiflung: violetter P

Ekzem: goldener P

Emotionale Verletzung
- in der Liebe: rosafarbener P
- sehr tiefe Wunden: Sanat Kumara Q

Enttäuschung in der Liebe
- zur Heilung des Herzens: smaragdgrüner P
- verzeihen und loslassen: tiefmagentafarbener P

Entzündungen: smaragdgrüner P
Epilepsie: tiefmagentafarbener P
Erbrechen: gelber P

Erkältungen
- leichte Form: saphirblauer P
- chronische Form: königsblauer P
- zur Ausleitung: weißer P

Erschöpfung
- auf allen Ebenen: tiefmagentafarbener P
- des Körpers: roter P, dunkelroter P
- weil man ständig auf Widerstand stößt: violetter P
- wegen Überlastung: weißer P

Fehlgeburt:
- akute Phase: tiefmagentafarbener P
- Nachbereitung und Neuanfang: weißer P

Fettleber: goldener P
Fieber: königsblauer P

Flugangst
- Vertrauen: saphirblauer P
- Schutz und Sicherheit: Orion & Angelica Q

Frigidität: orangefarbener P
Frühgeburt: saphirblauer P

Frühjahrsmüdigkeit
- mit Erschöpfung: roter P
- mit Depression: gelber P

Furunkel: türkisfarbener P
Fußpilz: weißer P

Gallenblasenerkrankungen
- bei Bitterkeit: gelber P
- bei eingeschränkter Genußfähigkeit: olivgrüner P

Ganglion: smaragdgrüner P

Gebärmuttererkrankungen: rosafarbener P

Geburt eines Kindes, Probleme bei
- Geborgenheit: saphirblauer P
- in Liebe gebettet sein: rosafarbener P

Gehirnerkrankungen: saphirblauer P

Geiz
- aus einem Gefühl des Mangels: The Christ Q
- als Kindheitsmuster: Lady Nada Q
- aus Angst vor Verlust: Hilarion Q
- Verweigerung, sich der Fülle des Lebens zu öffnen: Pallas Athena Q

Gelenkerkrankungen: smaragdgrüner P

Genußsucht
- Zügellosigkeit: orangefarbener P
- ständiger Hunger nach Befriedigung: Hilarion Q
- Flucht vor Spiritualität: violetter P
- auf Kosten anderer: türkisfarbener P

Gerstenkorn: weißer P

Geschlechtskrankheiten
- Mangel an Herzensliebe: rosafarbener P
- sexuelle Ausschweifungen: orangefarbener P

Geschwüre: tiefmagentafarbener P

Gicht
- im akuten Schub: violetter P
- Reinigung/Ausleitung nach dem akuten Schub: weißer P

Glaukom (Grüner Star): königsblauer P

Grippe
- zur Ausleitung: weißer P
- bei wiederkehrenden Infekten: türkisfarbener P

- leichte Form: saphirblauer P

Größenwahn
- in Traumvorstellungen gefangen sein: königsblauer P
- das Gefühl, auserwählt zu sein: violetter P

Gürtelrose: violetter P
Haarausfall: violetter P
Halluzinationen: königsblauer P
Halsschmerzen/-entzündungen: saphirblauer P
Hämorrhoiden: saphirblauer P

Haß
- wenn Liebe in H. umschlägt: The Christ Q
- auf sich selbst: Sanat Kumara Q
- im Inneren verborgen: smaragdgrüner P
- wenn man nicht verzeihen kann: tiefmagentafarbener P

Hautausschlag
- bei Überempfindlichkeit: olivgrüner P
- aus Nervosität: violetter P
- ohne Juckreiz: goldener P

Heimatlosigkeit
- mit Sehnsucht nach dem Licht: The Christ Q
- sich allein gelassen fühlen: Orion & Angelica Q
- nirgendwo auf der Welt zu Hause sein: Djwal Khul Q
- nicht wissen, wozu man lebt: El Morya Q
- um ein neues Zuhause zu finden: Serapis Bey Q

Heiserkeit
- nach zuviel Sprechen: saphirblauer P
- vor öffentlichen Auftritten: türkisfarbener P

Herpes labialis: weißer P

Herz-Kreislauf-Beschwerden
- allgemein: smaragdgrüner P
- bei leichten Beschwerden: türkisfarbener P

Herzinfarkt
- zuviel Arbeit, nicht genug Freizeit: olivgrüner P

- Mangel an liebevoller Zuwendung: rosafarbener P
- nach emotionalen Verletzungen: smaragdgrüner P

Herzrhythmusstörungen
- leichte Beschwerden: türkisfarbener P
- starke Beschwerden: smaragdgrüner P

Heuschnupfen: weißer P

Hexenschuß: smaragdgrüner P

Hitzewallungen: türkisfarbener P

Hodenerkrankungen
- Sehnsucht nach Herzensliebe: rosafarbener P
- Bedürfnis nach grenzenloser Nähe: türkisfarbener P

Hodgkin-Krankheit: tiefmagentafarbener P

Hornhauterkrankungen: königsblauer P

Hörsturz: königsblauer P

Hüftschmerzen: violetter P

Hühneraugen: tiefmagentafarbener P

Hyperaktivität
- den Gefühlen davonlaufen: Hilarion Q
- fehlende Ruhephasen: Djwal Khul Q
- sich von äußeren Faktoren hetzen lassen: El Morya Q
- bei sensiblen Kindern: königsblauer P
- aus Angst vor der Stille: violetter P
- bei Aversion gegen die Farbe Violett: rosafarbener P und saphirblauer P im Wechsel

Hypochondrie
- um Liebe und Zuwendung zu erhalten: The Christ Q
- sich dem Leben nicht stellen: roter P
- Überidentifikation mit dem Körper: tiefmagentafarbener P

Hypoglykämie
- durch Alkoholmißbrauch: Sanat Kumara Q
- wenn das Leben bitter schmeckt: rosafarbener P

Husten
- wenn man oft überhört wird: türkisfarbener P

- bei bronchialen Infekten/Erkältung: saphirblauer P

Immunschwäche siehe Abwehrschwäche
Impotenz: orangefarbener P
Inkontinenz: orangefarbener P
Insektenstiche: weißer P
Ischias: olivgrüner P
Jetlag: Orion & Angelica Q
Juckreiz: königsblauer P
Kachexie: tiefmagentafarbener P
Karies: roter P
Karpaltunnel-Syndrom: weißer P
Katarakt (Grauer Star): königsblauer P
Kehlkopferkrankungen: saphirblauer P
Keuchhusten: smaragdgrüner P
Klaustrophobie: Djwal Khul Q
Klimakterische Beschwerden
- akut: tiefmagentafarbener P
- Lebenslust fördern: orangefarbener P

Knochenbrüche: rosafarbener P
Knochenerkrankungen: violetter P
Koliken: orangefarbener P
Kommunikationsprobleme
- aus Angst vor Kritik: Lady Portia Q
- aus Schüchternheit: olivgrüner P
- bei der Äußerung von Gefühlen und Emotionen: Maha Chohan Q
- bei öffentlichen Auftritten: türkisfarbener P
- wegen Übertreibung/Unehrlichkeit: saphirblauer P

Konzentrationsprobleme
- allgemein: violetter P
- bei leichter Ablenkbarkeit durch äußere Faktoren: El Morya Q
- bei mangelnder Disziplin: Pallas Athena Q

Kopfschmerzen
- allgemein: violetter P
- zermürbende: tiefmagentafarbener P

Krampfadern: violetter P

Krämpfe: königsblauer P

Krebs
- viel unterdrückter Kummer: smaragdgrüner P
- Selbstverleugnung/emotionale Verletzung: olivgrüner P
- zur Aktivierung der Selbstheilungskräfte: violetter P

Kritiksucht: Lady Portia Q

Kropf: türkisfarbener P

Krupp/Pseudokrupp: smaragdgrüner P

Kummer
- das Gefühl, darin festzustecken: Lao Tsu & Kwan Yin Q
- mit Wut und emotionaler Verletzung: smaragdgrüner P

Kurzsichtigkeit: türkisfarbener P

Lähmungen: roter P

Lampenfieber: türkisfarbener P

Lebensmüdigkeit
- als Flucht vor den Aufgaben: goldener P
- wegen völliger Erschöpfung: tiefmagentafarbener P

Lebererkrankungen
- allgemein: gelber P
- mit depressiver Verstimmung: goldener P

Leidensdruck, ständiger
- Tendenz zu Pessimismus: goldener P
- bei einer Anhäufung von schmerzhaften Ereignissen: tiefmagentafarbener P

Leistenbruch: olivgrüner P

Leukämie: tiefmagentafarbener P

Lügen, Tendenz zu
- um Eindruck zu machen: Djwal Khul Q
- um Vorteile zu erlangen: Maha Chohan Q

- aus Angst vor Ablehnung: olivgrüner P
- aus Nachgiebigkeit: El Morya Q
- um aus einer ungünstigen Situation herauszukommen: saphirblauer P

Lungenerkrankungen
- bei Abwehrschwäche: türkisfarbener P
- wegen Nikotinmißbrauch: saphirblauer P
- zur Aktivierung der Selbstheilungskräfte: violetter P

Lymphadenitis
- bei Schmerzen: tiefmagentafarbener P
- Raum zur Heilung: weißer P

Machtstreben
- aufgrund von Härte/Bestrafung in der Kindheit: Lady Nada Q
- Angst vor Nähe und Liebe: rosafarbener P
- als Kompensation der inneren Unsicherheit: gelber P
- bei tiefen Gefühlen der inneren Unzulänglichkeit: Pallas Athena Q
- aus Wunsch nach Kontrolle: Hilarion Q
- um Bewunderung und Anerkennung zu bekommen: olivgrüner P
- sich spirituell überlegen fühlen: königsblauer P

Magen-Darm-Grippe
- leichte Form: gelber P
- schwere Form: orangefarbener P

Magenerkrankungen
- allgemein: gelber P
- Lebensmittelunverträglichkeit: olivgrüner P

Magenschleimhautentzündung
- allgemein und bei Streß: violetter P
- bei Überempfindlichkeit: olivgrüner P

Magenverstimmung: gelber P

Magersucht
- sich dem Leben verweigern: olivgrüner P

- bei einer tiefer Sehnsucht nach äußeren Liebesbeweisen: Sanat Kumara Q
- zur Unterstützung der Eigenliebe: rosafarbener P

Mandelentzündung: saphirblauer P
Manisch-depressive Erkrankung: tiefmagentafarbener P
Masern: königsblauer P
Materialismus
- nur nach dem Lustprinzip leben: orangefarbener P
- Sammeltick: Hilarion Q
- sich auf Kosten anderer bereichern: türkisfarbener P
- als Flucht vor tieferen inneren Entwicklungsschritten: violetter P
- als Kompensation bei Minderwertigkeitsgefühlen: Pallas Athena Q

Melanom
- bei damit verbundener Angst: türkisfarbener P
- sich selbst bedingungslos lieben: rosafarbener P

Meniskusverletzung: dunkelroter P
Menstruationsstörungen: rosafarbener P
Midlife-crisis
- fehlende Leidenschaft im Leben: The Christ Q
- Fernweh und Sehnsucht nach Veränderung: Maha Chohan Q
- Frage nach dem Sinn und Zweck des Lebens: El Morya Q
- das Leben von innen heraus neu gestalten: Serapis Bey Q

Migräne: violetter P
Minderwertigkeitskomplexe
- eigene überkritische Haltung/überkritische Eltern: Lady Portia Q
- mangelndes Vertrauen in die eigenen Fähigkeiten: El Morya Q
- pessimistische Haltung: gelber P
- Angst, ein Versager zu sein: goldener P
- Angst vor Ablehnung/Ausgrenzung: olivgrüner P
- Angst, nicht ernstgenommen zu werden: Maha Chohan Q

Die praktische Arbeit mit den Essenzen

Mittelohrentzündung: königsblauer P
Mononukleose (Pfeiffersches Drüsenfieber)
- während der Fieberschübe: königsblauer P
- nach den Fieberschüben: roter P

Morbus Crohn: orangefarbener P
Motivation, fehlende siehe Disziplin, mangelnde
Mukoviszidose: türkisfarbener P
Multiple Sklerose
- zur inneren Mobilität/Einstellung: El Morya Q
- bei akuten Problemen: tiefmagentafarbener P

Mumps
- in der akuten Phase: königsblauer P
- zur Nachbereitung: violetter P

Muskelverspannungen
- durch Streß und innere Anspannung: türkisfarbener P
- durch zuviel Sport: violetter P

Mutlosigkeit
- mangelndes Durchsetzungsvermögen: Lady Portia Q
- mangelndes Selbstwertgefühl: gelber P
- sich nicht trauen, Träume zu verwirklichen: goldener P
- Angst vor Ablehnung: olivgrüner P
- Angst vor Zensur der eigenen kreativen Fähigkeiten: türkisfarbener P

Myom: rosafarbener P
Nackensteifigkeit
- bei Starrsinn/Unflexibilität: königsblauer P
- bei Überlastung: weißer P

Nagelpilz: weißer P
Nasenbluten:
- leichte Form: roter P
- schwere Form: dunkelroter P

Nebenhöhlenentzündung
- akut: königsblauer P

- chronisch: weißer P

Nervenentzündung: saphirblauer P

Nervenzusammenbruch: tiefmagentafarbener P

Nervosität
- leichte Form: gelber P
- sehr starke Form: violetter P
- und Hektik: Hilarion Q

Neurodermitis
- allgemein: olivgrüner P
- bei Berührungsängsten: orangefarbener P

Nierenerkrankungen: gelber P

Nierensteine: weißer P

Ödem: weißer P

Ohrenentzündung/-schmerzen
- leichte Form: weißer P
- schmerzhaft/wiederkehrend: königsblauer P

Ohrgeräusche: königsblauer P

Operationen (zur Nachbearbeitung): orangefarbener P

Orientierungslosigkeit
- zur falschen Zeit am falschen Ort sein: Hilarion Q
- den nächsten Schritt nicht wissen: Djwal Khul Q
- das Leben erscheint sinnlos: El Morya Q
- den höheren Zweck des Lebens nicht erkennen: Serapis Bey Q
- das Gefühl, nicht weiterzukommen: St. Germain Q
- sich in der Welt fremd fühlen: violetter P
- das Gefühl, keine eigene Identität zu haben: weißer P

Osteoporose: roter P

Panikattacken
- in der akuten Situation als energetischer Schutzschild: dunkelroter P
- zur Beruhigung nach einer Attacke: königsblauer P
- bei Erschöpfung nach einer Attacke: tiefmagentafarbener P

Parkinson-Krankheit
- allgemein: tiefmagentafarbener P
- Sprachstörungen: türkisfarbener P

Parodontose
- zur Aktivierung der Heilkraft: weißer P
- besser für den Körper/Zähne sorgen: roter P

Perfektionismus: goldener P

Pessimismus
- aus Mangel an Selbstvertrauen: gelber P
- das irdische Dasein als Joch empfinden: königsblauer P
- mit gleichzeitiger Angst vor Veränderung: St. Germain Q
- Schönheit und Fülle in den alltäglichen Dingen nicht erkennen: Pallas Athena Q

Prellungen: saphirblauer P

Prostatabeschwerden
- vor dem 50. Lebensjahr: violetter P
- nach dem 50. Lebensjahr: tiefmagentafarbener P

Psychosen
- zur Abgrenzung auf der geistigen Ebene: königsblauer P
- zur Stärkung der Aura: orangefarbener P
- zur Harmonisierung von Körper, Geist und Seele: tiefmagentafarbener P

Pubertätsbeschwerden
- hormonell bedingt: orangefarbener P
- Identitätsprobleme: violetter P

Querschnittslähmung
- zu Beginn: orangefarbener P
- Hilflosigkeit, Wut und Gefühl, Kopf ist komplett vom Körper getrennt: tiefmagentafarbener P
- um wieder am Leben teilzunehmen: goldener P
- um sich trotzdem zu lieben: rosafarbener P

Rauchen: saphirblauer P
Reisekrankheit: saphirblauer P

Resignation
- als Gegenmittel: gelber P
- Hoffnung schöpfen: saphirblauer P

Rheumatismus
- allgemein: violetter P
- bei akuten Schüben: saphirblauer P

Röteln: smaragdgrüner P

Rückenschmerzen: olivgrüner P

Scharlach
- allgemein: tiefmagentafarbener P
- bei starken Halsschmerzen/Schluckbeschwerden: königsblauer P

Scheidenentzündung
- zu Beginn der Entzündung: weißer P
- im späteren Verlauf der Entzündung: rosafarbener P

Schizophrenie siehe Psychose

Schlafdrang
- Mangel an Vitalität: roter P
- Flucht in den Schlaf: tiefmagentafarbener P

Schlaflosigkeit
- wenn die Gedanken hindern: violetter P
- bei tiefer Erschöpfung: tiefmagentafarbener P

Schlaganfall: violetter P

Schilddrüsenüberfunktion
- allgemein: saphirblauer P
- leichte Form: türkisfarbener P

Schilddrüsenunterfunktion
- allgemein: saphirblauer P
- leichte Form: türkisfarbener P

Schleimbeutelentzündung
- leichte Form: saphirblauer P
- schwere Form: königsblauer P

Schleudertrauma: tiefmagentafarbener P

Die praktische Arbeit mit den Essenzen

Schmerzüberempfindlichkeit: tiefmagentafarbener P

Schnarchen
- leichte Form: saphirblauer P
- schwere Form: violetter P

Schockerlebnisse
- das Gefühl, neben sich zu stehen: tiefmagentafarbener P
- um die Aura zu stärken/schließen: orangefarbener P

Schüchternheit
- allgemein: Kuthumi Q
- in geselliger Runde: türkisfarbener P

Schuldgefühle
- überkritisch sein: Lady Portia Q
- um loszulassen und zu lieben: Lady Nada Q
- um zu vergeben und neu anzufangen: smaragdgrüner P

Schuppenflechte
- zu Beginn: dunkelroter P
- im weiteren Verlauf: türkisfarbener P

Schutz
- von Körper, Geist und Seele: tiefmagentafarbener P
- vor extrem negativen Energien: dunkelroter P
- um keine Energie zu verlieren: roter P
- bei dem Gefühl, ständig erschöpft zu sein: orangefarbener P
- bei Mangel an Liebe und Geborgenheit: Lady Nada Q
- auf Reisen: Orion & Angelica Q
- bei der Meditation: königsblauer P
- um zur Ruhe zu kommen: saphirblauer P
- um Raum zur Heilung zu schaffen: weißer P

Schwangerschaftsbeschwerden
- in den ersten fünf Monaten: rosafarbener P
- ab dem sechsten Monat: saphirblauer P

Schwerhörigkeit
- Kommunikationsprobleme: El Morya Q
- bei hochsensiblen Menschen: königsblauer P

Sehnenscheidenentzündung: violetter P
Selbstbewußtsein, mangelndes
- Mangel an Ehrgeiz und Ausdauer: gelber P
- Angst vor Ablehnung: olivgrüner P

Selbstmordgedanken
- überwältigendes Gefühl von Sinnlosigkeit und Leere im Leben: saphirblauer P
- in kritischen, schmerzhaften Situationen: tiefmagentafarbener P
- um Licht und Hilfe ins Leben zu bringen: Serapis Bey Q

Sexueller Mißbrauch
- zur Stärkung der Aura: orangefarbener P
- zur Heilung der seelischen Wunden: Sanat Kumara Q
- um Körper, Geist und Seele zu vereinigen: tiefmagentafarbener P

Sodbrennen: olivgrüner P
Sonnenbrand
- zur Beruhigung der Haut: violetter P
- im weiteren Verlauf: weißer P

Spastik: tiefmagentafarbener P
Sterbebegleitung
- friedlicher Übergang: saphirblauer P
- bei dem Gefühl, verlassen zu sein: tiefmagentafarbener P
- loslassen: Serapis Bey Q

Stillprobleme: rosafarbener P
Stottern
- Probleme in der Kommunikation: türkisfarbener P
- Schwierigkeiten, die richtigen Worte zu finden: saphirblauer P

Streß
- zuviel Arbeit, zuwenig Liebe: rosafarbener P
- zur Ruhe finden: El Morya Q

Suchterkrankungen
- Selbsthaß: The Christ Q

Die praktische Arbeit mit den Essenzen 383

- Eßstörungen: olivgrüner P
- Nikotinsucht: saphirblauer P
- exzessive Genußsucht: roter, dunkelroter P
- sich selbst blockieren: goldener P
- destruktives Verhalten: Sanat Kumara Q
- Flucht aus dem Leben: St. Germain, violetter P

Taubheit
- sich der Welt verschließen: königsblauer P
- zur Erdung: roter P

Tennisarm: violetter P (das rechte Maß finden)

Thrombose
- akute Phase: königsblauer P
- im weiteren Verlauf: weißer P

Trauer
- damit die Herzensenergie offen bleibt: smaragdgrüner P
- in der Phase des Abschieds: saphirblauer P
- wenn der Schmerz überwältigt: tiefmagentafarbener P
- loslassen und neu anfangen: Serapis Bey Q

Traumata
- körperlich: orangefarbener P
- seelisch: Sanat Kumara Q
- Harmonisierung von Körper, Geist und Seele: tiefmagentafarbener P

Trennungen, schmerzhafte
- bei Liebesbeziehungen: The Christ Q
- plötzlich, gewaltsam: Sanat Kumara Q
- loslassen, verzeihen: tiefmagentafarbener P

Überempfindlichkeit
- gegenüber äußeren Eindrücken: dunkelroter P
- bei Kritik: Lady Portia Q
- das Gefühl, ausgelaugt zu werden: tiefmagentafarbener P

Übergewicht
- träger Stoffwechsel: roter P

- den Körper lieben: rosafarbener P
- am Leben teilnehmen: olivgrüner P

Unausgeglichenheit
- mit dem Gefühl, energetisch ausgelaugt zu sein: orangefarbener P
- unerfüllt und ängstlich sein: gelber P
- Unzufriedenheit: Djwal Khul Q
- himmelhoch jauchzend, zu Tode betrübt sein: violetter P

Unfall
- als Erste-Hilfe-Maßnahme: tiefmagentafarbener P
- um den Schock zu überwinden: orangefarbener P

Unfruchtbarkeit
- allgemein: rosafarbener P, königsblauer P
- wenn Mann und Frau sehr gegensätzlich sind: tiefmagentafarbener P

Unsicherheit siehe Orientierungslosigkeit, Schüchternheit, Selbstbewußtsein, mangelndes

Untergewicht
- um den Stoffwechsel anzukurbeln: roter P
- zur besseren Nahrungsverwertung: gelber P
- Körper und Geist vereinigen: tiefmagentafarbener P

Venenentzündung: saphirblauer P

Verbrennung: weißer P

Verdauungsbeschwerden: goldener P

Verführbarkeit
- auf der körperlichen Ebene: königsblauer P
- auf der spirituellen Ebene: dunkelroter P
- Unersättlichkeit: Hilarion Q
- aus Angst vor Spiritualität: violetter P

Vergiftung: weißer P

Verstauchungen
- als Erste-Hilfe-Maßnahme: tiefmagentafarbener P
- zur Abschwellung: violetter P

Verstopfung: orangefarbener P
Verzweiflung
- gebrochenes Herz: smaragdgrüner P
- Einsamkeit: violetter P
- um Hilfe bitten: El Morya Q

Warzen: orangefarbener P
Wetterfühligkeit: königsblauer P
Willensschwäche siehe Disziplin, mangelnde
Windpocken: violetter P
Wirbelsäulenverkrümmung
- zu nachgiebig sein: olivgrüner P
- Vernachlässigung der eigenen Bedürfnisse: saphirblauer P

Wutanfälle
- zur Beruhigung: königsblauer P
- bei versteckter Wut: smaragdgrüner P

Zahnfleischprobleme
- bei akuten Entzündungen: weißer P
- mangelnde Durchsetzungskraft: saphirblauer P

Zahnen bei kleinen Kindern: saphirblauer P
Zerstörungstendenz
- Mangel an Eigenliebe: The Christ Q
- wenig Liebe im Leben: rosafarbener P
- mit Suchtverhalten: Sanat Kumara Q
- Körper, Geist und Seele in Einklang bringen: tiefmagentafarbener P

Zöliakie
- Nahrung besser aufnehmen: orangefarbener P
- am Leben teilnehmen: olivgrüner P

Zuckerkrankheit siehe Diabetes mellitus
Zyste
- allgemein: smaragdgrüner P
- in der Gebärmutter: rosafarbener P

Ausklang

Ich hoffe, daß dieses Buch Ihnen viele neue Impulse und Ideen zur Anwendung der Quintessenzen und Pomander von Aura-Soma gibt.

Der Weg durch die einzelnen Farbstrahlen, die über die Essenzen einen Platz in unserem Leben finden möchten, ist spannend und ähnelt einer Abenteuerreise. Ich selbst bin während der intensiven Beschäftigung mit den Farbstrahlen im Zuge der Arbeit an diesem Buch auf hohe, lichtdurchflutete Ebenen, aber auch in tiefe, dunkle Schluchten geführt worden. Manchmal empfand ich sehr stark die Nähe der Meister, und manchmal hatte ich das Gefühl, den Gefahren und herausfordernden Strömungen der verschiedenen Farblandschaften ganz schutzlos ausgeliefert zu sein.

Oft war ich beim Aufbruch zu einem Tagespensum gar nicht sicher, wo genau ich ankommen würde. So haben sich die Worte ihren eigenen Weg gebahnt, und ich habe versucht, dabei im Fluß zu bleiben, ohne die Orientierung zu verlieren oder das Ruder aus der Hand zu geben.

Während der Reise durch die Welt der Quintessenzen und Pomander habe ich sehr viel erlebt, gelernt und erfahren. Vor allem spüre ich jetzt deutlicher als je zuvor die Begleitung, Liebe und Unterstützung, die uns aus der spirituellen Welt erreichen, und ich sehe die Essenzen als Lichter in der Dunkelheit, die uns die Richtung weisen.

Wir alle brauchen sehr viel Licht in unserem Leben. Vor allem sollten wir danach streben, unser inneres Licht mehr und mehr nach außen strahlen zu lassen. Mit der Unterstützung der Quintessenzen und Pomander bringen wir mehr Licht, mehr Liebe, mehr Spiritualität in unseren Alltag. Die Essenzen setzen Signale und regen positive, heilsame Veränderungen an. Durch sie kommt mehr Licht auch in Ihr Leben.

Anhang

Bestellbezeichnungen der Essenzen

Pomander
P 01 = Weiß
P 02 = Rosa
P 03 = Dunkelrot
P 04 = Rot
P 05 = Orange
P 06 = Gold
P 07 = Gelb
P 08 = Olivgrün
P 09 = Smaragdgrün
P 10 = Türkis
P 11 = Saphirblau
P 12 = Königsblau
P 13 = Violett
P 14 = Tiefmagenta
P 15 = Koralle

Quintessenzen
Q 01 = El Morya (Hellblau)
Q 02 = Kuthumi (Hellgelb)
Q 03 = Lady Nada (Hellrosa)
Q 04 = Hilarion (Hellgrün)
Q 05 = Serapis Bey (Klar)
Q 06 = The Christ (Rot)
Q 07 = St. Germain (Hellviolett)
Q 08 = Pallas Athena (Tiefrosa)
Q 09 = Orion & Angelica (Rosa)
Q 10 = Lady Portia (Gold)
Q 11 = Lao Tsu & Kwan Yin (Orange)
Q 12 = Sanat Kumara (Koralle)
Q 13 = Maha Chohan (Helltürkis)
Q 14 = Djwal Khul (Smaragdgrün)

Bezugsquellen

Inzwischen gibt es unter anderem etliche spirituelle Buchhandlungen, in denen die Pomander und Quintessenzen von Aura-Soma erhältlich sind (vor allem in größeren Städten).

Literatur

Andrews, Ted: *How to See and Read the Aura.* Llewellyn, St. Paul MN, 1994.

Benedikt, Heinrich Elijah: *Die Kabbala als jüdisch-christlicher Einweihungsweg. Farbe, Zahl, Ton und Wort als Tore zu Seele und Geist.* Hermann Bauer, Freiburg 1994.

Berendt, Joachim-Ernst: *Ich höre – also bin ich. Hör-Übungen, Hör-Gedanken.* Goldmann, München 1989.

Bind-Klinger, Anita: *Die Aura-Soma-Meisteressenzen.* Aquamarin, Grafing 1996.

Breathnach, Sarah Ban: *Einfachheit und Fülle. Lebensfreude und Selbstbestimmung für jeden Tag.* Goldmann, München 1997.

Cerny, Christine: *Das Buch der Naturgeister. Von Elfen, Zwergen, Feen und anderen Elementarwesen.* Goldmann, München 1997.

Courtenay, Edwin: *Rituale und Gebete der Aufgestiegenen Meister. Von den Lords und Ladies von Shambhala.* Nietsch, Waldfeucht 1997.

Dahlke, Ruediger: *Krankheit als Symbol. Handbuch der Psychosomatik. Symptome, Be-Deutung, Bearbeitung, Einlösung.* Bertelsmann, München 1996.

Dalichow, Irene/Booth, Mike: *Aura-Soma. Heilung durch Farbe, Pflanzen und Edelsteinenergie.* Droemer Knaur, München 1994.

Dalichow, Irene: *Naturgeister. Mittler zwischen Erde und Mensch.* Knaur, München 1997.

Gardner, Joy: *Color and Crystals. A Journey through the Chakras.* Crossing Press, Freedom, CA 1988.

Gawain, Shakti: *Stell dir vor. Kreativ visualisieren.* Rowohlt, Reinbek, 1986.

Goldstein, Joseph/Kornfield, Jack: *Einsicht durch Meditation.* Scherz, Bern 1989.

Judith, Anodea: *Wheels of Life. A User's Guide to the Chakra System.* Llewellyn, St. Paul MN, 1992.

Harp, David mit Feldmann, Nina: *Meditieren in drei Minuten – Meditationstechniken für moderne Menschen.* Rowohlt, Hamburg 1997.

Hunkel, Karin: *Das Arbeitsbuch zur richtigen Farbentscheidung als Quelle von Schönheit, Harmonie und Gesundheit.* Hugendubel, München 1994.

Lübeck, Walter: *Das Pendel Handbuch.* Windpferd, Aitrang, 8. Aufl. 1998.

Myss, Caroline: *Geistkörper Anatomie. Chakras – die sieben Zentren von Kraft und Heilung.* Delphi-Droemer Knaur, München 1997.

Riedel, Ingrid: *Farben in Religion, Gesellschaft, Kunst und Psychotherapie.* Kreuz, Stuttgart 1983.

Sheldrake, Rupert: *Das Gedächtnis der Natur.* Scherz, Bern 1998.

Stecher, Christine: *Aus der Kraft der Sonne. Leben im Einklang mit dem Licht.* Goldmann, München 1998.

Stecher, Christine: *Die Körper-Seele-Symptome von A-Z. Zusammengestellt nach den Erkenntnissen von Ruediger Dahlke.* Goldmann, München 1999.

Stecher, Christine: *Mein kleines Engelbuch.* Mosaik, München 1998.

Stevens, Edward: *Meditieren in allen Lebenslagen – Meditationstechniken für Körper, Geist und Seele.* Rowohlt, Hamburg 1995.

Waddington, Nicola: *Aura-Soma. Durch Farben zur Erkenntnis.* Goldmann, München 1997.

Wall, Vicky: *Aura-Soma. Das Wunder der Farbheilung.* Nietsch, Waldfeucht 1997.

Wallimann, Silvia: *Das Übungsbuch.* Hermann Bauer, Freiburg 1998.

Wolfram, Katharina: *Mit dem Drachen tanzen. Kraftzentrale Beckenboden.* Droemer Knaur, München 1998.

Dank

Ich bin der 1991 verstorbenen Vicky Wall dafür dankbar, daß sie uns durch Aura-Soma einen besonderen Zugang zur Dimension des Lichts geschenkt hat.
Mike Booth danke ich für seine inspirierenden Seminare, durch die mir tiefe Einblicke und Erkenntnisse in die Ebene der Farben und der Meister gewährt wurden. Elke Holst gab mir wiederholt wichtige Anregungen und Wegweiser, wofür ich ihr danke.
Mein Dank geht auch an Elisabeth Schulz, die mir nach einer schweren Krankheit den Weg zur Heilung und Bewußtseinserweiterung eröffnet hat. Ohne Petra Angelica Peick wäre ich so manches Mal verloren gewesen. Sie hat mich immer wieder auf den Pfad des Lichts zurückgeführt und während der Entstehung des Buches dafür gesorgt, daß ich die Verbindung zur geistigen Welt halten und verstärken konnte. Für ihre Führung bin ich sehr dankbar.
Meiner Mutter Heidi möchte ich für ihre Motivation und Unterstützung danken, durch die es mir gelang, mit dem Schreiben wirklich ans Ziel zu kommen. Auch von Lena Arnault habe ich viel Zuspruch und Ermunterung erhalten. Katharina Bata hat mir zu einem bestimmten Zeitpunkt durch ihre uneingeschränkte reine, kindliche Liebe und Zuneigung viel gegeben, und durch Christian bekam ich den Anstoß, einen tiefen Wandlungsprozeß zu durchschreiten.
Vor allem danke ich meiner Redakteurin Christine Stecher für ihre Begleitung und einen Gedankenaustausch, der mir Klarheit verschaffte und verhinderte, daß ich den Überblick verlor. Olivia Baerend, meiner Lektorin, bin ich für ihr Verständnis und ihre

Geduld während der Entstehung des Buches sehr dankbar. Sie gab mir den notwendigen Freiraum, um das Werk ohne Druck zu schreiben, und sie hat sich auf meine Vorschläge und Ideen stets ohne Vorbehalte eingelassen.

Ich bedanke mich hiermit von Herzen für die Begleitung, Liebe und Unterstützung, die ich während der Arbeit an diesem Buch sehr spürbar von verschiedener Seite erhalten habe.

Nicola Waddington
Farben und ihre Symbolsprache

Farben haben eine verblüffend tief greifende Wirkung. Sie beeinflußen das Wohlbefinden, und sie können als Spiegel der Persönlichkeit dienen. Anhand von 9 Farbkarten lassen sich Grundtendenzen persönlicher Verhaltens- und Gefühlsmuster aufzeigen. Jeder hat damit die Möglichkeit, sich im Alltag mit der Kraft der Farben zu befassen und sie als Hilfs- und Heilmittel einzusetzen.

Elke Müller-Mees
Farben – heilsam und gesund

Warum wählen Menschen an einem bestimmten Tag eine bestimmte Farbe für ihre Kleidung? Wie kommt es, dass Kopfschmerzen und depressive Stimmung durch Farben gehelt werden können? Elke Müller-Mees erklärt in ihrem Buch, wie Farben unseren Alltag beeinflußen und wie die Kraft der Farben gezielt genutzt werden kann, um das körperliche und seelische Wohlbefinden zu erhöhen.